스토리텔링성경 1

스토리텔링 성경

마태복음

스토리텔링 성경

1 마태복음: 약속된 왕으로 오신 메시아 예수

2024년 5월 31일 초판 2쇄 발행

지은이 김영진, 강정훈, 천종수
발행처 (유) 성서원
일러스트 김천정
교정·교열 유영일
출판등록 1997년 7월 8일 (제300-1997-79호)
창업일 1972년 2월 1일
주 소 경기도 고양시 덕양구 덕은로 60-12 우) 10541

전 화 (02)765-0011~17
팩 스 (02)743-6811
성서원 홈페이지 www.biblehouse.co.kr
페이스북 · E-mail saebut-9106@hanmail.net

ISBN 978-89-360-2662-2 03230

스토리텔링성경

1

성경 전 장章을 이야기로 풀어 쓴

스토리텔링 성경

지은이
김영진 강정훈 천종수

마태복음

약속된 왕으로 오신 메시아 예수

성서원

차례

서막(序幕)

신구약 중간시대와 그리스도 탄생의 배경

침묵의 400년 : 신구약 중간시대의 역사

끝없이 펼쳐진 유대 광야에 바람이 불어온다. 거칠면서도 메마른 바람이다. 팔레스타인 남부의 황량한 땅(네게브), 요단강 하류의 양편을 비롯하여 사해(死海)의 서쪽 해안까지 뻗어 있는 이 황량한 유대 광야는 신약성경에서 '광야' 또는 '빈 들'로 표현되고 있다. 세례 요한은 이곳 유대 광야를 터전 삼아 회개와 천국의 메시지를 선포했다. 예수께서도 이곳 유대 광야에서 사탄에게 시험을 받으셨다.

세례 요한과 메시아 예수님, 그들이 오기 전부터 광야는 존재했다. 풀 한 포기, 나무 한 그루조차 제대로 생존하기 힘든 거칠고 메마른 땅. 이 광야에는 무엇에 놀란 듯 어쩌다 급하게 날아가는 이름 모를 새소리는 들려도, 인적(人跡)은 끊어진 쓸쓸하고 적막한 곳이다. 이처럼 광야는 오랜 세월을 고요한 침묵 가운데 보낸다. 당시 이스라엘 백성들의 상황과 닮았다. 적막한 광야처럼, 구약시대의 말라기 선지자 이후 이스라엘 백성들에게는 아무것도 나타나지 않았다. 예언도, 환상도, 묵시도, 꿈도, 우림과 둠밈도 없는 침묵의 세월이 마냥 흐르고 있었다.

여호와 하나님의 오래고도 지루한 침묵이 새삼스러운 것만은 아니다. 하나님은 종종 선민 이스라엘이 오랜 세월 동안 고난과 시련을 겪어도 침묵하셨다. 가나안 땅의 야곱 가족을 이집트로 내려보내시고, 그들이 그 이방 땅에서 큰 민족으로 거듭나던 기나긴 세월 동안에도 하나님은 그들에게 어떤 선지자도 랍비도 보내지 않았다. 뿐이랴! 예루살렘이 멸망하고 이스라엘 백성들이 바빌로니아 땅에서 끌려가 오랜 세월 동안 모진 고생을 하고 있을 때도 침묵하셨다. 아니, 침묵하시는 듯 보였다.

하나님의 침묵은 단지 자기 백성들에 대한 노여움의 표현만은 아니다. 선지자들의 목소리가 사라지고 환상과 묵시와 꿈조차 보이지 않을 때, 하나님의 백성들은 도리어 하나님을 더욱 찾게 되고, 그 목소리와 계시에 갈급하다. 사실 알고 보면, 그런 침묵은 더욱 큰 환상과 꿈과 계시를 주시기 위한 준비 기간이다.

주전 430년경, 구약시대 최후의 선지자인 말라기의 사역을 끝으로, 구약시대가 그 막을 내린 뒤, 주전 4년경 팔레스타인 땅의 유대 광야에 하나님의 선지자 세례 요한이 출현함으로써, 신약시대의 막이 오르기까지, 성경은 무려 4세기 동안이나 오랜 침묵을 지킨다. 이렇게 성경이 침묵하고 있는 400여 년 동안의 시대를 통상 '신구약 중간(中間) 시대'라고 일컫는다.

구약의 마지막 선지자, 말라기

400여 년! 얼핏 보기에 이 세월은 성경 역사에서 아무 일도 없었던 침묵의 기간이었다. 그러나 전혀 그렇지 않다. 이 기간이라 해서 태초의 창세기로부터 유구하게 이어져 오던 하나님의 구속사(救贖史)가 중단되거나 단절된 기간이 결코 아니었다. 이 400년 침묵의 기간에, 하나님의 오묘하신 섭리와 경륜의 사건들이 활화산처럼 유대 역사와 세계 역사 속에서 줄기차게 일어났다.

일찍이 하나님은 이집트 땅에서 종살이하던 이스라엘 백성을 400년의 침묵 후에야 모세를 통해 구원해 주셨듯이, 이제 하나님은 또다시 400년의 침묵 동안에 메시아(그리스도) 예수를 통한 인류 구원의 위대한 사역을 하나님의 구속사 진행표에 따라 착실하게 준비하고 계셨다. 혹 기억하고 있는가? 구약시대의 마지막 선지자인 말라기가 자신이 쓴 말라기서 마지막 장에서 메시아에 관하여 예언한 바를!

> "내 이름을 경외하는 너희에게는 장차 의의 태양이 떠올라서 치료하는 광선을 찬란하게 비출 것이다. 그러면, 그때 너희는 외양간에서 풀려난 송아지처럼 펄쩍펄쩍 기쁘게 뛰어다닐 것이다"(말 4:2).

말라기 선지자는 장차 오실 인류의 구원자, 곧 메시아 예수를 '의(義)의 태양'에 비유했다. 그렇게 함으로써 장차 오실 그분의 역동적인 복음 사역으로 말미암아 죄와 사망의 쇠사슬에 얽매여 신음하고 있는 죄인들이 치료를 받아 죄 사함을 얻고 구원과 자유의 기쁨을 힘차게 누리게 되리라는 것을 예언한 것이다.

그렇다. 말라기 선지자의 예언대로, 메시아 예수를 통한 인류 구원이라는 하나님의 구속사가 수면 밑에서 천천히 흐르고 있을 때, 눈에 보이는 인간의 역사에는 크고 작은 흥망성쇠(興亡盛衰)의 사건들이 반복되면서, 메시아이신 구세주 예수님이 오실 '그 시기'를 차근차근 만들어내고 있었다. 이런 점을 염두에 두고, 이제 선민(選民) 이스라엘의 역사와 관련하여 신구약 중간시대에 어떤 일이 일어났는지 간략하게 살펴보도록 하자.

[페르시아 시대 : 주전 539~331년]

구약시대의 마지막 선지자 말라기, 그는 유다 총독 느헤미야 시대에 예언 활동을 했다(주전 435-425년경). 이때 선민의 땅인 팔레스타인 곧 유대는 페르시아 제국의 아닥사스다 1세(주전 464-424년경)의 통치 아래에 있었다. 이 같은 페르시아 제국의 지배는 말라기 선지자 이후로도 대략 1세기 동안 지속되었다.

이 시기 동안, 유대 백성은 비교적 자유를 누리면서 나름대로 발전해나갔다. 이때 유대인들에 대한 직접적인 통치는 페르시아 제국에 대하여 책임을 진 대제사장에 의해 이루어졌다. 이처럼 페르시아 지배하의 유대인들은 상당한 자율권을 보장받았다. 하지만 동시에 그것은 종교적 영역인 대제사장 직분이 정치적인 직분으로 타락하는 계기가 되었다. 그래서 향후 유대인들은 대제사장 직분을 둘러싸고 종종 치열한 암투를 벌이곤 했다.

[알렉산더 대왕 시대 ~ 헬라 제국 시대 : 주전 331~323년]

알렉산더 대왕, 그의 출현은 가히 역사적이었다. 오래도록 지속될 것 같았던 페르시아 제국은 마케도니아 왕국의 알렉산더 대왕에 의해 종말을 맞았다. 소아시아에서 페르시아 군대를 격파한 알렉산더는 수리아, 팔레스타인, 두로, 가사, 이집트까지 진격하여 전부 평정하고는 '헬라 제국'을 건설했다(주전 331년경). 다행스럽게도 알렉산더는 유대인들에게 호의적이었다. 유대인들로 하여금 그들 조상의 율법을 지키는 것을 허용하였고, 이집트에 알렉산드리아시(市)를 건설할 때는 그곳에 거주하도록 장려하였다.

하지만 알렉산더가 자신이 정복한 나라들에 끼친 지대한 영향은 '헬라(그리스, 희랍) 문화'였다. 그래서 알렉산더가 정복한 나라들에는 헬라식 건물들과 공공시설이 들어섰고, 사람들은 헬라식 의복을 입었으며, 헬라식 이름을 갖게 되었다. 당연히 헬라 종교도 이식되었다. 이처럼 알렉산더 시대에 유대인들은 나름대로 정치적 자율, 경제적 안정, 문화적 풍요를 누렸다. 그렇지만 이방적이고 세속적인 헬라 문화로 인해 전통적인 여호와 종교는 큰 위기에 봉착했다.

[헬라 제국 시대 중 톨레미 왕조 시대 : 주전 323~201년]

헬라 제국의 창건자인 알렉산더 대왕, 그는 33세의 젊은 나이에 바벨론에서 병으로 요절하였다(주전 323년). 이후 헬라 제국은 알렉산더 대왕 휘하에 있던 네 막료(幕僚) 곧 톨레미, 셀류쿠스, 카산더, 리시마쿠스에 의해 분할 통치되었다. 톨레미는 이집트와 팔레스타인 지역을, 셀류쿠스는 시리아와 바빌로니아 지역을, 카산더는 마케도니아와 소아시아 지역을, 그리고 리시마쿠스는 드레이스와 비두니아 지역을 통치했다.

팔레스타인 지역의 유대는 톨레미(Ptolemy I세)의 통치하에 들어갔다. 톨레미는 유대인들에게 호의적이어서, 많은 유대인이 이집트 북부 지중해안의 도시 알렉산드리아시(市)에 자유롭게 거주하였고, 이후로 이곳은 수세기 동안 유대 사상의 중심지가 되었다. 알렉산더 대왕이 죽은 후, 유대는 내락 1세기 동안 톨레미 왕조의 통치를 받았다.

이때 특기할 만한 사항은, 톨레미 2세 때에 알렉산드리아의 유대인들이 헬라어와 헬라 문화에 익숙한 유대인들을 위해 구약성경을 헬라어로 번역한 일이다. 그 성경이 오늘날 '70인역(LXX, the Septuagint)'이라 불리는 것이다. 그리고 이 기간에 유대 지도자는 대제사장으로서 모든 백성에게 크게 존경받았던 '의인 시몬(Simon, the Just)'이었다.

[헬라 제국 시대 중 셀류쿠스 왕조 시대 : 주전 201~163년]

유대를 통치하던 톨레미 왕조, 그 왕조는 파니온(파네아) 전투에서 시리아의 안티오쿠스 3세에 의해 패배함으로써 무너졌다. 그러자 유대는 안티오쿠스 3세 치하의 셀류쿠스 왕조의 통치를 받게 되었다. 안티오쿠스의 시리아 왕조가 '셀류쿠스 왕조'로 불린 것은, 알렉산더 대왕 사후에 시리아 왕조를 세운 사람이 셀류쿠스(일명, 니카톨)였기 때문이다.

이때부터 유대인들에게 불행의 시기가 시작되었다. 유대의 관습과 전통에 관용적이었던 페르시아 제국, 알렉산더 대왕, 톨레미 왕조와는 달리, 시리아의 셀류쿠스 왕조는 유대인들에게 아주 적대적이었다. 유대인들의 관습과 전통을 완전히 무시하고 그들에게 강압적으로 헬레니즘 문화를 이식시켰다. 그리하여 셀류쿠스 왕조 하에서 전통적인 유대인들은 큰 시련과 환난의 시기를 겪어야 했다.

그중에서도 셀류쿠스 왕조의 여덟 번째 왕인 안티오쿠스 에피파네스 4세(주전 175-163년)는 아주 포악하고 무자비했다. 그는 유대인들에게

안티오쿠스 에피파네스 4세의 예루살렘 침공

'적(敵)그리스도'로 지칭될 만큼 가혹하게 유대의 관습과 전통을 철저히 말살하고자 광분한 폭군이었다. 그는 의인 시몬의 후손인 당시 대제사장 오니야 3세를 제거한 뒤(주전 174년), 친헬라파 유대인들과 동맹을 맺고는 자기 뜻에 맞는 인물을 대제사장으로 세웠다. 이런 조치에 정통파 유대인들이 강력히 반발하자, 그는 군대를 이끌고 예루살렘으로 진격하여 자기 뜻을 거스르는 유대인들을 닥치는 대로 무자비하게 대량 학살하였다(주전 170년).

그런 뒤에 그는 성전을 약탈하고, 유대인들의 제사를 금지시켰으며, 번제단 위에 주피터(제우스) 신상을 세워놓고는 율법에서 금하고 있는 가증한 돼지고기로 제사를 드렸다. 나아가 할례를 비롯하여 각종 절기와 제사 등 유대인들의 관습과 전통을 철저히 금지시켰다. 그런 규정을 어기는 자는 남녀노소를 가리지 않고 무참하게 학살하였다. 그 결과, 안티오쿠스 에피파네스 4세 치하에서 경건한 유대인들이 수도 없이 순교를 당했고, 다른 한편으로는 수많은 유대인이 조상들의 전통 신앙을 버리고 배교의 길을 걸었다.

[마카비 가문의 혁명 시대 : 주전 166~142년]

유대인들이 시리아의 통치자인 안티오쿠스 에피파네스 4세 치하에서 혹독하게 핍박받고 있던 시기, 경건한 유대인들이 애타게 기다리던 영웅이 마침내 출현했다. 여기는 예루살렘에서 서쪽으로 대략 25km 떨어져 있는 작은 마을 모딘(Modin). 안티오쿠스 에피파네스 4세의 사신들이 그 마을의 제사장 맛다디아에게 강압적으로 명했다.

"제사장! 그대는 지금 헬라의 신들에게 제사를 드리시오!"

"아니오! 난 못 합니다. 조상 대대로 여호와 하나님을 섬겨온 우리가 어찌 이방 신들에게 제사를 드릴 수 있단 말이오. 그렇게 할 수 없소!"

"뭐라? 이놈이… 감히 반항을 해! 네 목숨이 몇 개라도 되는 줄 아느냐? 그렇다면 죽어야지! 가소로운 놈! 핫핫!"

바로 그 순간, 미리 준비한 대로 맛다디아는 시리아의 사신들과 유대인 배교자들을 쳐죽인 뒤, 자신의 다섯 아들과 함께 유대의 산악지대로 피신하여 게릴라전을 개시하였다(주전 166년). 유대의 독립운동을 펼친 것이다. 밀고 밀리는 치열한 싸움 끝에, 마침내 마카비(Maccabee, '쇠망치'란 뜻)란 별명을 가진 맛다디아의 셋째 아들 유다가 탁월한 지도력으로 많은 유대인을 규합하여 시리아 군대를 물리치고 예루살렘을 탈환하는 데 성공하였다(주전 164년).

예루살렘 탈환 후, 유다 마카비는 시리아 군대에 의해 모독당한 성전에서 이방적인 요소들을 모조리 제거하고 번제단을 청결하게 재건하였다. 바로 이날이 이후로 유대인들에 의해 매년마다 8일 동안 지켜지는 '봉헌제' 또는 '광명제'의 기원이 되었다. 히브리어를 그대로 사용하여 '하누카'라고도 한다.

유대의 독립투쟁을 선언하는 맛다디아

유다 마카비의 승전 이후로도 유대의 마카비 가문과 시리아의 셀류쿠스 왕조 간에 20여 년에 걸친 치열한 투쟁이 계속되었는데, 이 기간 동안에 유다 마카비는 전사했다(주전 160년경). 그 뒤를 이어 유다 마카비의 형제인 요나단이 독립군을 이끌고 투쟁하다가 전사했고(주전 143년), 요나단이 죽자 맛다디아의 막내아들이며 요나단의 동생인 시몬이 군대를 이끌었다(주전 143-135년). 그리고 이 시몬이 시리아 군대를 최종 물리침으로써 유대의 완전한 독립을 쟁취하였다(주전 142년). 이후 시몬은 유대 왕이 됨으로써 '하스몬 왕조'를 열게 되었다. 여기 하스몬(Hasmon)은 시몬의 원조(元祖) 이름에서 따온 것이다.

[하스몬 왕조 시대 : 주전 142-63년]

하스몬 왕조를 세운 시몬이 죽자(주전 135년), 그의 셋째 아들인 요한 힐카누스가 부친의 뒤를 이어 왕위를 계승했다(주전 135-104년). 그는 뛰어난 통치력을 발휘하여 이두매 지역(구약시대의 에돔)과 지중해 연안 도시들을 유대 영토로 복속시켰다. 이어 사마리아를 정복했고, 나아가 레바논 북편의 시리아 지역까지 영토를 확장했다. 이 기간 동안에 과거의 헬라주의자들은 유대 땅에서 배척당했지만, 그들의 헬라 사상은 '사두개파' 속에 존속되고 있었다. 그리고 마카비 혁명 시대의 정통파 유대인들은 '바리새파'를 형성했다.

요한 힐카누스가 죽자, 부친과는 달리 헬라 문화에 물든 그의 아들들 간에 치열한 권력 다툼이 있었다. 짧은 기간 동안 요한 힐카누스의 장자인 유다(헬라 이름, 아리스토불루스)가 권력을 잡고서 폭정을 자행하다 죽었고(주전 104-103년), 그 뒤 유다의 형제인 요나단(헬라 이름, 알렉산더 얀네우스)이 유대 왕위를 계승하여 통치했다(주전 103-76년). 하지만 헬라주의자인 요나단은 정통 유대인들인 바리새파를 노골적으로 멸시했고, 이에 저항하여 바리새파의 반란이 일어났다(주전 94년). 결국 요나단은 자기 아내인 살로메 알렉산드라에게 권력을 물려주었는데, 다행스럽게도 그녀는 바리새파에게 무척 호의적이었다.

살로메 알렉산드라가 유대를 통치할 때(주전 76-67년), 대제사장은 그녀의 장남인 힐카누스 2세였고, 군사령관은 차자(次子)인 아리스토불루스 2세였다. 요나단(알렉산더 얀네우스)의 아내인 살로메 알렉산드라가 죽자, 바리새파는 그녀의 장자인 힐카누스 2세를 왕으로 추대하여 왕위에 앉혔다. 그러나 사두개파는 힐카누스 2세를 거부하고 차자인 아리스토불루스 2세를 지지했다.

결국 군사령관인 아리스토불루스 2세가 무력으로 자기 형인 힐카누스 2세를 내쫓고 유대 왕위에 올랐다(주전 67-63년). 이때 왕좌에서 쫓겨난 힐카누스 2세는 이두매 총독인 안티파테르의 지원을 받아 왕좌 재찬탈을 시도하였다. 이처럼 사두개파의 지지를 받는 아리스토불루스 2세 세력과 바리새파의 지지를 받는 힐카누스 2세 세력이 서로 다투고 있을 때, 로마의 폼페이 장군은 로마 제국의 평화를 이룩하기 위해 자신의 로마 군단을 이끌고 유대 땅에 출현하여 유대를 장악했다(주전 63년).

[로마 제국 시대 : 주전 63년~주후 476년]

유대를 장악한 로마의 폼페이 장군, 그는 아리스토불루스 2세의 정권을 몰락시키고 힐카누스 2세를 지원하여 그를 유대 통치자로 삼았다(주전 63년). 그리하여 이때부터 유대는 로마의 속국이 되었는데, 로마의 행정 구역상 시리아 도(道)에 편입되었다. 이때 힐카누스 2세는 로마 제국의 인정 하에 유대 통치자로 있었지만, 실질적인 영향력은 이두매 총독인 안티파테르가 행사하고 있었다. 힐카누스 2세의 권좌는 앞서 아리스토불루스 2세의 세력과 싸울 때부터 안티파테르 총독의 지원에 크게 의존하고 있었기 때문이었다.

한편, 이러한 시점에 아시아 동부 지역에 있던 파르티아 족속이 예루살렘을 침공하여 힐카누스 2세의 정권을 무너뜨렸다. 그런 뒤, 그들은 아리스토불루스 2세의 아들인 안티고누스를 유대 통치자로 삼았다. 이렇게 안티고누스가 유대를 통치하고 있는 동안(주전 40-37년), 당시 유대의 수세관(收稅官) 직위에 있던 '헤롯(Herod)'이란 자가 로마로 건너가서 로마 정부의 실력자들에게 많은 뇌물을 제공함으로써 '유대인의 왕'

이라는 칭호를 얻었다. 이 칭호는 파르티아 족속이 유대 땅에서 물러나기 전까지는 별 의미가 없었다. 그러나 로마 군대에 의해 파르티아 족속이 쫓겨나고 안티고누스의 통치가 막을 내리면서 헤롯은 칭호 그대로 유대인의 왕이 되었다(주전 37년).

[헤롯 대왕의 시대와 메시아 예수의 탄생 : 주전 37~4년]

로마 정부의 후원하에 유대인의 왕이 된 헤롯 대왕(Herod the Great), 이두매 총독이었던 안티파테르의 아들 헤롯은 권력 야욕이 많았고 잔혹한 성격의 소유자였다. 그는 자신의 권력 유지에 조금이라도 방해되는 인물은 처자식, 친인척 등을 가리지 않고 모조리 제거했다. 심지어 자신 이외에 '유대인의 왕'이 탄생할 것이라는 동방박사들의 말에 근거하여 베들레헴과 그 인근의 수많은 영아(嬰兒)를 무차별적으로 학살하기도 했다.

그렇지만 헤롯은 남달리 정치적 수완이 탁월했다. 그는 유대인들의 환심을 얻고자 예루살렘 성전의 대확장 공사에 착수했고(재위 18년, 주전 20년), 사마리아 성읍을 재건한 뒤에 '세바스테'라고 불렀으며, 지중해변의 어느 작은 도시를 크게 재건하고는 로마 황제 가이사-아구스도를 기념하여 '가이사랴'라고 명명했다. 이외에도 헤롯은 유대 땅 전역에 도시, 요새, 광장, 시장, 목욕탕 등을 세우고 조성했다.

유대 땅에 헤롯 왕가를 세운 헤롯 대왕

이러한 여러 일들이 헤롯의 번영기 동안(주전 25-14년)에 이루어졌다면, 그 이후는 헤롯 집안의 내분기였다(주전 14-4년). 헤롯의 복잡한 가계만큼이나 그 집안의 권력 투쟁도 아주 치열했고 무자비했으며 복잡다

단했다. 서로 물고 물렸으며, 죽이고 죽임을 당했다. 이 기간에 헤롯은 마지막 순간까지 자신의 권력을 유지하기 위해 처자식, 친인척을 포함하여 수많은 사람을 마구잡이로 죽였다. 그런 헤롯 대왕이 마침내 죽자, 그의 아들들은 각자의 영토를 차지하여 자기 구역을 다스렸다. 헤롯 안디바는 갈릴리 지역을, 헤롯 아켈라오는 유다 지역을, 헤롯 빌립은 이두매 지역을 통치했다.

한편, '유대인의 왕'으로 자처했던 헤롯 대왕이 죽기 바로 직전(주전 4년), 유대 땅 베들레헴 마을에 친정 '유대인의 왕'이요, 나아가 '인류의 구세주'로 이 땅에 오신 분이 있었다. 구약시대의 모든 선지자들이 한목소리로 예언했던 '메시아 예수'다.

그러니까 메시아 예수의 탄생(주전 4년)은 구약시대의 마지막 선지자였던 말라기가 '언약의 사자(使者)'로, 또는 '의(義)의 태양'으로 묘사하며 장차 메시아의 도래를 예언한 때로부터 대략 400여 년의 세월이 흐른 시점이었다. 이처럼 헤롯의 죽음과 메시아의 탄생이 교차되면서 신구약 중간시대의 역사는 막을 내린다.

이후로는 메시아 예수의 복음 사역이 힘차게 전개되는 찬란한 신약시대가 펼쳐진다. 하나님께서 그동안의 오랜 침묵을 깨시고, 마침내 자신의 독생자 메시아 예수를 통하여 세상 및 인류를 그들의 죄에서 건져내시는 은총과 화목의 구속사를 펼치시는 것이다. 자, 이제 마음 문을 활짝 열고 메시아 예수께서 위대한 복음 사역을 펼치시는, 그 찬란하고 영광스러운 신약시대의 성경 속으로 들어가 보자!

마태복음

약속된 왕으로 오신 메시아 예수

가뭄에 논바닥 쩍쩍 갈라지듯
메마른 영혼은 한 치 앞도 못 보지만
아브라함과 다윗의 후손이 오리라
왕이시여, 오소서, 할렐루야 할렐루야!

캄캄한 어둠 속에서 어떻게 살라고
언약의 사자는 여태 안 오시나
4백 년 침묵의 세월 깨뜨리고
왕이시여, 오소서, 할렐루야 할렐루야!

기다림의 광야에 적막이 휩싸일 때
간절한 소망으로 메시아를 기다리면
놀라운 이적과 권능이 임하리라
왕이시여, 오소서, 할렐루야 할렐루야!

하나님의 아들이 오시네
호산나, 왕으로 오신 이를 영접하라
영원한 구원을 주신 이를 찬양하라
왕이여, 오소서, 할렐루야 할렐루야!

1
예수 그리스도의 족보와 탄생

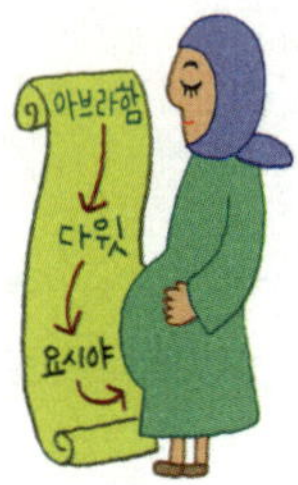

요셉과 혼인 약속한 동정녀 마리아는
혼인 전에 성령으로 잉태를 하네
아브라함과 다윗의 후손으로 오신
예수야말로 대망의 메시아!

메시아(그리스도) 예수의 족보 (1:1-17; 눅 3:23-38)

구약의 모든 경건한 자들이 손꼽아 기다렸던 신약시대, 성경에서 신약시대는 메시아(그리스도) 예수의 족보로 막을 연다. 족보(族譜), 그것은 대대로 조상과 혈통을 숭상하던 유대인들에게는 세상의 그 무엇보다도 가치 있고 절대적인 것이다. 아득히 먼 족장시대 때로부터 유대인들은 족보에 근거해서 기업의 땅을 결정하였고, 족보에 따라 왕의 직분과 제사장의 직분 등이 결정되었기 때문이다.

유대인들은 성경에 기록된 바 모세의 율법과 선지자들의 예언에 근거해서 장차 오실 '유대인의 왕' 메시아는 반드시 아브라함과 다윗의 혈통을 잇는 그 족보에서 탄생할 것이라고 굳게 믿었다. 따라서 아브라함-다윗의 혈통과 족보에서 벗어난 자는 결코 메시아가 될 수 없었다.

마태복음을 쓴 마태는 유대인으로서 이 사실을 누구보다 잘 알고 있었다. 그래서 그는 예수님의 탄생과 생애를 기록하기에 앞서, 무엇보다 먼저 그분의 족보부터 소개함으로써 예수님이야말로 유대인을 비롯하여 온 인류가 그토록 대망하던 아브라함과 다윗의 자손인 메시아(그리스도)라는 사실을 밝히 알리고자 했다. 자, 그렇다면 이제 아브라함의 자손이며 다윗의 자손인 메시아 예수의 족보를 살펴보자.

참, 그전에 예수님을 '메시아' 또는 '그리스도'라 칭하는 데 그 의미가 무엇인지부터 알아야 할 필요가 있겠다. '그리스도'란 말이 종종 이름(name)으로 생각되는 경향이 있지만, 실은 직함(title)이다. 또한 '그리스도'란 말은 히브리어 '메시아(Messiah)'의 헬라어(그리스어) 표기다. 그 뜻은, 둘 다 '(특별한 사명을 이루려고) 기름 부음을 받은 자'다. 이 같은 사실은, 예수님이 구약시대의 모든 선지자들이 줄기차게 예언한 대로 자기 백성을 죄의 구렁텅이에서 구원하시려는 특별한 사명을 띠고 하나님에 의해 백성 받고 기름 부음을 받아 이 땅에 보내심 빋은 '그 언약의 메시아'임을 말해준다. 그렇다면 예수님은 정말로 구약의 선지자들이 누차 예언한 대로 아브라함과 다윗의 혈통을 잇는 그들의 후손일까? 이제, 예수님의 족보를 살펴보도록 하자.

[아브라함부터 다윗까지, 14대]

이스라엘 백성의 조상은 아브라함이다. 그 아브라함은 이삭을 낳았고, 이삭은 야곱을 낳았으며, 야곱은 유다를 비롯하여 그의 형제들을 낳았다. 유다는 야곱의 12아들 중에서 장차 왕의 지파를 형성할 아들로 축복받은 아들로, 야곱의 넷째 아들이다. 그 유다는 본의 아니게 자기 며느리 다말에게서 베레스와 세라를 낳았고, 베레스는 헤스론을 낳았으며, 헤스론은 람을 낳았다. 람은 아미나답을 낳았고, 아미나답은 나손을 낳았으며, 나손은 살몬을 낳았다.

살몬은 여리고 성읍의 기생이었던 라합에게서 보아스를 낳고, 보아스는 모압 여인 룻에게서 오벳을 낳았으며, 오벳은 이새를 낳았다. 유대 땅 베들레헴 마을에 살던 이새는 다윗을 낳았다. 지금까지의 족보를 요약하면, 아브라함 → 이삭 → 야곱 → 유다 → 베레스 → 헤스론 → 람 → 아미나답 → 나손 → 살몬 → 보아스 → 오벳 → 이새 → 다윗. 이들은 메시아 예수의 제1기 조상들로, 여기까지 계산해서 14대(代)다.

[솔로몬부터 여고냐까지, 14대]

이새의 아들 다윗은 우리야의 아내 밧세바에게서 솔로몬을 낳았다. 솔로몬은 르호보암을 낳았고, 르호보암은 아비야를 낳았으며, 아비야는 아사를 낳았다. 아사는 여호사밧을 낳았고, 여호사밧은 요람을 낳았으며, 요람은 웃시야를 낳았다. 웃시야는 요담을 낳았고, 요담은 아하스를 낳았으며, 아하스는 히스기야를 낳았다.

히스기야는 므낫세를 낳았고, 므낫세는 아몬을 낳았으며, 아몬은 요시야를 낳았다. 요시야는 예루살렘 백성들이 바빌로니아로 끌려갈 무렵(주전 597-586년경)에 여고냐와 그의 형제들을 낳았다. 지금까지의 족보를 요약하면, (다윗) → 솔로몬 → 르호보암 → 아비야 → 아사 → 여호사밧 → 요람 → 웃시야 → 요담 → 아하스 → 히스기야 → 므낫세 → 아몬 → 요시야 → 여고냐(일명, 여호야긴). 이들은 메시아 예수의 제2기 조상들로, 여기까지 계산해서 14대(代)다.

[스알디엘부터 예수까지, 14대]

예루살렘 백성들이 바빌로니아로 끌려간 후에(주전 586년 이후), 여고냐는 스알디엘을 낳았다. 스알디엘은 스룹바벨을 낳았고, 스룹바벨은 아비훗을 낳았으며, 아비훗은 엘리아김을 낳았다. 엘리아김은 아소르를 낳았고, 아소르는 사독을 낳았으며, 사독은 아킴을 낳았고, 아킴은 엘리웃을 낳았다.

엘리웃은 엘르아살을 낳았고, 엘르아살은 맛단을 낳았으며, 맛단은 야곱을 낳았다. 맛단의 아들 야곱은 마리아의 남편 된 요셉을 낳았고, 이때 마리아가 요셉과 결혼하기 전에 동정녀의 몸으로 히브리어로 '메시아' 또한 헬라어(그리스어)로 '그리스도'라 불리는 예수를 낳았다.

지금까지의 족보를 요약하면, (여고냐) → 스알디엘 → 스룹바벨 → 아비훗 → 엘리아김 → 아소르 → 사독 → 아킴 → 엘리웃 → 엘르아살 → 맛단 → 야곱 → 요셉 → 성령으로 예수를 잉태한 뒤에 요셉의 아내가 된 마리아 → 동정녀 마리아에게서 태어난 예수. 여기서 요셉은 예수님의 족보상 조상이고, 마리아는 육체적 조상이다. 이들은 메시아 예수의 제3기 조상들로, 여기까지 계산해서 14대(代)다.

이리하여 아브라함부터 다윗까지가 14대, 다윗부터 바벨론으로 끌려 길 때까지가 14대, 바벨론으로 끌려간 때부터 예수 그리스도가 태어나신 때까지가 14대다.

예수 그리스도의 족보는 세 가지 뚜렷한 특징을 지니고 있다.

① 왕의 족보다. 예수님의 족보는 몇 세대씩 생략해가면서까지 의도적으로 14대씩 구분되어 세 부분으로 소개되었는데, 그 중심에 이스라엘의 왕 '다윗'이 있다. 히브리어 다윗(דוד)의 철자 수가(數價)가 도합 14다 즉, ד(달렌) = 4, ו(와우) = 6, ד(달렌) = 4. 따라서 예수님이 다윗의 왕위를 계승한 '유대인의 왕'이심을 증언하기 위해 일부러 14대에 맞췄다. 아울러 14는 성경 용례상 '완전함'과 '거룩함'의 상징수인 일곱(7)의 배수(倍數)이기도 하다.

이 족보의 1기에 해당하는 첫 번째 14대는 다윗 가문의 희미한 여명기에 해당되고, 2기에 해당하는 두 번째 14대는 찬란한 번성기이며, 3기에 해당하는 마지막 세 번째 14대는 다윗 가문의 처량한 쇠퇴기라 볼 수 있다. 그래서 결국에는 가난한 목수 요셉의 집안까지 이르렀는데,

그 길은 어둠 속에서 찬란하게 빛을 발하는 '큰 별' 메시아(그리스도) 예수가 참된(영적인) 유대인의 왕으로 탄생하여 마침내 이스라엘의 영광이 되셨다.

② 언약의 족보다. 하나님의 언약은 아브라함, 이삭, 야곱의 후손 가운데서, 또한 유다 지파 가운데서 다윗의 혈통을 좇아 메시아가 태어날 것이라고 일관되게 선포되었다. 과연 하나님의 언약대로였다. 유다 지파에 속하는 예수님은 아브라함과 이삭과 야곱의 가문에서, 다윗의 혈통을 좇아, 동정녀 마리아의 몸에서, 곧 여자의 후손으로 탄생하셨다. '여자의 후손'이란 말에 주목하라. 그 말은 인류의 조상이 타락한 직후에 에덴동산에서 하나님께서 옛뱀(사탄)을 향해 선포하신 메시아적 원시(原始) 언약이었다.

③ 은총의 족보다. 고대에 유대인들의 족보는 남자들만의 족보다. 그런데 예수 그리스도의 족보에는 독특하게도 다섯 명의 여인이 등장한다. 다말, 라합, 룻, 우리아의 아내(밧세바), 그리고 마리아다. 이 여인들은 하나같이 왕의 족보인 메시아 예수의 족보에 오르기엔 턱없이 부족한 자들이다. 다말은 인륜을 어겼고, 라합은 기생 출신이며, 룻은 유대인들이 적대시하는 모압 출신의 이방 여인이다. 밧세바는 왕과 불륜을 저지른 여인이고, 예수님의 모친인 마리아는 시골 마을 가난한 집안의 평범한 여인이다. 모두 이런저런 결점이나 부족함을 지닌 여인들이다. 그런데 이 같은 여인들이 예수 그리스도의 족보를 이루고 있음은, 장차 메시아 예수의 구원 사역이 남녀노소나 빈부귀천, 나라나 민족이나 지역이나 혈통을 초월하여 모두에게 보편적으로 적용되는 은총의 사역이 될 것임을 잘 보여준다.

예수 그리스도의 탄생 (1:18-25; 눅 2:1-7)

이스라엘 변방 북쪽 갈릴리 지역의 작은 마을 나사렛, 그 마을에

'마리아'라는 순박한 처녀가 살고 있었다. 당시 그녀는 동네 남자 요셉과 결혼을 약속한 사이로, 이스라엘 사회에서 정혼한 사이는 결혼한 사이와 다를 바 없었다. 그래서 다른 남자와의 사귐이나 관계는 절대 용인되지 않았다. 그러하기에 마리아는 요셉과 결혼하기 전까지 최대한 몸가짐을 조신하게 하고 정조를 지키며 살았다. 그런 그녀에게 기이한 현상이 일어났다. 마치 임신한 여인처럼 배가 자꾸 불러오기 시작한 것이다.

크게 당황한 마리아는 황당한 마음으로 최대한 임신 사실을 숨겼다. 하지만 약혼자인 요셉에게까지는 속일 수 없었다. 결국 약혼녀 마리아의 임신 사실을 알게 된 요셉은 눈앞이 캄캄해졌다. 배신감에 몸을 떨었다. 현실을 부정하고 싶었다.

'절대 그럴 리 없어. 아, 아, 도저히 믿기지 않아.'

요셉은 좌절하고 번민에 빠졌다. 모세 율법에 따르면, 약혼녀가 부정한 일을 저지르면 돌로 쳐 죽이게끔 되어 있었다. 요셉은 몰락한 왕손으로 비록 가난한 목수의 신분이 되었지만, 누구보다도 율법에 충실한 삶을 살았다. 그런 요셉인 만큼 요셉은 율법이 요구하는 대로 마리아를 처형하도록 내주어야 했다. 그래야 자신이 참된 유대인임을 증명하고 자신의 명예를 지킬 수 있었다.

'그래도…, 그래도 어찌 사랑하는 사람을 돌에 맞아 죽도록 내줄 수 있단 말인가. 그녀가 아무리 잘못했어도 그럴 수는 없다.'

요셉은 약혼녀 마리아를 진정으로 사랑하고 있었다. 사랑하는 마리아가 공개적으로 모욕당하고 처형당하는 것을 지켜볼 자신이 없었고, 그렇다고 아무 일 없다는 듯 그녀를 용납할 수도 없었다. 그러니 길은 하나밖에 없었다. 파혼하는 것! 조용히, 남들에게 알리지 말고 조용히 헤어지는 것! 그것 말고는 다른 길이 없을 것 같았다.

주후 1세기의 유대 사회에서 약혼은 결혼을 전제로 한 혼전 계약이었다. 약혼 기간에 남녀는 동거하거나 잠자리를 제외하곤 어엿이 부부로 인정받았다. 사실상의 기혼 상태였다. 따라서 이 기간에 남편이 사망하면 약혼녀는 미망인 신분이 되었다. 그러하기에 약혼 관계를 취소하려면 공식적인 이혼 절차가 요구되었다. 마리아가 다치지 않는 선에서 요셉이 자연스럽게 그녀와의 파혼 절차를 이리저리 고민하고 있을 무렵, 하루는 하나님의 천사가 요셉의 꿈에 나타났다.

"다윗의 자손, 요셉아! 너는 두려워하지 말고 마리아를 아내로 맞아들여라. 마리아가 가진 아기는 성령으로 잉태된 것이다. 그녀가 아들을 낳을 것이니, 너는 그 아들의 이름을 '예수'라 하라. 예수는 자기 백성을 그들의 죄로부터 구원하실 분이시니라."

화들짝 놀라 잠에서 깨어난 요셉, 꿈이 너무도 선명했다. 꿈속에서 자신에게 말씀하신 천사의 메시지는 현실인 양 너무나 생생하고 또렷했다. 꿈속에서 천사는 요셉을 가리켜 '다윗의 자손'이라 칭했다. 이는 요셉으로 하여금 다윗의 혈통으로서 감당해야 할 역할을 알려준 것이다.

요셉아, 네 아내 데려오기를 무서워하지 마라

신앙심 깊은 착하고 의로운 요셉, 천사의 메시지를 마음으로 받아들였다. 그는 더 이상 망설이지 않고 그녀를 아내로 맞아들이기로 결심했다. 마리아에게 일어난 잉태 사건은 오래전부터 계획된 하나님의 특별한 섭리요 경륜이다. 일찍이 하나님께서 선지자를 통하여 선포하신 말씀을 이루기 위함이다. 이때로부터 대략 700여 년 전, 주전 8세기 초엽부터

7세기 말엽에 활동한 선지자 이사야(주전 739-680년경)는 이렇게 예언한 적이 있었다.

"보라! 처녀가 잉태하여 아들을 낳을 것이니, 사람들은 그 이름을 '임마누엘'이라 부를 것이다"(사 7:14).

히브리어 '임마누엘'은 '하나님께서 우리와 함께 계신다'란 뜻이다. 이는 본질상 하나님(제2위 하나님이신 성자 하나님) 되시는 메시아 예수께서 죄악에 빠진 인류를 구원하기 위해 사람의 모습으로 이 땅에 오셔서 자기 백성들 가운데 거주하실 것임을 일깨워준다.

또한 하나님의 선지자들에 의해 오랫동안 예언된 메시아는 반드시 처녀의 몸에서 태어나야 했다. 만일 예수님이 정상적인 부부관계를 통해 태어난다면, 아담의 원죄가 부모를 통해 예수님의 인성(人性)에까지 영향을 미치기 때문이다. 따라서 원죄로부터 영영 자유롭기 위해서는 자연적인 방법이 아닌, 초자연적인 방식으로 태어나는 것이 꼭 필요했다. 또한 그것은 일찍이 하나님에 의해 에덴동산에서 선포된 바, 메시아 예수가 '여자(동정녀)의 후손'이 되어 장차 뱀(사탄)의 머리를 쳐서 최종 승리할 것이라는 원시(原始) 복음을 성취하는 일이기도 했다.

꿈속에서 천사의 계시를 받은 이후, 요셉은 하나님의 천사가 명한 대로 서둘러 약혼녀 마리아를 자기 아내로 맞아들였다. 그런 뒤, 아내 마리아가 성령으로 잉태한 아들을 낳을 때까지 잠자리를 갖지 않았다.

마침내 기한이 차서 마리아가 해산하여 아들을 낳자, 요셉은 그 아들의 이름을 '예수'라 지었다. 예수! 이 이름은 히브리어 '예수아(혹은, 여호수아)'의 헬라어 표현으로 '주께서 구원하신다'란 뜻이다. 이렇게 해서 인류의 구주이신 메시아 예수가 마침내 사람의 몸을 입고, 즉 성육신(成肉身)하셔서 이 땅의 우리들 곁에, 우리들 가운데 오신 것이다.

2
동방 박사와 아기 예수의 피난

베들레헴에서 메시아 태어났네
별의 인도로 찾아온 동방 박사들
황금, 유향, 몰약을 예물로 드리며
아기 예수의 탄생을 기뻐하네

동방의 박사들, 아기 예수를 경배하러 오다 (2:1-12)

예수께서 태어나신 곳은 유대 땅 베들레헴, 때는 로마의 속국이 된 팔레스타인 지역을 헤롯이 통치하던 시기였다. 이 헤롯은 흔히 '헤롯 대왕'으로 불리는 자로, 헤롯 왕조의 창건자다. 에서의 후손인 이두메(옛적의 에돔) 출신으로, 25세에 갈릴리 총독을 역임했다.

한편, '떡집'이란 뜻을 지닌 베들레헴은 예루살렘 남쪽 8km 지점에 위치해 있는데, 예루살렘과 헤브론 및 네겝(팔레스타인 남부의 광활한 광야지대) 지방을 연결하는 주요 도로 가까이에 위치하고 있는 마을이다. 베들레헴의 본래 이름은 '에브랏'이고, 같은 이름의 스불론 지파 내의 베들레헴과 구별하기 위해 흔히 '유다 베들레헴'이라 부른다. 일찍이 이 마을에서 이스라엘의 성군(聖君)인 다윗도 출생했다.

"앗! 저기, 저기… 찬란하게 빛을 발하는 저 큰 별은 무엇이지?"

예수께서 베들레헴 마을에서 태어나셨을 때(주전 4년), 동방의 바빌로니아 지역으로부터 메시아의 탄생을 알리는 큰 별을 보고 예루살렘까지 줄곧 그 별을 따라온 박사들이 있었다. 이들은 천문학과 점성학에 관해 해박한 지식을 지닌 당대의 탁월한 현자들로, 일찍부터 유대인들과 교류하던 중에 메시아에 관한 구약의 예언들을 잘 알고 있었다.

메시아의 별을 따라온 동방의 박사들

언젠가 찬란하게 빛나는 큰 별이 나타나면 유대 땅에 구세주 메시아가 탄생할 것이라는 유대인들의 전승을 잘 알고 있었기에, 그들은 어느 날 밤하늘에 선명하게 나타나 찬란한 빛을 발하는 큰 별을 보고 메시아의 탄생을 확신하고는, 그분을 예방(禮訪)하고자 별을 따라 먼 길을 나선 것이다(6세기 말엽쯤, 성경학자들은 그 동방박사들의 이름을 멜콘[후에는 멜콰이어], 발사살, 가스퍼로 밝힌 바 있다).

오랜 여정 끝에, 마침내 유대 땅 예루살렘에 다다른 동방박사들은 가장 먼저 궁궐로 찾아가 헤롯 왕을 예방했다.

"폐하, 만수무강을 빕니다. 저희는 먼 동방 땅에서부터 메시아의 큰 별을 보고 그분의 탄생을 축하하여 그분께 경배하러 왔나이다. 오늘날 유대인의 왕으로 태어나신 그분은 어디에 계시는 것입니까?"

"유대인의 왕? 아니, 내가 유대인의 왕이거늘, 나 말고 또 누가 유대인의 왕이라는 게요?"

"아, 우리가 관찰한 그 별은 유대인의 왕이 탄생했음을 알리는 메시아의 별임이 분명해서…."

"어쨌든 알았소. 그대들은 잠시 물러나 있도록 하시오."

동방박사들의 말에 헤롯은 크게 당황했다. 누군가 자신의 왕좌를 호시탐탐 노리고 있다는 과대망상증에 시달리던 70세가량의 헤롯은 심히 불안해했다. 메시아를 앞세운 백성들의 정변이 가장 먼저 뇌리를 스쳤다. 이방 박사들의 궁중 방문 소문에 백성들도 술렁거렸다. 메시아를 학수고대하던 유대 백성들보다 이방 땅의 박사들이 먼저 징조를 읽었다니…. 어쨌든 기다리고 기다리던 메시아는 과연 탄생한 것일까? 아니면, 이제껏 그러했듯 이번에도 헛된 소문일까? 온 예루살렘 백성들의 마음이 뒤숭숭했다. 동방박사들을 잠시 물리친 헤롯은 궁중 자문단인 제사장들과 율법 교사들을 궁궐로 급히 불러들여 그들에게 묻는다.

"오늘 동방에서 온 박사들에게서 메시아의 별에 관해 들었소. 그들은 말하기를, 이 땅에 유대인의 왕이 태어났다고 했소. 그렇다면 구약의 선지자들은 메시아(그리스도)가 이 땅의 어디에서 태어날 것이라고 예언했소?"

제사장들과 율법 교사들, 그들은 헤롯의 속마음을 모른 채 조금도 망설임 없이 즉각 대답한다.

"유대 땅 베들레헴입니다. 선지자 미가가 그렇게 예언했습니다. 폐하! 미가서 5장 2절에 이렇게 기록되어 있습니다."

> "너 유대 땅 베들레헴아! 너는 비록 작은 마을이지만, 네게서 통치자가 나와 내 백성 이스라엘의 목자가 될 것이다"(미 5:2).

"그게 확실하오? 미가란 선지자가 정말로 그런 예언을 했단 말이오?"

"네, 미가 선지자는 유대 땅 베들레헴에서 유대인들을 다스릴 통치자, 곧 유대인의 왕이 탄생할 것이라고 분명히 예언했습니다."

미가(Micah)는 주전 8세기 초엽부터 7세기 말엽까지 남왕국 유다에서 활동한 선지자로(주전 742-687년경), 이사야 선지자와 동시대에 예언 활동을 펼친 인물이다.

헤롯은 동방박사들을 다시 궁궐로 가만히 불러들여 '메시아의 별'에 관해 이것저것 자세히 물었다. 그 별이 언제 어디서 나타났고, 어디로 이동했으며 또 어디에서 멈추었는지를 꼬치꼬치 캐물었다. 마치 자신도 메시아의 별을 기다렸다는 듯 박사들의 의심을 사지 않기 위해 부드러운 어조로 물었다. 박사들에게 모든 답변을 들은 헤롯은 짐짓 호의적으로 말한다.

"잘 알았소. 나도 나름대로 알아보니, 그 아기는 베들레헴 마을에서 태어난다고 하오. 그러니, 얼른 베들레헴으로 가서 그 아기를 찾아보도록 하시오. 그 아기를 찾아내거든, 내게도 꼭 알려주시오. 나도 유대인의 왕으로 태어난 그 아기에게 경배할 생각이오."

동방박사들은 헤롯 왕의 말을 곧이곧대로 알아듣고는 왕에게 존경의 예를 표한 후에 즉시 베들레헴으로 향했다. 길을 떠날 때, 동방에서부터 보았던 그 큰 별이 다시 나타나 찬란한 빛을 발하며 그들을 이끌어주었다.

"앗, 저기! 그 별이 다시 나타났다. 서둘러 별을 따라가자."

동방박사들은 별에서 눈을 떼지 않았다. 이번에도 별을 잃어버리면 다시 헤매게 된다. 훗날에야 알게 된 사실이지만, 별을 놓쳤다고 선뜻 왕궁으로 찾아갈 일이 아니었다. 그때문에 메시아의 탄생 소식이 헤롯에게 들켜, 많은 영아들이 살해당하고 아기 예수는 이집트로 피난 가야만 했다.

"보라! 이제 별이 한 곳에 그대로 멈추었다!"

동방박사들을 인도하던 찬란한 큰 별은 베들레헴 마을의 어느 한 곳 위에 이르러 그대로 멈추어 섰다. 그리고 그 아래로 찬란한 빛을 비추고 있었다. 박사들은 메시아의 별이 마침내 멈추어 선 것을 보자 뛸 듯이 기뻐하며 서둘러 별빛이 비취는 그 집으로 들어갔다. 과연 그 집에는 갓 태어난 아기가 어머니 마리아의 품에 고이 안겨 있었고, 아버지 요셉도 곁에 함께 있었다. 하지만 태어난 장소는 누추한 외양간이었다.

"오, 이 아기가 바로 유대인의 왕으로 오신 이로다. 오늘 우리가 그 광경을 우리 눈으로 직접 보게 되다니!"

동방박사들은 마치 왕께 하듯 그 아기 앞에 엎드려 정성스럽게 절했다. 그런 뒤, 멀리 바빌로니아 땅에서부터 고이 간직해온 보물 상자를 열어, 그 속에 든 황금과 유향과 몰약을 예물로 바쳤다.

황금은 동서고금을 막론하고 그 불변의 성질과 다양한 용도로 인해 매우 값진 귀중품으로 여겨졌다. 유향은 주로 아라비아 지방에서 자라는 보스웰리아(boswellia)라는 나무의 껍질에 깊은 칼집을 내어 그 속에서 흐르는 진을 추출한 것으로, 반질반질하고 향내 나는 흰색의 값비싼 향료다. 그리고 몰약은 에티오피아, 아라비아 지방 등지에서 자라는 콤미포라 머라(commiphora myrrha)라는 나무에서 추출된 것으로, 주로 방부제나 마취제로 사용되는 좋은 향을 지닌 값비싼 물품이다.

그날 밤, 동방박사들은 꿈속에서 천사의 지시를 받았다.

"너희는 헤롯에게로 돌아가지 말고, 너희의 나라로 곧장 돌아가도록 하여라."

헤롯에게로 돌아가 아기 예수의 탄생 장소를 알려주지 말고, 곧장 고국으로 돌아가라는 지시였다. 박사들은 천사의 지시에 따라 예루살렘 궁궐에 들르지 않고 다른 우회로를 통해 자기들의 나라로 돌아갔다.

예수님의 가족이 이집트로 피신하다 (2:13-18)

동방박사들이 그들의 나라로 돌아간 후, 앞서 요셉의 꿈에 나타났던 하나님의 천사가 다시 요셉의 꿈속에 나타나 말한다.

"요셉아, 헤롯 왕이 아기를 죽이려 한다. 그러니 너는 어서 일어나,

아기와 아내를 데리고 이집트로 피신하여라. 그리고 내가 다시 돌아오라고 지시할 때까지 그곳에 계속 머물러 있도록 하여라. 어서 서둘러라."

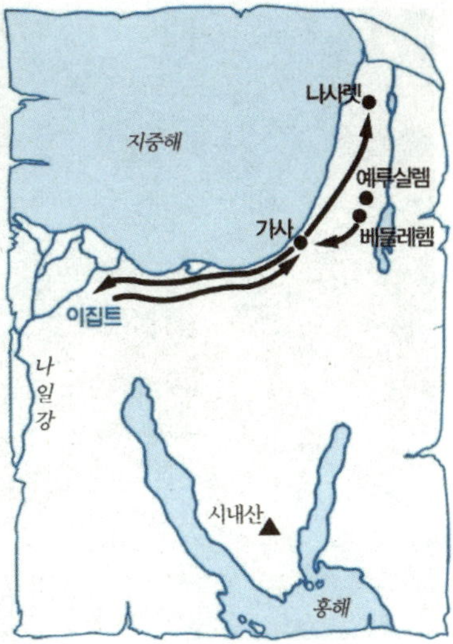

아기 예수의 이집트 피난

요셉은 그 밤에 즉시 일어나 마리아와 아기 예수를 데리고 베들레헴을 벗어나 이집트 땅으로 급히 피신했다. 베들레헴에서 이집트의 변경까지는 대략 120km나 되는 먼 길이었다. 당시 이집트도 로마 제국의 식민지였지만, 헤롯 왕의 통치가 미치지 않았다. 당시 이집트 땅에는 100만 명에 달하는 유대인들이 여기저기 마을을 형성하여 살고 있었다. 그러했기에 요셉 가족에겐 아주 생소하고 낯선 피난지는 아니었다.

이집트로 내려간 요셉 가족은 헤롯 왕이 죽을 때까지 그곳에서 살다가, 그가 죽은 후에야 유내 땅으로 돌아왔다. 그리하여 구약시대의 선지자 호세아(주전 753-715년경)의 예언이 성취되었다.

"내가 이집트에서 내 아들을 불러내었노라"(호 11:1).

헤롯 왕이 베들레헴과 그 인근의 아기들을 모조리 죽이다(2:16-18)

동방박사들이 떠나 버린 것을 알게 된 헤롯, 그는 속았다는 사실에 얼굴이 붉으락푸르락 길길이 날뛰며 격분했다. 박사들에게 속은 줄도 모르고 이제나저제나 그들을 기다렸던 자신이 바보같이 생각되어 화가

유아 학살을 자행하는 헤롯의 군사들

치밀었다. 헤롯은 박사들이 메시아의 별을 알아냈던 시간을 기준으로 이리저리 따져보아, 자신의 군사들을 즉시 베들레헴과 그 인근의 마을들로 보내며 엄히 명한다.

"너희는 베들레헴과 그 인근 마을들을 샅샅이 뒤져, 두 살 이하의 사내아이들이 발견되면 모조리 죽여라! 단 한 명도 예외를 두지 마라!"

오늘날에는 상상조차 할 수 없지만, 고대 군주 전제주의의 폭군 치하에서는 얼마든지 가능한 일이었다. 그리하여 끔찍한 대학살극이 벌어졌다. 예루살렘에서 베들레헴까지의 거리는 대략 8km 정도, 헤롯의 군사들은 집집마다 뒤졌고 오두막까지 일일이 수색하여 사내아기들을 찾아내어 죽였다.

여기저기, 곳곳에서 울부짖는 소리가 들렸다. 아이를 잃고 목 놓아 울부짖는 부모들의 통곡소리가 하늘에 사무쳤다. 권력에 눈먼 폭군 헤롯의 광분에 애먼 아기들이 죽어갔다. 아, 슬프다. 하지만 이 일도 일찍이 하나님께서 예레미야 선지자(주전 627-580년경)를 통해 예고하신 일이다.

"보라, 라마에서 크게 통곡하는 소리가 들려오는구나. 귀 기울여 들어보니,

라헬이 자기 자식들을 잃고 목 놓아 슬피 울부짖는 소리로구나. 아, 자식들이 없어졌으므로 그녀가 위로받기를 거절하는구나!"(렘 31:15).

예레미야 선지자의 이 예언은, 옛적 라마에서 아이를 출산하는 도중에 죽은 야곱의 아내 라헬이 자신의 무덤에서 바빌로니아 땅에 포로로 끌려가기 위해 그곳에 집결한 이스라엘 백성들을 바라보며, 마치 제 자식들을 잃어버린 심정으로 통곡한다는 사실을 문학적으로 묘사한 말이다. 라마(Ramah)는 베냐민 지파의 성읍으로, 남왕국 유다가 멸망했을 때 그 백성들이 바빌로니아에 포로로 끌려갈 때 집결한 곳이다. 오늘날 예루살렘에서 북쪽으로 8km가량 떨어진 곳에 위치한 '엘-람'(el-Ram)으로 추정된다.

그런데 마태는 예레미야 선지자의 이 문학적인 표현을 헤롯의 유아 학살로 인해 울부짖고 통곡하는 예수님 당시의 베들레헴 여인들에게 적용시켰다. 그 까닭은, 야곱의 아내이며 요셉과 베냐민의 모친인 라헬은 이스라엘 모든 어머니의 조상으로 라헬의 무덤이 베들레헴 부근에 있었기 때문이다. 그래서 옛적 라헬의 통곡은 현재 베들레헴 여인들의 통곡으로 자연스럽게 연결될 수 있었다.

예수님의 가족이 갈릴리 지역의 나사렛 마을에 정착하다 (2:19-23)

시간이 흘러, 아기 예수의 목숨을 노리던 헤롯 왕이 죽었다. 이 헤롯은 팔레스타인에 헤롯 왕조를 창건한 '헤롯 대왕'이다. 그는 무려 33년(주전 37-4년) 동안 유대 땅을 통치한 인물로, 자신의 왕좌를 유지하려고 무자비하게 사람들을 죽였다. 주변의 모든 사람을 의심하여 심지어 아내와 장모와 세 아들까지 죽인 잔인한 폭군이다. 그의 혈통은 반은 유대인이고 반은 이교도였다. 로마 황제는 이 헤롯에게 유대 땅을 다스릴 통치권을 주었지만, 대부분의 정통파 유대인들은 그의 왕권을 인정하지 않았다.

헤롯 대왕이 죽은 후(주전 4년), 하나님의 천사가 다시 꿈에 나타나 요셉에게 지시한다.

“요셉아, 이제 너는 일어나 이스라엘 땅으로 돌아가라. 아기 예수의 목숨을 노리던 자들이 죽었느니라.”

천사의 지시를 듣고, 요셉은 즉시 움직였다. 피신해 있던 이집트 땅을 떠나 가족을 데리고 이스라엘로 돌아갔다. 성경은 요셉 가족이 이집트에 거주하고 있던 기간과 그곳의 생활에 대해서 침묵하고 있다.

헤롯 대왕이 죽자, 팔레스타인 지역은 그의 세 아들에 의해 분할 통치되었다. 그들은 분봉왕이 되어 다스렸는데, 아켈라오는 유대와 사마리아와 이두메(구약시대의 에돔) 지방을 다스렸고, 헤롯 빌립은 이두래와 드라고닛과 아울란과 바타네아 지방을 다스렸다. 그리고 헤롯 안디바는 갈릴리 지역과 요단 동편의 땅인 베레아 지방을 다스렸다.

헤롯 대왕을 이어 유대와 사마리아 지방의 왕이 된 아켈라오(주전 4년-주후 6년)는 헤롯 대왕과 사마리아 출신인 마르다게 사이에서 태어난 자로, 아버지 못지않게 잔인한 폭군이었다. 그는 유월절에 유대 백성들이 성전에 모여 자신의 부왕 헤롯 대왕이 살해한 두 명의 애국자를 애도(哀悼)하고 있음을 발견하고는, 병력을 풀어 3천 명이나 되는 사람들을 무차별적으로 학살하였다.

요셉은 이스라엘 땅으로 돌아와 이 같은 소식을 들었을 것이다. 그래서 요셉은 무자비한 아켈라오가 다스리는 유대 지방으로 들어가기를 두려워했다. 그러던 차에, 요셉은 다시금 꿈속에서 천사의 지시를 받고, 멀리 이스라엘 북쪽 갈릴리 지방의 나사렛 마을로 들어가 살았다. 그곳은 당시 아켈라오의 친형제인 헤롯 안디바가 통치하는 땅이었다. 이리하여 요셉 가족(요셉, 마리아, 예수)은 갈릴리 지방의 나사렛 마을에 정착했는데, 이런 사실도 구약성경에 이미 예언된 바 있었다.

“보라, 그는 ‘나사렛 사람’이라 불릴 것이로다”(사 11:1).

그런데 자세히 살펴보면, 구약성경에서 이 같은 예언이 직접적으로 언급된 곳은 없다. 하지만 구약의 선지자들은 장차 오실 메시아가 멸시와 천대를 받게 될 것이라고 예언했다. 당시 갈릴리 지방의 나사렛은 멸시와 천대를 받던 가난하고 비천한 동네였다. 그래서 ‘나사렛 사람’이란 말은 흔히 ‘촌뜨기’라는 말로서, 하층의 백성을 일컫는 경멸적인 용어였다. 그래서 이후에 예수님도 일생을 ‘나사렛 예수’라는 놀림과 멸시와 천대를 받았다.

그렇게 미천한 목수의 집안에서 태어나 가난한 동네 나사렛에서 성장한 예수님, 그분은 그루터기만 남아있는 초라한 다윗의 왕통에서 뻗어 나온 연약한 ‘싹’이요 ‘가시’로서, 조롱과 경멸을 받으며 자라난 왕이신 메시아였다. 이런 맥락에서 ‘나사렛’은 또한 히브리어로 ‘싹’ 혹은 ‘가지’란 의미를 지닌다. 그래서일까? 이사야 선지자는 예수께서 이새의 줄기에서 나온 ‘싹’이요, 그 뿌리에서 뻗어 나온 ‘가지’라고 비유하면서, 장차 (그분의 구원 사역이) 풍성하게 결실을 맺을 것이라고 예언하였다.

“장차 이새의 줄기에서 한 싹이 나며 그 뿌리에서 한 가지가 나서 결실할 것이다. 그 위에 여호와의 신 곧 지혜와 총명의 신이요 모략과 재능의 신이요 지식과 여호와를 경외하는 신이 강림하실 것이니, 그가 여호와를 경외함으로 즐거움을 삼을 것이며 그 눈에 보이는 대로 심판치 아니하며 귀에 들리는 대로 판단치 아니하며, 공의로 빈핍한 자를 심판하며 정직으로 세상의 겸손한 자를 판단할 것이며, 그 입의 막대기로 세상을 치며 입술의 기운으로 악인을 죽일 것이며, 공의로 그 허리띠를 삼으며 성실로 몸의 띠를 삼으리라”(사 11:1-5).

3
예수께서 세례를 받으시다

세례받으러 요단강에 오신 예수
세례 요한이 한사코 말리지만
그 뜻대로 세례를 줄 때 하늘에서 성령이
비둘기같이 임하시네

광야의 설교자, 세례 요한 (3:1-12; 막 1:1-8; 눅 3:1-18; 요 1:19-28)

거칠고 메마른 유대 광야. 낮에는 무더운 바람이 아라비아 사막 쪽에서 불어오고, 밤에는 차가운 별빛 아래 들짐승들의 울음소리만 간간이 들리는 황량한 그 광야에 홀연히 선지자 한 명이 출현했다. 제사장 사가랴의 아들인 '요한'이다.

성경에는 '요한'이란 이름을 가진 사람들이 워낙 많기에, 그를 특별히 '세례 요한'이라 불러 다른 요한들과 구별한다. 그 까닭은, 그가 메시지를 선포한 뒤에 회개하는 자들에게 요단강에서 세례를 자주 베풀었기 때문이다. 세례 요한이 주로 활동한 유대 광야는 예루살렘 동쪽에 펼쳐진 광활한 사막이다. 여리고 남쪽과 사해 서쪽 고원지대에 걸쳐 펼쳐진 황량한 석회암의 골곡으로 되어 있다. 때에 따라 '십 황무지', '마온 황무지', '엔게디 황무지', '예루엘 광야' 등으로 다양하게 불렸는데, 모든 땅이 유다 지파에 속해 있기에 통상적으로 '유대 광야'로 지칭되었다.

유대 광야에서 회개를 외치는 세례 요한

유대 광야, 이 광야의 군데군데에는 오아시스가 있었고, 엔게디 근처에는 폭포도 있어 목초지로 이용되었다. 그래서 광야의 높은 지대인 미드바르는 겨울철에 양과 염소를 방목할 수도 있다. 남쪽과 동쪽의 외진 곳은 '황무지' 또는 '사막'이라는 뜻의 '예시몬'이라 불렸는데, 가파르고 위험해서 양치기들도 기기를 꺼리는 곳이다. 이처럼 황량한 유대 광야에 혜성같이 등장한 세례 요한, 그는 아무런 계시도, 환상도, 묵시도, 꿈도, 이상도 없었던 신구약 중간시대의 400여 년 동안, 말씀에 대한 목마름으로 애타게 선지자의 예언을 기다려온 유대 백성들에게 그 갈증을 식혀주는 사막의 오아시스와 같았다. 사람들은 세례 요한의 선포에 열광했고, 세례 요한은 자신에게로 몰려드는 군중들을 향해 하나님의 말씀을 힘차게 선포한다.

"회개하라! 천국이 가까이 이르렀노라!"

세례 요한, 그는 400여 년 전에 말라기 선지자가 예언한 대로 메시아 예수의 길을 예비하려 먼저 보내진 선지자였다. 광야의 선구자였다. 본래 그는 제사장 가문의 일원으로 태어났기에, 그 자신도 제사장의 길을 걸어야 할 신분이었다. 그러나 일찍 하나님의 부르심을 받고 그 소명에 응해 예루살렘 종단을 떠났다. 기득권 신분과 안락한 가문을 버리고, 메시아의 선구자 역할을 하기 위해 거칠고 메마른 유대 광야로 기꺼이 나아간 것이다.

세례 요한은 일찍이 예루살렘을 떠났기에 성전의 기득권층인 바리새파와 사두개파 사람들과 섞인 적이 없었다. 그래서 예루살렘의 타락한 종교 지도자들에게 당당할 수 있었고, 또한 군중들로 하여금 메시아를 받아들일 마음밭을 갖도록 강경한 어조로 회개를 선포할 수 있었다. 그래서 유대 백성들은 모두가 세례 요한을 두려워했고, 그를 구약 선지자들의 대를 잇는 하나님의 선지자로 받아들였다. 이런 세례 요한의 홀연한 출현에 대해서, 말라기 선지자보다 훨씬 이전에 활동한 이사야 선지자에 의해 예언된 바 있었다. 그러니까 세례 요한이 유대 광야에 출현하기 무려 700여 년 전이다.

> "보라, 광야에 외치는 자의 소리가 있도다. 그가 외치기를 곧 '너희는 주의 길을 예비하라! 그분이 다니실 길을 곧게 하라!' 하도다"(사 40:3).

이사야 선지자의 예언대로 유대 광야에 홀연히 출현한 세례 요한은 낙타 털옷을 입었고, 허리엔 가죽 띠를 둘렀으며, 메뚜기와 들꿀을 먹고 살았다. 낙타 털옷은 낙타(약대)의 가죽옷이 아니라, 단지 낙타털로 거칠게 짠 옷이다.

이 같은 세례 요한의 복장은 북왕국 이스라엘의 아합 왕 시대에 활동한 엘리야(주전 875-848년경) 선지자의 모습과 유사하다. 결국 이것은, 하나님께서는 메시아에 앞서 '엘리야'를 먼저 보내실 것이라 선포한 말라기 선지자의 예언이 세례 요한에게서 이루어졌음을 뜻한다. 그러니까 세례 요한은 '신약시대의 엘리야'인 셈이다.

"여보게, 참으로 오랜만에 유다 광야에 참 선지자가 나타났다는구먼. 그 선지자의 메시지를 들으러 가보지 않겠나?"

"좋지! 나도 들었다네. 엘리야 같은 선지가가 출현해서 하나님의 말씀을 힘차게 선포한다고 하더구먼. 지금 많은 사람들이 그분에게로 몰려든다 하니, 우리도 빨리 가보세나."

당시, 유대 광야에 홀연히 나타난 세례 요한의 존재는 유대 백성들의 갈증을 달래줄 사막의 오아시스요, 어둠 속의 빛과 희망이 되었다. 그리하여 예루살렘과 요단강 주변, 그리고 유대 땅 전역에서 숱한 무리들이 구름떼처럼 요한에게로 몰려왔다.

사람들은 요한의 메시지를 듣고는 양심에 가책을 받아 자신들의 죄를 고백하였다. 그러면 요한은 그들을 요단강으로 데리고 가서 세례를 베풀었다. 요한의 세례는 메마르고 강팍한 유대 백성들의 마음밭을 경작하여, 조만간 출현하실 구세주 메시아의 길을 예비하고 있었다. 이때 요한이 베푼 세례는 온몸을 물속에 잠시 잠그는 침례(浸禮) 형식이었다. 이처럼 요한이 숱한 세례를 베풀었다 해서, 사람들은 그를 특별히 '세례 요한'이라 불렀다.

세례(洗禮), 이것은 마음속의 신앙을 밖으로 드러내 보이는 하나의 종교의식이다. 세례를 통해 표현된 그 신앙이 예수님을 메시아로 영접할 수 있게 하고, 마침내 죄 사함으로 이어져 구원에 이르게 된다. 예수 그리스도를 믿는 회개와 사죄, 그로 말미암아 얻어지는 영생은 모든 시대를 초월하여 영원토록 변치 않는 기독교의 핵심 진리다.

세례 요한의 홀연한 등장과 백성들의 열렬한 호응은 자연히 예루살렘 기득권층의 주목을 끌게 된다. 그들은 백성들이 세례 요한을 하나님의 선지자로 여기고, 그를 추종하는 그 자체가 매우 못마땅했다. 예루살렘 성전이 복원되고 제사장들과 서기관들과 율법 학자들이 있으면 그것으로써 충분하지 않는가!

그들이 제사를 드려주고 율법을 해석하여 사람들을 올바른 길로 인도해주고 있는데, 굳이 광야의 선지자라는 자가 나타나 백성들에게 회개를 외치면서 세례를 베풀고, 유대의 종교 지도자들인 바리새파와 사두개파 사람들을 공개적으로 비판하고 나서니 마음이 편할 리 없었다.

"이상한 복장을 한 사내가 광야에서 말씀을 선포하고 세례를 베푼다고? 도대체 그가 무슨 꿍꿍이로 백성들을 미혹하는 건지, 우리가 직접 가서 확인해 봐야겠다."

유대 사회의 종교 지도층인 바리새파와 사두개파 사람들, 곧 바리새인들과 사두개인들은 세례 요한에 관한 보고를 받고는 불편한 심기로 그가 세례를 베풀고 있는 유대 광야로 나갔다. 예수님 당시, 유대의 종교 지도층으로 바리새파와 사두개파 사람들이 있었다. 이들은 각각 당파(黨派)를 이룬 채 종교적 기득권을 누리고 있었는데, 서로 간에 교리가 달라서 만나면 으르렁거렸다. 그렇다면 예수님 당시에 유대 사회를 지배하고 있던 대표적인 세 종교적 당파에 관해 잠시 살펴보자.

바리새파 사람 (바리새인)

· **바리새파(Pharisees)** : 바리새인들('분리된 자들'이란 뜻)로 구성된 종파로 사두개파, 에세네파와 더불어 유대의 3대 종파 가운데 하나다. 모세 율법, 특히 성결에 대한 규례를 철저히 준수하며 죽은 자의 부활을 믿었다. 헬레니즘의 영향에서 '분리되어' 모세 율

법을 철저히 지키면서 성결에 힘쓴 무리들이란 말에서 이 종파가 유래되었다(주전 2~3세기경).

로마 시대에는 6천 명 이상의 당원을 가졌고(주전 1세기 말경), 대대로 유대인들의 율법 교사요, 신앙 지도자로 자처했다. 세속화된 사두개파에 비해, 이들은 반(反)로마파로서 민족의 독립을 추구하고 대대로 모세의 율법에 충실했기에 정통적인 유대 백성들에게서 어느 정도 신임을 받았다. 하지만 지나친 율법주의로 인한 외식과 위선으로 인해 세례 요한과 예수님에게서 엄중한 책망을 받았다.

· **사두개파(Sadducees)** : 사두개인들('사두개'란 명칭은 다윗 시대의 대제사장인 '사독'의 이름에서 따온 것임)로 구성된 종파로, 예루살렘을 중심으로 활동하는 귀족 계급이다. 대제사장들은 대부분 이 사두개파에서 나왔다. 사두개파는 헬라 문화에 개방적이었다. 그래서 바리새파가 '종교적'이라면, 이들은 '정치적' 색채가 강해 당시의 정치 상황(로마 제국의 식민 통치)을 지지한 친(親)로마파다.

사두개파는 바리새파에 비해 수효가 적었지만, 제사장 식무를 독점했고, 산헤드린(유대 사회에서 최고 재판권을 지닌 종교적, 정치적 자치 조직으로 '공회'로도 불린다) 소속의 공회원들이 많았다. 이들은 성문화된 모세오경(율법서)만을 고수했고, 바리새인들의 구전(口傳) 율법을 거부했다. 또 이들은 죽은 자의 부활, 천사, 영(靈)의 존재 등을 인정하지 않았다. 인본주의의 영향을 받아 하나님의 섭리에 의한 예정론을 부인하고, 인간의 자유의지를 존중하였다. 이로 말미암아 사두개인들은 세례 요한과 예수님에게서 강한 질책을 받았다.

· **에세네파(Essennes)** : 주후 1세기 무렵에 사해(死海) 주변의 쿰란 지역에서 종교적 공동체를 이룬 유대교의 한 종파다. 이들은 신비적

인 금욕주의를 내세우며, 장로의 지도 아래 공동생활을 영위했다.

바리새인들과 사두개인들이 무슨 꼬투리를 잡을 요량으로 한창 요단강에서 세례를 베풀고 있는 요한에게로 거들먹거리며 나아왔다. 그런 그들의 모습을 보고, 세례 요한이 대뜸 소리친다. 누구라도 주눅들 만한 위풍당당한 목소리다.

"이 독사의 자식들아! 누가 너희더러 곧 다가올 하나님의 두려운 징벌을 피하라고 일러주더냐?"

'뭐라? 우리가 독사의 자식이라고? 대체 저자의 정체란 뭐란 말인가?'

"들어라! 너희는 율법을 잘 알고 잘 지킨다고 스스로 으스대지 말고 회개의 열매를 행동으로 나타내 보여라. 너희가 행여 속으로 생각하기를 '우리 조상은 아브라함'이라고 하지 마라. 내가 분명히 말하지만, 하나님께서는 여기에 있는 돌들로도 능히 아브라함의 자손이 되게 하실 수 있다!"

세례 요한은 유대 광야에서 흔히 보이는 독 오른 독사들을 보며 인류의 조상을 유혹한 간교한 뱀을 연상했을 것이다. 그리하여 위선과 외식 덩어리인 종교적, 정치적 지도자들을 향해 저주받은 뱀의 후예라고 지적하면서, 그들의 표리부동한 모습을 엄중히 꾸짖은 것이다. 사실이 그러했다. 당시 두 당파는 회개에 합당한 착함과 의로움과 선함의 열매는 눈 씻고 찾아보아도 찾을 수 없고, 단지 자신들은 아브라함의 후손으로 하나님께 선택받은 자들이라며 육체적 혈통만을 교만하게 내세우고 자랑하니 책망받아 마땅했다.

세례 요한이 바리새인들과 사두개인들을 향해 이렇게 악담에 가까운 책망을 서슴지 않는 것은 그들 스스로 자신들의 죄악을 지각게 하여 회개에 합당한 열매를 맺게 하려는 데 있었다. 그러나 선지자의 악담 같은 책망을 들은 그들은 회개하는 마음으로 받아들이지 않고, 도리어 얼굴이 벌겋게 달아오르며 분노를 터뜨린다.

"저, 저런! 우리가 누군 줄 알고 감히 함부로 지껄이는 거야!"

그런 반응에 아랑곳없이 세례 요한은 계속해서 당당하게 호통 친다.

"보라, 도끼가 이미 나무뿌리 아래에 대기하고 있다. 좋은 열매를 맺지 못한 나무는 하나님께서 도끼로 사정없이 내려치실 것이고, 그런 나무는 그대로 찍혀 모조리 불 속에 던져질 것이다."

"저자가 대체 뭐라는 거야! 하나님의 심판이 누구한테 임한다는 거야?"

바리새인들과 사두개인들이 분에 이기지 못해 씩씩거렸다. 그러나 세례 요한의 메시지는 아무런 거침이 없다.

"지금 나는 너희를 회개시키려고 물로써 세례를 베푼다. 그러나 나보다 훨씬 위대하신 분이 조만간 내 뒤에 오실 터인즉, 그분은 너희에게 성령과 불로써 세례를 주실 것이나."

세례 요한의 이 말에 두 당파 사람들은 물론이고, 광야로 나온 백성들도 크게 의아해한다.

'요한보다 훨씬 위대하신 분이 조만간 오실 것이라고? 그분이 누굴까?'

'그분은 물로써가 아니라 성령과 불로써 세례를 베푼다니, 대체 그게 무슨 뜻이지?'

사람들은 저마다 의아하게 고개를 갸웃거렸다. 여기서 세례 요한이 자신보다 훨씬 위대하시다는 분은 그보다 6개월 뒤에 태어나신 '메시아 예수'를 가리킨다. 바로 그분께서 백성들에게 성령과 불로써 세례를 베푸신다는 뜻이다. 그렇다면 성령과 불로써 베푸는 그 세례는 어떤 것일까?

그 세례는 요한이 베푸는 물세례와는 구별되는 것으로 '성령 세례'를 가리킨다. 곧 성령의 사역으로 인한 참된 마음의 회개와 내적 변화를 가리킨다. 이런 성령 세례가 불세례로 불리는 것은, 성령 세례를 받은 자는 마치 불이 더러운 것들을 태워 정화시키듯 더러운 죄악으로부터 정결케 되기 때문이다. 바리새인들과 사두개인들을 향한 요한의 호통은 계속된다.

"진실로 그렇다! 내 뒤에 오실 그분은 너무나 위대하셔서, 나는 그분의 신발을 벗겨드릴 자격조차도 없다."

고대 중근동 지방에서는 천한 신분의 노예가 주인의 신발을 들고 다녔고, 또한 제자들이 스승의 신발을 들고 다니기도 했다. 이는 복종의 행위였고, 스승에 대한 존경의 표시였다. 이런 배경하에서 세례 요한은 자기 뒤에 오시는 위대한 메시아 앞에서 자신은 아주 비천한 존재임을 밝힌 것이다. 권위나 내세우는 정치꾼들이나 형식적인 종교 지도자들 앞에서는 위풍당당하지만, 메시아 앞에서는 한없이 낮아지는 모습이다. 세례 요한은 바로 그런 사람이었다. 그의 메시지는 이어진다.

"이제 머잖아 내 뒤에 오시는 그분은 손에 키를 들고 타작마당의 곡식을 까부르실 것이다. 그리하여 알곡은 모아서 곳간에 들이시고, 쭉정이는 꺼지지 않는 불에 태우실 것이다."

세례 요한은 조만간 오실 메시아 예수의 심판 장면을 농부가 타작마당에서 곡식을 까부르는 작업에 비유했다. 팔레스타인 지방에서 농부는 곡물을 타작한 후에 알곡과 쭉정이를 분리해내기 위해 손에 키를 들고 타작한 곡물을 까부르는데, 이때 알곡은 키에 남고 쭉정이는 바람에 날아가게 된다. 그러면 농부는 키에 남은 알곡은 잘 거두어 곳간에 들이고, 바람에 날아가 한 데 쌓여있는 쭉정이는 모두 모아 불사른다. 여기서 '알곡'은 알차고 신실한 믿음을 소유한 자를, '쭉정이'는 모든 불신자를 포함하여 위선적인 바리새인이나 사두개인처럼 참된 믿음이 없는 껍데기 종교인을 가리킨다.

예수께서 세례를 받으심 (3:13-17; 막 1:9-11; 눅 3:21-22; 요 1:32)

세례 요한의 사역이 절정에 달했을 무렵, 마침내 공생애를 시작하신 예수께서는 요한에게 세례를 받으시려고 갈릴리 지방에서 요단강으로 올라오셨다. 이때 예수님의 나이는 30세(주후 27년). 세례 요한은 군중들에게 한창 세례를 베풀다가 잠시 고개를 들었다. 그런데 바로 그 순간!

세례 요한의 눈에 들어온 사람이 있었다. 그의 친척이 되는 나사렛 예수였다. 나이는 요한이 6개월 앞선다. 요한은 일찍 출가(出家)하여 광야로 나갔기에 사촌인 예수와 친분을 나눌 기회는 많지 않았다. 하지만 그에 대한 탄생 비화는 일찍부터 듣고 자랐다. 마리아 아주머니가 처녀 때 천사가 나타나서 하나님의 성령으로 예수를 임신하게 되었고, 태중의 그 아이는 메시아로 탄생하신다는 이야기였다.

그런 말을 요한에게 들려준 이는 어머니 엘리사벳이었다. 그때 엘리사벳은 임신 중이었는데, 마리아의 예방을 받을 때 태안에서 아이가 팔짝팔짝 뛰었다고 했다. 그러면서 마리아의 태중에 있는 그 아이가 구세주임이 틀림없다고 어머니는 힘주어 말했다. 확신에 찬 음성이었다. 어머니의 태중에서 뛰었다는 그 아이가 바로 요한 자신이었다. 자신은 그때 아무것도 지각할 수 없는 태중의 작은 생명이었을 텐데 왜 뛰었을까. 아직 모든 것이 확실히 드러나고 있지는 않지만, 어떻든 그렇게 예수는 자기보다 6개월 늦게 출생했다.

요한은 어머니에게서 그 이야기를 처음 들었을 때 별로 마음에 들지 않았다. 유대 백성을 구원할 메시아라면 적어도 나사렛 목수의 아들이 아니라, 좀 더 지체 높은 집안에서 좀 더 근사한 방법으로 출현해야 하지 않았을까. 그런 생각 때문이었다. 그래도 문득문득 들려오는 유년기와 소년기 시절의 예수에 관한 놀라운 이야기는 늘 마음에 남아있었다. 그리하여 그럭저럭 세월은 흘렀고…. 그런데 지금 그 예수를 요단강에서 직접 대면하게 된 것이다. 예고되지 않은 만남은 그래서 더욱 반가웠다. 세례 요한이 자신에게로 나아오는 예수를 향해 환영의 손짓을 하려는 순간, 세례 요한의 마음을 온통 휘감는 뜨거운 성령의 감동이 불길처럼 확 일어났다. 성령께서 세례 요한의 영안을 활짝 열어주신 것이다. 그런 영안으로 예수를 바라보니….

'아니, 예, 예수가… 바로 메시아, 인류의 구세주…! 아!'

세례 요한의 가슴이 강렬하게 뛰었다. 심장이 쿵쾅거렸다. 요한은 자기 뒤에 곧 도래하실 메시아의 길을 평탄하게 닦는 일을 위해 하나님으로부터 먼저 보내심을 받은 사명자요 선구자였다. 오직 그 일만이 자신이 존재하는 이유였다. 그런데, 마침내 그분이 오신 것이다. 메시아가 자신과 함께 자라는 것도 모르고 요한은 멀리 어디선가에서 오실 모세나 다윗 같은 풍모의 메시아를 기다렸던 것이다. 성령의 감동으로 예수, 아니 예수님이 메시아란 사실을 알게 되자, 세례 요한은 격한 반가움과 함께 뭔가 모를 어색함을 동시에 느꼈다.

'예수를 뭐라고 불러야 하며, 그를 어떻게 대해야 할까….'

요셉 아저씨와 마리아 아주머니의 심정이 이해가 되었다. 그런 심정을 이해했는지, 예수가 먼저 반가운 얼굴로 아는 표정을 지었다.

"선지자님께 세례를 받고자 왔습니다."

목소리가 참 맑으면서도 무게가 있었다. 세례 요한은 자신은 일찍이 예루살렘을 떠나 광야 생활을 하여 세속에 때 묻지 않았다고 자부했기에, 위선적인 사두개파와 바리새파 사람들을 향해 독설을 퍼부을 수 있었다. 그만큼 당당했다. 그러나 예수를 마주하고 그 앞에 섰을 때 그런 자부심이 한낱 부질없음을 여실히 느꼈다. 그만큼 예수에게서는 사람으로서는 감히 범접할 수 없는 지극히 맑고 거룩한 영적 권위가 흘러넘쳤다.

예수가 메시아라는 확신이 강하게 밀고 들어왔다. 그러했기에 세례 요한은 지극히 황송한 마음으로 극구 사양한다.

"제가 도리어 당신께 세례를 받아야 마땅할 터인데, 어찌 제게 세례를 받으시겠다니요!"

예수께서는 더욱 부드럽고 인자한 어조로 대답하신다.

“사양하지 마십시오. 우리가 이렇게 하여야, 하나님의 뜻을 따르는 것입니다. 그러니 더는 사양치 마시고, 내게 세례를 베풀도록 하십시오.”

그제야 세례 요한은 마음을 고쳐먹고 최대한 겸양의 자세로 예수께 세례를 베풀었다. 온몸을 잠깐 동안 물속에 푹 잠그는 침례 형태였다. 예수께 세례를 베푸는 요한의 몸이 내내 떨렸다. 무어라 형언키 어려운 거룩한 떨림이었다. 생애 처음 느껴보는 놀랍고도 두려운 현상이었다.

예수께서 요한에게 세례를 받으시고 요단 강물에서 막 올라오실 때였다! 요한은 분명히 보았다. 갑자기 하늘이 활짝 열리더니, 하나님의 성령이 비둘기 모양을 취한 채 내려와서는 예수 위에 임하였다! 그와 동시에, 하늘에서 세미한 뇌성 같은 하나님의 음성이 들려왔다.

“보라, 이 사람은 내가 사랑하는 내 아들이니라. 내가 그를 무척 기뻐하노라.”

이 장면은, 장차 메시아 예수께서 하나님의 아들로 이 땅에 강림하시고, 성부 하나님으로부터 성령 충만함을 받게 될 것이라는 구약시대 선지자들의 예언이 그대로 성취되었음을 보여준다.

> “주께서 내게 이르시기를 ‘너는 내 아들이다. 오늘날 내가 너를 낳았도다.’ 하시노다”(시 2:7).

> “주께서 말씀하시기를 ‘보라, 내가 붙드는 내 종이 여기에 있다. 그는 내가 선택한 자요, 내가 기뻐하는 자다. 내가 그에게 내 영을 부어주었으니, 그가 세상의 뭇 민족들에게 공의를 전하고 베풀리라.’ 하시도다”(사 42:1).

4

광야에서의 시험과 갈릴리 사역

가버나움에서 회개를 외치시는 예수
너희를 사람 낚는 어부가 되게 하리
갈릴리의 어부 베드로와 안드레는
그 말에 예수의 제자가 되어 따르네

예수께서 유대 광야에서 시험을 받으심(4:1-11; 막 1:12-13; 눅 4:1-13)

요단강에서 요한에게 세례를 받으신 예수께서는 그 즉시로 성령에 이끌려 거칠고 황량한 유대 광야로 나가셨다. 유대 광야는 예루살렘 동쪽에 펼쳐진 거친 들판으로, 길이가 96㎞가량, 폭 16㎞가량의 남북으로 형성된 거대한 황무지다. 끝이 보이지 않고 아무것도 없다. 흙, 돌, 모래, 산, 골짜기만 널려 있을 뿐이다. 이런 지형이 예루살렘과 베들레헴과 헤브론을 잇는 유대 산지까지 그대로 이어진다.

유대 광야는 거의 사막화된 땅이다. 사막은 거의 비가 내리지 않는 지역이고, 광야는 비가 내리면 곧바로 식물이 자랄 수도 있는 지역이다. 광야는 지역에 따라 가축들의 방목장으로는 사용할 수 있으나 개간하여 농사짓기에는 적합하지 않은 불모지다. 그래서 양치기들도 가기를 꺼린다.

유대 광야를 비롯한 이스라엘(팔레스타인)의 광야는 강렬한 태양과 거친 바람 소리 외에는 아무것도 없고, 침묵과 은둔의 장소다. 그래서 수도사들은 마음을 모아 기도하기 위해 종종 광야를 찾았다. 인적이 끊긴 고요한 광야처럼 기도하기에 적합한 장소는 없기 때문이다.

30세의 예수님도 공생애를 시작하면서 무엇보다 기도로 단단히 무장하기 위해 광야를 찾았다. 그리고 40일 금식기도를 시작하셨다. 바로 그 순간을 호시탐탐 사탄이 노렸다. 일찍이 에덴동산에서 뱀의 모양으로 하와를 찾아가 미혹했던 그 사탄이다. 이제는 '여자의 후손'인 예수를 시험하여 넘어뜨릴 요량으로 작심하고 다가온 것이다. 사탄, 그자는 흔히 '마귀'로도 불리는 자로, 옛적에 하나님의 자리를 넘보다 지상으로 쫓겨난 타락한 천사장이며 모든 귀신들의 왕이다. 그렇다면 성령께서는 왜 예수님을 사탄에게 시험받도록 광야로 이끄셨을까?

예수님이 인류의 메시아로서 하나님의 거룩한 뜻과 구원의 계획을 성취하기 위해서는 그것을 필사적으로 방해하려는 사탄과 필연적으로 맞서야 했다. 그래서 성령은 본격적인 공생애 사역을 앞둔 예수님으로 하여금 광야에서 사탄과 정면으로 맞서도록 강력히 인도했던 것이다.

예수님은 유대 광야에서 밤낮으로 40일 동안 금식하셨다. 사람의 몸으로 온전한 인성(人性)을 지니신 예수님은 배가 무척 고프셨다. 바로 그때, 줄곧 기회를 노리고 있던 사탄, 곧 시험하는 자가 예수께 슬며시 다가왔다. 묵상 중이었던 예수님은 서늘한 느낌을 받는다. 치치하고 기분 나쁜 느낌이었다.

예수님은 이자가 오래전부터 알고 있던 자라는 느낌을 받는다. 누굴까? 그리고, 알았다. 하늘나라에서 자신의 주제를 파악하지 못하고 감히 성부 하나님의 자리를 넘보다가 땅으로 추방당한 자였다. 성령께서 강권적으로 자신을 광야로 이끈 것은 이자와 생사를 건 대일전을 치러내라는 것이었다. 그때 사탄이 슬며시 말을 걸어온다. 귀로 들은 것일까, 아니면 마음으로 들은 것일까.

"그대가 하나님의 아들로서 이 땅에 내려온 '예수'란 자요?"

뻔히 알면서도 짐짓 모른 체하며 슬쩍 묻는다.

"그러하다."

"아, 그래요? 그렇다면 어디 이 돌들에게 명하여 빵이 되라고 해보시오. 그대가 정말로 하나님의 아들이라면, 그까짓 일쯤은 아주 쉬운 일이 아니겠소. 흐흐."

음흉하고 섬뜩한 웃음이다. 사탄이 예수를 미혹한 첫 번째 시험이다. 이 시험의 목적은, 하나님의 아들 된 메시아로서 지닌 예수님의 신성(神性)을 개인의 욕구 충족에 사용케 하려는 데 있었다. 온전한 사람의 속성을 지니신 예수께서 무려 밤낮 40일 동안 금식한 직후였기에, 사탄의 이 미혹은 아주 강력한 시험이었다.

그동안 금식하면서 배가 고팠지만 견딜 만했다. 그런데 이제 돌들을 떡으로 만들어 보라는 말에 일순간 배고픔이 강하게 느껴진다. 자신에게는 돌을 떡으로 만들 수 있는 능력이 있기에 더욱 허기를 느낀다. 그러나 예수께서는 사탄의 저의를 능히 간파하시고 밝히 대답하신다.

"그렇지 아니하다! 성경에 기록되기를 '사람이 빵으로만 사는 것이 아니라, 하나님의 입에서 나오는 모든 말씀으로 산다.' 하였다."

모세오경, 즉 율법서(토라) 중 신명기 8장 3절의 말씀이다. 예수님은 '빵'만을 강조하는 사탄에게 땅의 양식과 하늘의 양식을 대조하여, 사람의 생명이 하늘 양식을 공급해 주시는 창조주 하나님을 떠나 육신의 빵만으로는 결코 지탱할 수 없다는 진리를 선포하신 것이다. 예수께서 이 말씀을 40일 금식 후에 매우 굶주린 상태에서 하셨다는 것은, 어떤 극한 상황에서도 물질(빵) 자체가 참된 해결책이 될 수 없다는 교훈을 일깨워준다.

"뭐, 뭐라? 하나님의 입에서 나오는 말씀?"

사탄은 자신의 미혹이 실패했다는 것을 직감했다. 첫번째 시험에서 패배한 사탄은 예수님을 거룩한 도성으로 데리고 갔다. 예수님은 순순히 따라간다. 사탄과 예수님의 이동은 환상적이거나 감각적인 것이 아니라, 신체상의 직접적인 이동이었다. 앞서 성령께서 강권적으로 예수님을 광야로 이끄셨다는 것은, 사탄의 도전을 피하지 말고 적극적으로 대적하라는 뜻이었다. 그래서 예수님은 기꺼이 사탄의 도전을 받아들이고 계신 것이다. 예수님을 예루살렘 성전으로 데려간 사탄은 성전 지붕으로 올라가 그 꼭대기에 예수님을 세워놓았다. 그런 뒤 말한다.

"예수, 그대가 정녕 하나님의 아들이라면, 여기에서 뛰어내려 보시오. 성경에 그렇게 기록되어 있지 않소? '주께서 너를 위해 천사들에게 명령하실 것이니, 그리하면 천사들이 너를 붙잡아 네 발이 돌에 부딪히지 않도록 할 것이다' 하고 말이오. 그러니, 아무 걱정하지 말고, 아래로 한번 뛰어내려 보시오."

성전 꼭대기의 유혹 (제임스 티소 작)

사탄은 시편 91장 11-12절의 말씀을 인용하여 예수님을 미혹했다. 해발 750m 고지에 형성된 예루살렘 성전 꼭대기에서 까마득히 아래에 있는 깊숙한 기드론 골짜기로 몸을 날려보라는 것이다. 사탄의 말대로, 만일 예수님이 그렇게 함으로써 마치 하늘에서 내려오듯 땅 위로 멋지게 임한다면, 유대 백성들에게 메시아임을 입증하는 확실한 표징이 될 터였다.

사탄은 아주 영악하다. 사탄은 이미 예수님의 메시아(그리스도) 되심을 잘 알고 있었다. 그러므로 어차피 예수님의 메시아 길을 막을 수는 없다고 판단했다. 그러나 좁은 길을 포기하고, 넓은 길로 가보라고 미혹해볼 수는 있었다. 사탄이 노린 것은 이것이다. 예수님으로 하여금 고난과 희생의 길인 십자가를 포기하게 하고, 세상의 환대와 영광을 누리는 세속적인 영웅의 삶을 살게 하는 것이다. 그것은 곧 십자가 구속(救贖) 사역을 감당하는 고난의 메시아로 살지 말고, 세상 영광을 마음껏 누리는 정치적 메시아로 살아가라는 유혹이었다. 그러하기에 한 번쯤은 흔들릴 수 있는 유혹이다.

또한 사탄의 이 같은 유혹의 이면에는, 하나님이 정말로 예수를 자신의 아들로 인정하여 안전하게 보호해주는지, 어디 한번 시험해보라는 신성모독적인 요구가 담겨 있었다. 예수님은 하나님의 독생자다. 그러므로 하나님은 어떤 경우에도 자신의 사랑하는 독생자를 외면하지 않으신다. 그렇다면 그런 예수님이 성전 꼭대기에서 뛰어내린다면, 하나님께서 천사들을 동원하여 안전하게 보호해주지 않으실 리 없는 것이다.

사탄은 바로 그 점을 노렸다. 예수님이 공생애를 막 시작하는 현시점에서, 아들을 얼마나 사랑하시는지 성부 하나님의 의중을 실제로 한번 알아보는 것도 의미 있는 일이 아니냐고 슬쩍 떠보는 것이다. 그것도 성경 말씀까지 인용해서…. 누가 옛적 하와를 미혹한 옛 뱀(사탄) 아니랄까 봐, 아주 간교하고 영악하다. 얼핏 들으면 무척 매력적인 제안이다. 그러나 예수께서 이 같은 사탄의 음흉한 계교를 모를 리 없다. 그래서 아무 망설임 없이 유혹자 사탄을 향하여 힘차게 대답하신다.

"그렇지 않다! 성경에 또 기록되기를 '주 너의 하나님을 시험하지 말라!' 하였다."

이번에는 신명기 6장 16절의 말씀으로 대답하셨다. 악한 의도를 갖고 성경 말씀을 그릇 되게 인용하여 유혹하는 사탄을 향해, 예수님은 올바른 성경 말씀으로써 되받아치신 것이다. 이런 점에서 하나님의 올바른 말씀은 사탄의 모든 궤계를 무찌르는 강력한 검이다. 예수님은 두 번째 시험에서도 사탄을 거뜬히 물리치셨다.

"뭐, 뭐? 그런 말씀이 성경에 또 있다고?"

두 번째 패배를 맛본 사탄, 이번에는 크게 작심하고 예수님을 데리고 아주 높은 산으로 올라간다. 팔레스타인 지역에서 최고 높은 산인 헤르몬 산(해발 2,700m)이다. 거기서 사탄은 세상 모든 나라들의 온갖 영광스러운 모습을 소환하여 예수께 보여준다. 예수님의 눈앞에 세상의 온갖 쾌락과 부귀영화의 허상들을 소환하여 보이는 것은 사탄에게는 어려운 일이 아니다. 그런 뒤, 사탄이 자신 있게 말한다.

"자, 사방을 찬찬히 둘러보시오. 얼마나 멋지고 찬란한 영광이오? 이 모든 영광을 누리고 싶지 않소? 그대가 내게 무릎 꿇고 엎드려 나를 경배한다면, 이 모든 것을 그대에게 전부 넘겨주겠소."

사탄은 참으로 끈질긴 자다. 하나님 앞에서 교만하게 굴다가 하늘나라에서 쫓겨났으면 자신의 주제와 한계를 알아야 했다. 그러나 사탄은 포기하지 않고 발악한다. 하나님의 독생자를 자기 앞에 무릎 꿇게 함으로써 하늘나라에서 이루지 못한 일을 세상에서 성취하고자 시도한다. 만일 하나님의 독생자인 예수가 자기 앞에 엎드려 경배한다면, 그것은 곧 자신이 하나님을 이기고 그 보좌에 앉는 것과 같았기 때문이다.

하지만 사탄의 말은 거짓말이다. 사탄은 천하만국의 영광을 예수에게 넘겨줄 아무런 권한도 없다. 천하만국은 모두 하나님께 속한 것으로, 결코 사탄의 소유가 아니다. 그러므로 사탄의 제안은 새빨간 거짓말이며 뻔뻔한 사기다. 그래서 사탄을 거짓의 아비라 하지 않는가! 다만, 하늘나라에서 쫓겨난 사탄은 하나님의 묵인하에 제한된 범위와 기한 내에서만

한시적으로 공중 권세를 잡고 세상의 임금 노릇을 할 뿐이다. 하지만 그의 최후 거처는 영영 꺼지지 않는 불길이 솟아오르는 무저갱(無底坑)이다. 그런 딱한 신세다.

이처럼 사탄은 어둠의 세력으로서 불법적이고 한시적인 권세를 행사하다가, 결국 세상 끝날에는 영원한 불못(지옥)으로 들어갈 비극적 운명을 지닌 비참한 존재다. 그런 처량한 자가 어찌 천하만국의 영광을 누구에게 넘겨줄 권한을 가질 수 있단 말인가. 사탄도 그걸 잘 안다. 하지만 태초 에덴동산에서 인류의 조상(아담과 하와)을 유혹하기를, 그들을 하나님처럼 만들어 주겠다고 했을 때 그들이 쉽사리 넘어왔듯, 어쩌면 예수도 스스로의 욕심에 빠져 자기 꾐에 넘어올 수도 있는 것이 아닌가. 그런 기대감을 갖고, 사탄은 음흉한 미소를 지으며 예수님을 예의 주시하고 있었다. 그러나 예수께서 그런 빤한 술수에 넘어갈 리 없다. 사탄의 제안이 끝나자마자, 예수님은 찰나의 망설임도 없이 사탄을 똑바로 쳐다보며 차디찬 음성으로 호통치신다.

"사탄아! 썩 물러가라! 성경에 기록되기를 '오직 주 네 하나님께만 경배하고, 오직 그분만을 섬겨라!' 하였다."

신명기 6장 13절의 말씀이다. 이처럼 예수님은 첫번째 시험부터 마지막 세 번째 시험까지, 모두 하나님의 말씀의 검으로써 사탄의 유혹을 물리치셨다. 모든 시험을 거뜬히 통과하셨다. 사탄은 일찍이 첫째 아담을 이긴 적이 있었기에 혹시나 했는데, 둘째 아담 된 예수께는 졌다. 그것도 일방적으로 철저하게 패배했다. 그리하여 사탄은 말씀의 검에 세 차례나 찔려 치명상을 입었다.

"분하다! 그러나 예수, 이게 끝이 아니다. 내 기어코…!"

사탄은 처절한 신음소리를 내며 황망하게 예수님을 떠나갔다. 그러나 아주 떠난 것은 아니었다. '얼마 동안'만 떠난 것이다. 적당한 시기가 되면 다시 돌아올 것이다. 돌아와서, 예수님의 십자가 사역을 막기 위해 수단과 방법을 가리지 않을 것이다. 세상 끝날, 영원한 불못에 던지어질 때까지 그리스도의 왕국을 붕괴(崩壞)시키고 하나님의 백성을 넘어뜨리는 일을 멈추지 않을 것이다. 그것이 사탄의 속성이다.

결국 사탄은 예수님의 12제자 중 하나인 가룟 유다를 이용해서 예수를 육체적으로 죽이는 데까지는 성공했다. 에덴동산에서 선포된 원시(原始) 언약대로(창 3:15), 사탄은 예수님의 발꿈치를 상하게 한 것이다. 그러나 예수님은 사탄의 정수리를 내리쳐서 결국 최후 승리하실 것이다.

사탄이 떠나가자 불길한 느낌도 사라졌다. 유대 광야에는 다시금 평화롭고 고요한 적막이 깃들었다. 그때 하늘로부터 천사들이 내려와 예수께 시중을 들었다. 40일 동안의 금식 후에 사탄과 치열한 영적 전투를 치르고 기진한 예수님을 위해 위로도 하고, 먹을 것을 제공함으로써 시중을 들었던 것이다. 그것은 사탄의 유혹을 능히 이겨낸 사랑하는 아들에게 베푸시는 하나님의 따스한 위로요 보상이었다.

사실, 사탄과의 전쟁은 치열한 것이었다. 예수님은 신성을 지닌 하나님의 아들 자격으로 사탄과 싸우신 것이 아니었다. 온전한 인성을 지닌 사람으로서 사탄과 싸우셨다. 그러니까 예수님은 연약한 사람의 신분으로 사탄에게 시험당하시고 유혹받으셨다. 그리고 사탄의 유혹은 사람이신 예수님을 위험에 빠뜨릴 만큼 강렬한 도전이었다. 만일 예수님에

마귀는 떠나가고, 천사들이 수종 들다

대한 사탄의 유혹이 실패 가능성이 전혀 없는 영적인 모의(模擬) 전투였다면, 사탄의 유혹을 이기신 예수님의 공로에 기초한 우리의 구원도 실제적인 것이 아니고 모의적인 것이 되고 말았을 것이다.

이처럼 성육신하신 예수님과 일대일로 맞서 싸운 사탄은 사력을 다해 기를 쓰고 유혹했지만, 결과는 참담한 패배였다. 이로써 예수님은 사탄의 유혹을 물리칠 수 있는 능력과 권세가 있음을 똑똑히 보여주셨다. 공생애를 시작하시면서 예수님은 그 사실을 온 천하에 선포하신 것이다. 그러기에 예수님은 제자들에게 사탄을 멸하려 왔다고 말했고, 제자들 역시 예수님의 본을 받아 사탄을 능히 물리칠 수 있을 것이라고 하셨다. 만일 예수께서 사탄의 시험에 넘어갔다면, 그분은 사탄을 멸하고 죄를 멸하는 능력은 나타나지 못했을 것이다.

예수께서 전도사역을 시작하심 (4:12-17; 막 1:14-15; 눅 4:14-15)

예수께서 유대 광야에서 사탄에게 시험을 받으신 후 어느 정도 시간이 흘렀을 때, 세례 요한이 붙잡혀 투옥되었다는 소식을 들으셨다. 세례 요한은 살아나오지 못할 것 같다는 예감이 들었다. 그것이 세례 요한에게 주어진 사명의 길이었다. 그가 세상을 떠나기 전에 한 번만 더 보고 싶었다. 그러나 그건 어려울 것이다. 죽이기로 작정하고 잡아들였기에, 헤롯의 옥에서 풀려나기가 쉽지 않을 터였다.

예수님은 유대 땅에서 고향 마을이 있는 갈릴리 지방으로 돌아가셨다. 갈릴리 지방은 요단강 서쪽, 팔레스타인의 북부 지역으로, 갈릴리 호수 서쪽의 산악지방을 가리킨다. 이스라엘 백성들이 가나안 땅을 정복했을 때 스불론 지파, 아셀 지파, 납달리 지파에게 분배된 지역이었다. 이후 아시리아의 침략과 이주 정책으로, 이 지역에 인종과 종교의 혼합이 생겨났다. 그래서 이곳 사람들은 유대 정통파 사람들에게서 '이방의 갈릴리'로 불리며 천대와 멸시를 받았다. 그래서 갈릴리 지방에서는 결코 선지자가 나오지 못한다는 말까지 나올 정도였다. 그러나 메시아요 위대한 선지자이신 예수님은 공생애의 초반기와 중반기까지 이곳 갈릴리 지역을 전도사역의 중심지로 삼았다.

예수께서는 이처럼 유대의 중심지인 예루살렘 도성으로부터 멀리 떨어진 이곳 '이방의 갈릴리'에서 공생애를 시작하셨다. 그 까닭은, 공생애 초기부터 유대의 종교 지도자들이나 헤롯을 자극하여 복음 전파 사역을 방해받아서는 안 된다고 생각했기 때문이다. 때에 예수께서는 고향 나사렛 마을을 떠나, 스불론 지파와 납달리 지파 지역의 갈릴리 호숫가에 있는 가버나움으로 가서 거주하셨다. 그런데 이 같은 사실은 주전 7세기 말엽에 활동한 이사야 선지자의 예언이 성취된 것이다. 그러니까 이때로부터 무려 700여 년 전에 선포한 이사야 선지자의 예언은 이러하다.

> "스불론과 납달리 지역, 요단강 건너편, 갈릴리 바다로 가는 길목, 그리고 이방 사람들이 사는 갈릴리 지역이여! 흑암 속에서 헤매던 그곳의 백성들이 큰 빛을 보았고, 그늘진 죽음의 땅에서 살아가고 있는 그곳 사람들에게 영광의 빛이 비쳤도다"(사 9:1-2).

이 예언은 정치적으로 소외되고 종교적으로 멸시받던 갈릴리 사람들이 그 지역에서 전도 활동을 시작하신 '큰 빛'이요 '영광의 빛'인 메시아 예수로 말미암아 생명과 구원의 복음을 듣게 된 사실을 시적(詩的)으로 표현한 말이다. 때는 주후 27년 봄, 만 30세가 되신 예수께서는 갈릴리 지역을 무대 삼아 본격적으로 천국 복음을 선포하기 시작하셨다. 공생애 사역을 시작하시면서 예수님은 잠시 생각에 잠긴다.

'무엇을 첫 메시지로 삼을까.'

무슨 일이든, 시작은 매우 중요하다. 그것은 공생애 사역의 중심이 되기 때문이다. 예수님이 첫 번째 메시지로 삼은 것은 '천국'과 '회개'였다. 앞서 세례 요한의 핵심 메시지가 회개였듯, 예수님 역시 천국을 소망하는 사람들에게 꼭 필요한 것은 회개(悔改)라고 일깨워주셨다.

"여러분, 회개하십시오! 천국이 가까이 이르렀습니다."

천국은 하나님이 계신 곳이다. 그러므로 본질상 하나님이신 예수께서 성육신(成肉身)하여 사람들과 가까이 계시므로, 이제 천국도 가까이 임한 것이다. 예수께서는 천국으로 인도할 하나님의 구원 계획을 선포하시며 복음 사역을 시작하셨다. 복음은 회개하는 자들에게 진실로 복된 소식이 된다. 그래서 예수님의 공생애 첫 일성(一聲)은 회개였다.

예수께서 네 제자를 부르심 (4:18-22; 막 1:16-20; 눅 5:1-11)

하루는 예수께서 갈릴리 호숫가를 거니셨다. 예수님의 전도사역에서 갈릴리 호수는 아주 중요하다. 예수님은 이곳 갈릴리 호수에서 주요 제자들을 부르셨고, 많은 날들 동안 천국 복음을 전하셨으며, 다양한 가르침을 베풀고, 숱한 기적을 베푸셨다.

갈릴리 호수는 구약성경에서는 '수금(竪琴)'이란 뜻의 '긴네렛' 호수로 불렸다. 호수의 모양이 수금과 비슷하게 생겼기 때문에 그런 명칭이 부여된 것으로 보인다. 그런데 신약시대로 들어서면서 언제부터인가 그 지방의 이름을 따서 '갈릴리 호수'라 칭했고, 또한 헤롯 왕이 남서쪽 해안에 건설한 도시 이름을 따라 '디베랴 바다'란 명칭도 얻는다.

갈릴리 호수는 민물로 이루어진 담수호(淡水湖)로 남북의 길이가 20km 정도, 동서의 폭이 넓은 곳은 12km 정도에 이르는 길고 큰 호수다. 해수면보다 보통 212m 정도나 낮아, 헤르몬산으로부터 불어오는 세찬 바람이 갑작스런 풍랑을 자주 일으킨다. 이곳 호수에는 고기들이 많아 어업이 번창하였고, 호숫가 주변에는 예수님의 전도 활동의 배경이 된 성읍들이 여기저기에 올망졸망 위치해 있다. 정확히 말하면 '갈릴리 호수'이지만, 그 호수가 바다처럼 크고 넓었기에 성경에서는 흔히 '갈릴리 바다'로 불린다.

'흐흠, 마음이 참으로 순박한 자들이로다. 부지런히 일하고 있구나.'

예수님은 바닷가에서 그물을 던지고 있는 형제를 유심히 보았다. 베드로와 그의 동생 안드레였다. 형제는 갈릴리 바다를 일터로 삼아 배와 그물로 고기를 잡아 생계를 이어가는 어부였다. 예수님은 한참 동안 그들 형제가 일하는 것을 지켜보았다. 한눈에도 베드로는 남들을 통솔할 수 있는 자질이 보였고, 안드레는 말없이 형을 도와 차분하게 일을 해내고 있었다.

'그래, 저 형제들을 잘 키우면 하나님 나라의 좋은 일꾼들이 되겠다.'

예수님은 그들 형제를 첫 번째 제자로 삼을 작정을 하고 그들에게로 가까이 다가갔다. 그런 예수님을 보고는, 부지런히 그물을 깁던 형제가 엉거주춤 일어났다. 이에 예수님은 다짜고짜 명령조로 말한다.

"나를 따라오시오."

"네엣? 따라오라니요? 무슨 말씀인지 저희는 도통 모르겠습니다."

"나를 알고는 있소?"

"네. 당신은… 나사렛 예수님…."

"그렇소! 내가 예수요! 나는 세상을 구원하기 위해 왔소. 그러니 나를 따르도록 하시오. 내가 그대들을 사람 낚는 어부로 만들어 줄 것이오."

살다가 처음 들어보는 말이다. '사람을 낚는 어부'라니, 금시초문이다. 도무지 이해가 되지 않았지만 예수님의 음성에는 거역할 수 없는 신적인 권위가 있었다. 베드로가 동생 안드레를 바라보았다. 안드레는 뱃사람의 기질보다는 랍비를 따라다니며 종교 생활을 하기에 알맞은 성품의 소유자였다. 그래서 당시 그는 세례 요한을 따라다니는 중이었다. 안드레의 눈빛이 빛난다. 안드레가 형 베드로에게 예수님을 따르자고 고개를 끄덕인다.

"네, 예수님! 저희가 따르겠습니다."

"그래요, 이제부터 나와 함께 사람 낚는 일을 합시다. 사람들에게 천국 복음을 전하도록 합시다."

베드로와 안드레 형제는 즉시 자신들의 배와 그물을 그 자리에 버려두고 예수님을 따라나섰다. 예수님의 첫 번째 제자들이 된 것이다. 여기서 오해하지 말 것은, 그들은 충동적인 감정으로 예수님을 따라간 것이 아니라는 사실이다. 요한복음의 증언에 따르면, 시몬(베드로)과 안드레는 이 사건이 있기 전에 이미 예수님을 알았고, 그분의 복음 전파 사역에 대해 기대감과 신뢰감을 갖고 있었다. 즉, 베드로와 안드레는 예수님의 놀라운 권능을 이미 체험한 바 있었다. 그런 바탕 위에서, 이제 예수께로부터 공식적인 제자로서의 부르심을 접하고는, 과감하게 신앙의 결단으로 자신들을 온전히 내맡겼던 것이다.

'흐음, 저들도 좋은 인재들이로구나.'

예수께서는 갈릴리 바닷가를 따라 조금 더 내려가시다가 세베대의 아들인 야고보와 요한 형제를 만났다. 세베대는 예수님의 이모인 살로메의 남편이다. 그는 삯꾼을 부리고 예루살렘에도 주택을 가지고 있었던 점으로 보아 상당한 부자였다. 때에 야고보와 요한 형제는 밤새도록 고기 잡는 일을 마친 뒤 배에서 부친 세베대와 함께 한창 그물을 손질하는 중이었다. 어부에게 있어 고기를 잡는 일 못지않은 일이 그물을 깁는 일이다. 그물에 고기가 많이 들어왔다 해도, 그물이 촘촘하지 않아 틈이 생기면 그물 속의 물고기들이 빠져나가게 되고, 그러면 모든 작업이 헛수고가 되기 때문이다.

"그대들은 나를 따라오시오!"

예수께서 베드로와 안드레 형제에게 그랬듯이, 그들도 제자로 부르셨다. 그러자 그들 야고보와 요한 형제도 예수님의 부르심에 거역할 수 없는 강력한 힘을 느꼈다. 자신들을 잡아당기는 신적 이끌림을 받았다.

그래서 형제는 서로 간에 의견을 교환할 것도 없이 배와 아버지를 그 자리에 남겨놓은 채 즉시 예수님을 따라나섰다.

배는 어부들의 가장 중요한 물질적 재산이고, 아버지는 인간적으로 가장 중요한 혈연관계다. 그런데 그 둘을 미련 없이 뒤로 한 것이다. 무릇 예수님의 제자가 되어 예수님을 따르려고 하는 자는 이처럼 물질적 재산과 인간적 혈연관계에 얽매여선 안 된다. 예수 그리스도를 위해 모든 것을 과감하게 희생하는 신앙의 결단이 필요하다.

이때 예수님께 부르심을 받은 네 제자들 중 베드로, 야고보, 요한은 이후에 예수님의 12제자 가운데서도 핵심적인 역할을 감당하는 주요 3제자가 된다. 그렇다고 안드레의 역할을 과소평가하는 것은 아니다. 안드레는 앞에서 일하는 사람이 아니라, 앞서 있는 자들이 일을 잘 할 수 있도록 배후에서 돕는 사람이다. 또 세베대의 아들들인 야고보와 요한은 성격이 불같이 급하다고 하여 '우레의 아들들'이라는 별명을 갖게 되었다.

예수께서 갈릴리 사역을 본격적으로 시작하심 (4:23-25; 눅 6:17-19)

"여러분, 회개하십시오! 천국이 가까이 이르렀습니다. 당장 죄의 길에서 돌이켜, 하나님께서 기뻐하시는 착하고 의롭고 신한 삶을 살아가십시오."

예수께서는 제자들과 함께 갈릴리 지역을 두루 다니면서 천국 복음을 선포하시고, 틈나는 대로 회당에 들어가 사람들을 가르치셨다. 크신 이적의 권능으로 온갖 병든 자들의 갖가지 질병을 고쳐주기도 하셨다. 사람들을 만나 복음을 가르치시고 그들의 병든 몸을 고쳐주기에는 마을마다 갖춰져 있는 회당이 안성맞춤이었다. 그러니까 회당은 예수님의 복음사역을 위해 예비된 장소였다.

바빌로니아에서 본국으로 돌아온 이후, 유대인들은 성전 제사와 함께 율법 교육이 중요하다는 것을 깨달았다. 그래서 그들은 언제나 모여 교육하고, 마을의 중요한 일들을 논의하기 위해 회당을 설립했다. 그리하여 회당은 율법을 연구하고 가르치는 학교와 기도의 처소가 되었고, 때로는 지방 법정으로서의 역할까지도 감당하였다. 경건한 유대인들은 매일 회당을 방문하였으며, 모든 유대인들은 안식일을 비롯하여 이스라엘 절기 때에는 반드시 회당을 방문하였다. 그러하기에 예수님은 물론이고, 훗날 사도 바울을 비롯한 초대교회의 복음 전도자들은 각 지역의 각 도시와 마을마다 세워진 회당을 적절하게 이용하였다. 예루살렘이 파멸되기 직전까지만 해도(AD 70년) 예루살렘 성읍 안에만 400여 개의 회당이 있었다고 한다.

"여보게, 예수란 사람이 그렇게도 병을 잘 고친다는 게 사실인가?"

"아무렴, 그렇다네! 그분께서 안수하고 기도하면 못 낫는 병이 없다네! 그러니 자네도 얼른 병든 노모를 모시고 그분께로 한번 가보게나!"

예수님에 관한 소문들이 사방팔방으로 널리 퍼져 나갔다. 멀리 시리아 지방에서까지 병을 고치려고 갈릴리 지방으로 몰려왔다. 예수께서는 크신 이적의 권능으로 환자들을 성심껏 고쳐주셨다. 귀신 들린 사람들, 간질병자들, 중풍병자들을 가리지 않고 온갖 병에 걸려 신음하는 환자들을 부드럽게 어루만져 주시며 다 고쳐주셨다. 그러자 갈릴리, 데가볼리, 예루살렘, 유대, 요단강 건너편의 베레아 지역 등에서 나아온 수많은 사람들이 열광하며 예수님을 따랐다.

예수께서 직접 찾아나서는 사람들도 있지만, 대부분은 예수님의 소문을 듣고 몰려들었다. 꽃향기가 나는 곳에 벌과 나비들이 몰려오듯, 천국 복음이 전파되는 곳에 영적인 허기로 배고프던 사람들이 구름 떼처럼 몰려들었다. 특히 육신의 병을 고침받기를 소원하는 사람들이 많이 찾아왔다. 그래서 예수님 주변에는 항상 사람들로 가득 찼다. 그들의 수효가 너무 많아, 성경은 그들을 '군중' 혹은 '무리'라고 표기했다.

5
예수님의 산상 설교(1)

산 위에서 무리를 가르치시는 예수님,
마음이 가난하고 슬퍼하고 온유하고
마음이 깨끗하고 의와 자비를 베풀고
화평케 하는 자는 천국이 그들의 것이다

예수께서 산상 설교를 베푸신 곳(5:1-2)

어느 날, 예수께서 갈릴리 호수 인근의 산 위에 올라가 앉으셨다. 오늘은 복음 전도자가 아니라 학생들을 가르치는 랍비의 자세를 갖춘다. 그러자 사람들이 말씀을 듣기 위해 예수께로 몰려와 주위에 자리 잡고 앉았다. 예수께서 앉으신 곳은 산 중턱에 위치한 평평한 분지였다 그래서 마태는 '산'으로, 누가는 '평지'로 기록했다. 유대 전승에 따르면, 이곳은 갈릴리 호수 부근에 위치한 '핫틴산(Mt. Hattin)'이라 한다.

이때 예수께서는 일부러 산에 올라가 말씀을 선포하신 듯하다. 그 까닭은, 오래전 시내산에서 하나님으로부터 부여받은 모세의 율법과 이제 갈릴리 지역의 한 산에서 선포하는 자신의 새로운 계명을 대비하기 위해서였으리라. 이런 점에서, 예수께서 천국 복음을 선포하기 위해 오른 이 산을 '신약의 시내산'이라 일컫는다. 예수께서는 모여든 무리들을 찬찬히 둘러보시고는, 천국 복음을 선포하기 시작하신다.

복 있는 사람 : 8복 설교 (5:3-12; 눅 6:20-23)

"복됩니다! 마음이 가난한 사람들이여, 천국이 그러한 자들의 것이기 때문입니다.

복됩니다! 슬퍼하는 사람들이여, 그런 저들은 위로를 받을 것이기 때문입니다.

복됩니다! 온유한 사람들이여, 그런 자들은 땅을 차지할 것이기 때문입니다.

복됩니다! 의에 주리고 목마른 사람들이여, 그런 자들은 배부를 것이기 때문입니다.

복됩니다! 자비를 베푸는 사람들이여, 하나님께서는 그런 자들에게 자비를 베푸실 것이기 때문입니다.

복됩니다! 마음이 깨끗한 사람들이여, 그런 자들은 하나님을 뵐 것이기 때문입니다.

복됩니다! 평화를 이루는 사람들이여, 그런 자들은 '하나님의 자녀'라 불릴 것이기 때문입니다.

예수께서 갈릴리 지역의 어느 야산에서 산상수훈을 베푸시다

복됩니다! 의를 위해 박해를 받는 사람들이여, 천국이 그런 자들의 것이기 때문입니다. 여러분이 나를 따른다는 이유로 모욕당하고, 박해받고, 터무니없는 말로 비난을 받는다면, 도리어 기뻐하고 즐거워하십시오. 장차 여러분이 받을 큰 상이 하늘나라에 마련되어 있기 때문입니다. 여러분보다 먼저 살았던 옛날 선지자들도 이와 같이 모욕과 박해와 비난을 받았다는 것을 생각하십시오."

매번 '복됩니다!'로 시작하는 예수님의 이 설교는, 여덟 가지의 참된 복에 관해 가르친 것으로, 이른바 '8복(八福) 설교'다. 여기서 예수님은 기존 사람들의 가치 체계와 다른 설교를 하셨다. 즉, 예수님은 세상의 가치 체계가 아닌 천국의 가치 체계를 가르치셨다.

당시 사람들은 부자와 세도가들이 하나님의 복을 보다 크고 많이 누리고 있다고 생각했다. 하지만 예수님은 '8복 설교'를 통해 눈에 보이는 것, 외적인 것, 세상에 속한 것, 물질적인 것 등은 일시적이고 변하는 것들로서 참된 복도, 불변의 가치도, 영원한 실체도 아니라는 사실을 일깨워주셨다.

예수님은 세상의 물질적 가치를 떠나 겸손한 마음, 회개하는 심령, 온유한 성격, 의를 구하는 자세, 자비로운 태도, 순결한 마음, 화평을 만드는 인격, 의로운 삶 등 내적이고 영적인 가치가 천국 시민에게 합당한 진짜 소중한 가치요 영원히 불변하는 참된 복임을 밝히 일깨워주셨다. 이 같은 예수님의 가르침은 지금까지의 모든 종교 지도자들 곧 율법 교사들, 바리새인들, 사두개인들에게서는 전혀 들어보지 못한 놀랍고 신선한 교훈으로, 당시의 유대 백성들에게 가히 충격적인 설교였다.

소금과 빛과 등잔불의 비유 (5:13-16; 막 9:50; 눅 14:34-35)

8복 설교를 하신 후에도 예수님의 가르침은 계속해서 이어진다. "여러분은 세상의 소금입니다. 그런데 만일 소금이 그 짠맛을 잃어버리면 어찌 될까요? 아무런 쓸모가 없어지겠죠? 그리되면, 그 소금은 그냥 땅에 버려질 것이고, 결국엔 사람들의 발에 짓밟히게 될 뿐입니다."

예수님의 가르침은 쉬웠다. 일상생활에서 흔히 접하는 일들이었기에 누구나 금방 이해할 수 있었다. 게다가 신적인 권위가 있었고 아주 신선했기에, 무리들은 눈을 반짝이며 귀를 바짝 기울여 듣고 있었다.

"여러분은 또한 세상의 빛입니다. 어둠 속에서 빛이 환히 드러나듯, 산 위에 있는 마을은 쉽게 눈에 띄게 마련입니다. 등잔불을 켜서 그것을 됫박으로 덮어두는 사람은 아무도 없습니다. 방안을 환하게 밝히려면, 그 등잔불을 등잔대 위에 얹어놓아야 합니다. 그러므로 여러분의 빛도 가리지 말고, 이웃에게 널리 환하게 비추십시오. 사람들이 그 빛과 등잔불 같은 여러분의 착한 행실을 보고, 하늘에 계신 아버지 하나님께 영광을 돌리게 하십시오."

비유를 사용한 가르침이다. 소금은 그 '짠맛'으로 부패를 방지하고, 빛과 등잔불은 그 '밝음'으로 어둠을 물리친다. 불순종과 타락으로 인해 부패한 세상에서, 죄악으로 인해 캄캄한 세상에서, 하나님의 자녀들, 곧 성도들은 마치 소금과 빛(등잔불)처럼 거룩함과 의로움과 착함과 선함의 행실로써 타락과 부패를 방지하고 죄악의 어둠을 물리침으로써 하늘의 하나님께 영광 돌리는 삶을 살아가야 한다는 가르침이다.

율법에 관한 가르침 (5:17-20)

예수님은 율법에 관해서도 가르치신다. 여기서 율법(히브리어, 토라)은 좁게는 '모세오경'을 말하고, 넓게는 구약성경 전체를 가리킨다.

"여러분, 내가 모세의 율법이나 선지자들의 예언을 없애러 왔다고 생각하지 마십시오. 나는 그것들을 없애러 온 것이 아니라, 도리어 완성하러 왔습니다. 천지가 없어지는 한이 있더라도, 율법은 일점일획도 없어지지 아니하고 전부 이루어질 것입니다."

예수님은 죄 없으신 성품과 십자가의 희생적인 죽음으로 율법과 예언들의 문자와 정신을 온전하게 모두 지킴으로써 그것들을 최종적으로 완성시키셨다. 예수님 이외에 그 누구도 율법과 예언들을 온전하게 지킨 자는 없었다. 하나님께서는 우리를 위해 율법과 예언들을 온전히 지키신 예수님의 의(義)를 보시고, 우리를 또한 의롭다고 간주하신다. 그러니까 죄인 된 우리는 순전히(100%) 예수님의 공로로 인해 '의롭다 함' 곧 칭의(稱義)를 얻는 것이다. 율법에 관한 예수님의 가르침은 계속 이어진다.

"여러분, 하찮은 계명일지라도 그것을 어기거나 혹은 어기도록 가르치는 사람은 천국에서 가장 작은 사람입니다. 율법을 잘 지키도록 가르치고, 또한 그 율법대로 순종하는 사람은 천국에서 큰 사람으로 대접받습니다. 여러분이 바리새인들과 서기관들(율법 학자들)보다 더 의롭지 아니하면, 천국에 들어가지 못합니다."

이 같은 예수님의 가르침에서 우리는 두 가지 깨달음을 얻을 수 있다.

첫째, '천국에서 가장 작은 사람' 또는 '천국에서 큰 사람'이라는 표현은, 천국 안에서도 각자 받을 상(賞)에서 등급이 있다는 교훈을 준다. 그런 상급 기준은 율법과 예언들 곧 구약성경을 얼마나 꼼꼼하게 잘 지켰고, 또한 다른 사람들에게 잘 지키도록 애썼는가에 따라 정해진다는 것이다. 그런데 율법과 예언들 곧 구약성경의 온전한 완성은 메시아 예수에게서 최종 실현되었으므로, 결과적으로 예수님의 가르침을 얼마나 잘 따르고 실천했는지에 의해 정해진다고 볼 수 있다.

둘째, 바리새인들과 서기관들보다 더 의로워야 천국에 들어갈 수 있다는 것이다. 여기서 바리새인들과 서기관들의 의(義)란 다분히 형식적이고 위선적이며 자기중심적인 인간의 의를 가리킨다. 그러나 그보다 더욱 의로운 의, 곧 천국에 들어갈 수 있는 참된 의는 그들처럼 스스로 주장하는 인간적인 의가 아니라, 하나님께서 인정해주시는 의로서 곧 내적이고 영적인 의다. 이 같은 의는 결국 바리새인들과 서기관들처럼 율법 준수를 자랑하는 가짜 의가 아니라, 율법의 완성자이신 예수님을 믿고 따르는 의인데, 그것이야말로 진짜 의다. 하나님은 바로 이 같은 진짜 의, 곧 예수님의 공로에 전적으로 의존하는 의를 의롭다고 인정하고, 그런 자를 천국 시민으로 받아들이는 것이다.

분노에 관한 가르침 (5:21-22)

갈릴리 지역의 어느 야트막한 산의 중턱, 거기에서 예수님은 여기저기 편한 곳에 자리를 잡고 앉아 있는 무리를 향해 계속해서 천국의 놀라운 메시지를 가르친다. 이른바 '산상수훈(山上垂訓)'이다. 이번에는 '분노'에 관한 가르침이다.

"여러분, 형제에게 화를 내는 자는 심판을 받고, 형제에게 '멍청이!' 하고 욕하는 자는 법정에 끌려가며, 형제에게 '이 바보야!' 하면서 저주하는 자는 지옥 불에 떨어집니다. 그것은 곧 형제를 살인하는 행위입니다."

이처럼 예수님은 욕하고 저주하는 행위를 아주 악하게 보았다. 그것이 왜 그리도 악한 것인가? 여기서 예수님은 욕이나 저주 자체보다는 그 배경인 마음속의 죄를 추적하고 있다. 살인은 다른 사람을 해치려는 살의(殺意)에서부터 비롯된다. 욕하고 저주하는 것도 마찬가지다. 그것은 미움에 기초하고 있고, 미움은 모든 죄의 뿌리가 된다. 그래서 예수님은 마음속의 의도를 실제의 행동 못지않게 악하다고 판단한 것이다. 그리하여 이제 예수님은 그런 마음속의 분노를 풀고, 이웃 및 형제와 적극적으로 화해할 것을 가르친다.

화해에 관한 가르침 (5:23-26)

"하나님께 제물을 드리려 할 때 여러분에게 원한을 품고 있는 형제가 생각나거든, 여러분은 제물을 그대로 두고 그 형제와 화해한 다음에 되돌아와 하나님께 제물을 바치도록 하십시오."

제물을 통해 하나님과 화목하기를 원하기 전에, 먼저 자신과 원한 관계에 있는 이웃과 적극적으로 화해를 실천하라는 가르침이다. 그런 이웃과의 화해의 실천 없이는 하나님과의 화목이 이루어질 수 없음을 깨우쳐준다. 화해에 관한 예수님의 가르침은 계속 이어진다.

"여러분을 고소하려는 사람과 법정에 갈 때는, 얼른 화해하도록 하십시오. 그대로 간다면, 마지막 한 푼까지 다 갚기 전에는 결코 옥에서 풀려나오지 못할 것입니다."

아직 화해하고 돌이킬 시간과 기회가 남아있을 때, 최선을 다해 고소하려는 사람과 화해하고 화목을 이루어야 한다는 가르침이다. 그렇게 하는 것이 천국 시민 될 자의 합당한 처사로서 하나님의 기쁘신 뜻이기 때문이다. 이 같은 예수의 가르침은 기존의 율법주의적인 바리새인들이나 서기관들에게서는 접해볼 수 없었던 놀랍고도 신선하며 획기적인 가르침이었다.

간음과 이혼에 관한 가르침 (5:27-32; 마 19:9; 막 10:11-12; 눅 16:18)

이번에는 간음과 이혼에 관하여 말씀하신다.

"모세 율법에는 '간음하지 말라!'하고, 쓰여 있습니다(그렇다. 십계명이 기록된 출애굽기 20:14과 신명기 5:18에 그렇게 쓰여 있다). 그러나 오늘날 나는 여러분에게 말합니다. 여자를 바라보고 음란한 생각을 하는 사람은 이미 마음속으로 그 여자와 간음을 행한 것입니다."

간음에 대한 예수의 판단은 철저하다. '간음(간통)'이라는 실제적인 행위 이전에, 눈과 마음속에서 이루어지는 음란한 생각조차도 이미 간음을 행한 것으로 간주하셨다. 가르침의 핵심은 이러하다. 마음속의 생각이 결국에는 외적으로 나타나 실제 행위로 이어지기 때문에, 모든 죄는 마음속에부터 철저히 차단해야 한다는 것이다. 하나님의 순결한 말씀으로, 그리고 모든 악한 것들을 태우는 뜨거운 말씀으로, 그 마음이 할례를 받을 때 비로소 가능하다. 간음과 음욕에 관한 예수님의 가르침은 계속 이어진다.

"여러분, 만일 여러분의 오른쪽 눈이 여러분으로 하여금 죄를 짓게 하거든, 그 눈을 빼버리십시오. 차라리 몸의 한 부분을 잃어버리는 것이, 온몸이 지옥 불에 떨어지는 것보다 더 낫습니다."

예수님의 말씀에 무리들의 눈이 휘둥그레진다. 아랑곳하지 않고 예수님의 말씀이 이어진다.

"만일 여러분의 오른쪽 손이 여러분으로 하여금 죄를 짓게 하거든, 그 손을 찍어서 던져 버리십시오. 차라리 몸의 한 부분을 잃는 것이, 온몸이 지옥 불에 떨어지는 것보다 더 낫습니다."

앗! 예수님의 이 가르침대로 실제로 그렇게 행해야 하는 것일까? 우리의 눈이나 손이 우리를 죄짓게 하면, 정말로 그것을 찍어 제거해야 하는가? 아니다, 그렇진 않다. 여기서 예수님은 교훈의 주제를 강조하기 위해 과장법을 사용하신 것이다. 교훈의 주제는 이것이다. 죄는 아주 아주 치명적인 것이므로, 죄를 짓지 않기 위해서 가능한 모든 수단을 동원해야 한다는 것이다. 즉, 눈을 빼고 손을 찍는 심정으로 죄에 대해 적극적으로 대항하라는 가르침이다. 이제 예수님은 간음과 연결시켜 자연스럽게 이혼에 관해 가르치신다.

"여러분, 모세의 율법에는 또 '누구든지 아내를 버리려거든, 그 여자에게 이혼증서를 써 주라.'하고, 쓰여 있습니다(신명기 24:1에 그렇게 쓰여 있다). 그러나 오늘날 나는 여러분에게 말합니다. 음행을 저지른 일이 없는데도 아내와 이혼하는 사람은 그 여자를 간음하게 만드는 것입니다. 또 누구든지 이혼한 그 여자와 결혼하는 사람도 역시 간음하는 것입니다."

아내가 음행을 저지른 확실한 증거 없이 그 아내와 이혼하는 자, 그런 자는 이혼당한 그 여자가 재혼할 경우에 그 여자는 물론이고 그 여자와 결혼하는 사람까지도 간음하게 만드는 아주 큰 죄를 짓게 된다는 말씀이다.

그렇다면, 만일 배우자가 부정(음행)을 저지르면, 반드시 이혼해야 하는가? 그것은 이혼의 사유가 될 수는 있어도, 이혼의 철칙은 될 수 없다. 배우자가 부정(不貞)을 자행했을 경우, 예수님도 이혼하는 것을 허락하긴 하셨지만, 반드시 이혼할 것을 명하지는 않으셨다. 도리어 하나님의 크신 은혜와 용서가 있는 곳에서는 모든 상처받은 인간관계에 치유를 가져다주기 때문에, 쉽사리 결혼생활을 끝내는 것보다는 힘들겠지만 관계의 회복을 통해 결혼생활을 유지하는 것이 더욱 바람직하다. 성경적 비유에서 보듯, 남편 되신 하나님은 이방 우상들과 부정을 저지른 아내 된 이스라엘을 버리지 않으시고 그들을 용서하시고 다시 품으셨다. 호세아 선지자와 그의 아내 된 음녀(淫女) 고멜에 관한 이야기가 대표적인 경우다.

맹세에 관한 가르침 (5:33-37)

이제 예수님은 '맹세'에 관해 가르치신다. 당시 유내 사회에서 사람들은 하나님의 거룩한 이름을 걸고 이런저런 맹세를 자주 행했다. 그렇지만 인간의 연약함과 변덕스러움, 악함 등으로 인해 그런 맹세가 종종 지켜지지 않았다. 그런 배경하에서 예수님은 함부로 맹세하지 말고, 되도록 맹세하지 말라고 가르치신다. 귀 기울여 들어보자.

"여러분, 모세의 율법에는 또 '거짓 맹세를 하지 말며, 주께 맹세한 것은 무엇이든 다 지키라.'하고, 쓰여 있습니다(레위기 19:12, 민수기 30:2, 신명기 23:21에 그렇게 쓰여 있다). 그러나 오늘날 나는 여러분에게 말합니다. 어떠한 맹세도 하지 마십시오. 하늘을 두고도 맹세하지 마십시오. 하늘은 하나님의 보좌이기 때문입니다. 땅을 두고도 맹세하지 마십시오. 땅은 하나님의 발판이기 때문입니다. 예루살렘을 두고도 맹세하지 마십시오. 예루살렘은 위대한 왕의 도성이기 때문입니다. 여러분의 머리를 두고도 맹세하지 마십시오. 여러분은 머리카락 하나조차도 희거나 검게 할 수 없기 때문입니다."

하늘, 땅, 예루살렘, 사람의 머리 등 사람이 무엇이든 보증을 세우고 하는 맹세는 어떤 식으로든 하나님과 관련되어 있다. 온 세상의 모든 만물이 다 하나님의 주관하에 있기 때문이다. 따라서 예수님은 세상의 그 무엇을 두고도 어떤 맹세라도 하지 말 것을 가르치신 것이다. 그렇다면 모든 맹세는 절대로 하지 말아야 하는가?

그렇진 않다. 예수님의 모든 가르침은 당시 유대 사회를 배경으로 한다. 당시 유대인들이 범해온 습관적이고, 위선적이며, 거짓되고, 경솔한 맹세에 대해 단연코 거부하신 것이다. 그런 맹세는 하나님의 거룩한 이름을 더럽히는 것이기 때문이다. 예수님이 금하신 것은 당시 유대 사회에서 흔히 볼 수 있는 맹세의 남용에 관한 것이다.

사실, 성경은 진지하고 엄숙한 맹세를 금하지 않는다. 도리어 때로는 자기 말의 신실함을 강조하기 위해 맹세하는 것이 적절하기조차 하다. 그래서 하나님조차도 스스로를 두고 맹세하셨고(히브리서 6:13을 보라), 사도 바울도 자신의 편지에서 자주 맹세와 서약을 행했음을 볼 수 있다(로마서 1:19, 고린도후서 1:23, 갈라디아서 1:20 등을 보라). 이제 예수님은 맹세의 가르침에 대해 결론적으로 말씀하신다.

"그러므로 여러분은 모든 일에 그저 '예!' 할 것은 분명히 '예!'하고 말하고, '아니오!' 할 것은 분명히 '아니오!'하고 말하십시오. 그것으로 충분합니다. 그 이상의 말들은 모두 악에서 비롯되는 것입니다."

어떤 일을 접하게 될 때, 그 일을 심사숙고한 다음에 진실한 마음으로 그 일이 실제로 그러하다면 "예!"라고 대답하고, 그러하지 않다면 "아니오!"하고 분명하게 대답하라는 가르침이다. 이는 어떤 일에 대해 함부로 경솔하게 맹세부터 남발하지 말라는 뜻이기도 하다. 사실 그렇다. 진실은 복잡하거나 애매모호하지 않고, 단순하고도 명쾌하다.

보복에 관한 가르침 (5:38-42; 눅 6:29-30)

예수님의 산상수훈은 이어진다. 이번엔 '보복'에 관한 가르침이다.

"여러분, 모세의 율법에는 또 '눈에는 눈으로, 이에는 이로!'라고 쓰여 있습니다(출애굽기 21:24, 레위기 24:20, 신명기 19:21에 그렇게 쓰여 있다). 그러나 오늘날 나는 여러분에게 말합니다. 상대방에게 똑같이 앙갚음하려고 하지 마십시오. 만일 여러분의 한쪽 뺨을 때리는 사람이 있거든, 여러분의 다른 쪽 뺨도 대주십시오."

"내 뺨을 때리는 사람에게 다른 쪽 뺨까지도 대주라고? 아니, 그게 말이나 돼?"

예수님의 가르침을 들은 무리들은 그 말을 도무지 이해할 수 없다는 듯 여기저기서 수군거렸다. 여기서 예수님은 보복의 악순환을 끊는 방법에 관해 가르치신 것이다. 그것은 원수에 대하여 직접 보복하지 말고 어디까지나 선(善)으로 대해야 한다는 것이다. 하나님의 백성들은 공의를 세워야 하지만, 그런 과정에서 개인적인 보복을 해서는 안 된다는 것이다. 이 말을 오해하여, 우리가 악한 자에 대해 절대로 대적해서는 안 된다고 해석해선 안 된다. 성경의 다른 곳에서는 악한 세력에 대하여는 피 흘리기까지 힘껏 대적하여 싸울 것을 가르치고 있다.

"누가 여러분에게 속옷을 달라고 하거든, 그에게 여러분의 겉옷까지도 벗어 주십시오. 또 누가 당신더러 억지로 5리를 같이 가자고 하거든, 그와 함께 기꺼이 10리라도 같이 가 주십시오. 이처럼 여러분에게 달라는 사람에게 아낌없이 주고, 여러분에게 무엇을 꾸려고 하는 사람에게 손을 내저으며 거절하지 마십시오."

이 가르침은 길 안내자나 운반자로서 민간인들에게 동행할 것을 강요하는 로마 수비대의 권리에 대해 다루고 있다. 로마 군인들은 민간인들을 징용하여 군수 물자를 규정된 거리(약 3리, 성인의 1,000보 정도)만큼 운반하게 했다. 법 규정에 일치하지 않는 봉사도 때로는 강요했다. 이렇게 강제로 징집당하면 화가 치밀어 오른다. 그런 경우라도 천국 시민들이 가져야 할 자세는 앙심을 품거나 복수심이 아니라 그냥 자원하는 마음으로 도움을 주라는 것이다.

예수님의 가르침에서, 우리는 언제든지 그 가르침의 문자 하나하나에 얽매이지 말고 가르침의 전체적인 교훈에 주목해야 한다. 여기서 교훈은 이것이다. 어려운 이웃과 형제에 대해서는 마땅히 도움의 손길을 내밀되, 사랑과 자비의 마음으로 마땅히 행할 바, 그 이상의 것을 기꺼이 행하라는 것이다. 그것이 율법의 본래 정신이기도 했기에, 이런 의미에서 예수님은 율법의 완성자로서 이 땅에 오신 것이다.

사랑에 관한 가르침(5:43-48; 눅 6:27-36)

예수님의 가르침은 계속 이어진다. 무리들은 시간 가는 것도 까맣게 잊고서 새롭고도 놀라운 예수님의 가르침에 바짝 귀를 기울인다. 이번에는 사랑에 관한 가르침이다.

"여러분, 모세의 율법에는 또 '이웃을 사랑하고, 네 원수를 미워하라.' 하고, 쓰여 있습니다(레위기 19:18에 그렇게 쓰여 있다. 하지만 '네 원수를 미워하라'는 율법은 없는데, 이는 선민의식에 사로잡혀 이방인들을 개, 돼지 취급하면서 배타시한 유대인들의 관습을 우회적으로 표현한 말이다). 그러나 오늘날 나는 여러분에게 밝히 말합니다. 여러분은 여러분의 원수들 사랑하십시오. 또 여러분을 박해하는 자들을 위해 기도하십시오. 그래야만 여러분이 하늘에 계신 아버지의 자녀가 될 것입니다. 하늘 아버지는 악한 사람에게나 선한 사람에게나 똑같이 햇빛을 비추어 주시고, 의로운 사람에게나 불의한 사람에게나 똑같이 비를 내려 주십니다."

아무런 차별이나 구별 없는 하나님의 똑같은 햇빛과 똑같은 비, 그것은 만인에게 골고루 은총을 베푸시는 하나님의 일반은총을 가리킨다. 이 같은 하나님의 일반은총 덕분에 악한 사람과 불의한 사람이라도 나름대로 자기의 복을 누리며 살아간다. 한편, 여기서 예수님이 말씀하신 '사랑'은 이른바 '아가페'로서, 혈연관계나 어떤 이해관계에 근거를 두지 않는 순수하며 헌신적인 사랑을 가리킨다. 이어지는 가르침에서 예수님은 그런 사실을 말씀하신다.

"만일 여러분이 여러분을 사랑하는 사람들만 사랑한다면, 여러분에게 무슨 상이 주어지겠습니까? 세리들도 그 정도는 하지 않습니까? 여러분이 가까운 이웃들과만 인사하고 지낸다면, 남들보다 나을 것이 뭐가 있겠습니까? 이방 사람들도 그렇게는 하지 않습니까? 그러므로 여러분, 여러분은 하늘에 계신 여러분의 아버지께서 온전하신 것같이, 모쪼록 여러분도 온전한 사람이 되십시오."

"아, 우리더러 하나님처럼 온전한 사람이 되라니…? 그게 어찌 가당키나 한 말인가?"

무리들이 그렇게 생각하는 것도 일리가 있다. 그렇지만 예수님도 잘 아신다. 세상에 그 누가 하나님처럼 온전할 수 있겠는가! 아무도 없다. 다만 여기 예수님의 가르침은 하나님처럼 죄 없는 온전함이 아니라 하나님의 사랑으로 행하는 성숙한 삶이다. 즉, 완벽한 삶이 아닌 영적으로 충분히 성숙한 삶을 가리킨다. 그런 성숙한 사랑의 삶이 이웃과 형제에 대하여, 심지어 원수에게조차 실천되어야 한다는 것이다.

6
예수님의 산상 설교(2)

눈은 몸의 등불, 온몸을 밝혀 주네
하나님과 재물 다 섬길 수 없으니
먹고 마시고 입을 것 걱정 말고
공중의 새와 들의 백합화를 보아라

자선에 관한 가르침(6:1-4)

오늘날 갈릴리 호수 부근에 위치한 핫틴산(Mt. Hattin)이라 여겨지는 곳, 그곳 야트막한 산 중턱의 평편한 곳에서 베풀어진 예수님의 위대한 가르침, 이른바 '산상수훈'은 계속 이어진다(마태복음 5장부터 7장까지 길게 이어진다). 이번에는 자선(慈善)에 관한 가르침이다.

"여러분, 남들에게 보이려고 선행을 베풀어선 안 됩니다. 그렇게 하면, 하늘에 계신 아버지께 아무런 상도 받을 수 없습니다. 가난한 사람에게 자선을 베풀 때는 위선자들처럼 하지 마십시오. 위선자들은 회당과 거리에서 나팔을 불면서 자신들의 자선 행위를 크게 자랑합니다. 내가 진정으로 여러분에게 말합니다. 그런 사람들은 자기가 받을 상을 이미 다 받았습니다."

자선과 선행에는 하나님의 상급이 뒤따른다는 것을 알 수 있는데, 하나님의 상급은 땅 위에서 보상받지 않은 자선이나 선행에 대해서만 이루어진다는 사실을 또한 알 수 있다. 따라서 자기 선행을 널리 자랑함으로써 자기 명성이나 영광을 위해 자선을 베푼 사람들은 자기가 받을 상을 땅에서 이미 다 받았다고 가르치신다. 여기서 '이미 받았다'라는 말은 상거래를 할 때의 용어로, 지불이 완료되어 영수증을 끊은 상태임을 가리키는 말이다. 그래서 예수님은 이 땅에서 잠시 동안 받는 썩어질 상급 말고, 하늘의 하나님께 받는 영원한 상급을 위해서는 어떻게 해야 할 것인지를 알려주신다.

"그러므로 타인에게 친절을 베풀고 선을 행할 때는 남의 눈에 띄지 않도록 하십시오. 심지어 오른손이 하는 일을 왼손조차도 모르게끔 하십시오. 그렇게 해서, 자선 행위를 아무도 모르게 고이 숨겨 두십시오. 그리하면, 남모르게 숨어서 모든 것을 지켜보고 계시는 여러분의 아버지, 곧 하늘 아버지께서 여러분에게 다 갚아주실 것입니다."

자선이나 선행을 할 때 하늘에 계신 하나님께 상급을 받는 비결, 그것은 아무도 모르게 은밀하게 행하는 것이다. 심지어 자기 자신조차도 알지 못할 정도로 몰래 행하는 것이다. 그렇다면 우리는 다른 사람들이 우리의 자선이나 선행을 절대로 알게 해서는 안 되는가? 만일 타인이 알게 되면 하늘의 상급은 사라지는 것인가?

그것은 진직으로 우리의 마음속 동기에 달려 있다. 좋은 평판과 영예를 얻기 위해서나 칭찬을 듣고 상을 받기 위한 잘못된 동기로 자선을 베풀고 선행을 하는 것은 아무런 하늘 상급이 없다. 예수님은 우리의 선행이 다른 사람들에게 자신을 드러내기 위해서가 아니라, 오직 우리의 선행을 통해 그들이 하나님께 영광을 돌리도록 하기 위하여 이루어져야 한다고 가르치신다.

기도에 관한 가르침 (6:5-15; 눅 11:2-4)

유대인들의 신앙생활에 있어서 반드시 지켜야 하는 세 가지 의무

사항이 있다. 구제, 기도, 금식이다. 이제 예수님은 구제(자선)에 이어, 기도에 관해 가르치신다.

“여러분, 여러분이 기도할 때는 경건한 척하는 위선자들처럼 하지 마십시오. 그들은 남들에게 보이고 싶어서, 큰길이나 회당에서 기도하기를 무척 좋아합니다. 내가 진정으로 여러분에게 말합니다. 그들은 이미 자기가 받을 상을 다 받았습니다.”

유대인들은 때에 맞춰 하루 세 차례의 기도 시간을 가졌다. 그런데 그 시간에 외출 중인 사람들은 다른 데서도 그 기도 시간을 지켰다. 이러한 유대인들의 열성적인 기도 생활은 후대로 갈수록 형식주의로 치우쳤는데, 그래서 예수님 당시의 바리새인들과 서기관들은 자신의 신실한 기도 생활을 남들에게 과시하려고 기도 시간에 맞춰 일부러 사람들이 많이 모이는 큰길이나 회당으로 나가곤 했다. 예수님은 이를 지적하신 것이다.

“그러므로 여러분은 혼자 골방에 들어가서 문을 꼭 닫고 하늘의 아버지께 기도하십시오. 그리하면 숨어서 다 지켜보시는 여러분의 아버지께서 그 기도에 응답해주실 것입니다. 또 기도할 때는, 이방 사람들처럼 빈말을 계속해서 되풀이하지 마십시오. 그들은 자꾸 되풀이해야만, 기도의 응답을 받을 줄로 잘못 생각하고 있습니다. 여러분은 그들을 본받지 마십시오. 여러분의 하늘 아버지께서는 여러분이 구하기 전에 여러분에게 무엇이 필요한지 이미 다 알고 계십니다.”

올바르고 참된 기도의 두 가지 원칙이 나타나 있다. ① 하나는, 다른 사람을 의식하지 않고 전적으로 하나님만을 상대하여 기도하는 것이다. 이런 기도는 큰길이나 회당이 아니라 대부분 골방에서 이루어지는 법이다. ② 또 하나는, 횡설수설하거나 중언부언하지 않고 기도의 내용을 분명하고 확실하게 아뢰는 것이다. 그러니까 기도를 얼마나 오래 했는지 그 기도 시간의 길이가 중요한 게 아니고, 얼마나 진심을 다해 마음속의 간구를 허심탄회하게 아뢰었는지, 그 기도의 내용이 중요한 것이다.

"그러므로 여러분은 이렇게 기도하십시오."

이제 예수님은 올바르고 참된 기도의 본을 알려주신다. 이는 주께서 친히 가르치신 기도로서, 이른바 '주기도문(主祈禱文)'이다. 믿는 자들에게 익숙하고 친숙한 이 주기도문을 다시금 찬찬히 살펴보자. 주기도문은 ① 서언(序言) ② 하나님께 관한 기도 ③ 사람에 관한 기도 ④ 결언(結言)의 4부분으로 구성되어 있다. 먼저 서언은 하나님의 성호를 부름으로써 시작된다.

[서언]

"하늘에 계신 우리 아버지!"

구약에서는 나타나지 않는 하나님의 호칭으로, 이 땅에 오신 하나님의 아들 메시아 예수로 말미암아 하나님과 그분의 백성 간에 새롭게 맺어진 인격적인 관계를 나타낸다. 여기서 또 주목해야 할 것은, 주기도문에서는 계속해서 개인으로서의 '나'가 아니라, 공동체로서의 '우리'란 표현이 사용되고 있다는 점이다. 이는 주의 백성들이 신앙 공동체임을 말해준다. 이어 주기도문의 두 번째 부분은 하나님께 관한 기도다. 들어보자.

[하나님께 관한 기도]

"아버지의 이름이 거룩히 여김을 받게 하시고, 아버지의 나라가 임하게 하시며, 아버지의 뜻이 하늘에서 이루어진 것같이 땅에서도 이루어지게 하소서."

하나님께 관한 기도는 세 가지의 간구로 구성되어 있다.

① 첫 번째 간구는, 하나님의 이름이 거룩히 여김을 받는 것, 곧 그분의 거룩하신 이름이 찬양받고 영광받기를 구하는 내용이다. 이는 하나님께 지음 받은 모든 인생들(피조물들)의 제일 되는 목적이기도

하다.

② 두 번째 간구는, 아버지의 나라가 속히 임하기를 구하는 내용이다. 아버지의 나라는 하나님께서 다스리는 나라로서 곧 천국을 가리킨다. 그런 천국의 영광, 아름다움, 질서, 공의, 평화 등이 사람들이 살아가는 이 세상에도 속히 실현되기를 구하는 내용이다.

③ 세 번째 간구는, 두 번째 간구를 부연 설명하는 것이다. 천국에서는 이미 실현되고 있는 하나님의 다스림과 기쁘신 뜻이 구체적으로 실현되어야 할 또 다른 장소를 보여준다. 그곳은 '땅'이다. 여기서 땅은 인류의 역사와 우주만물을 비롯한 피조 세계 전부를 일컫는다. 따라서 이 일을 이루기 위해 성도는 땅끝까지 십자가 복음을 전파해야 한다. 이어 주기도문의 세 번째 부분은 사람에 관한 기도다.

[사람에 관한 기도]

"오늘 우리에게 꼭 필요한 날마다의 양식을 주시고, 우리가 우리에게 죄지은 자를 용서한 것처럼, 우리의 죄 또한 용서하소서. 우리를 유혹에 빠지지 않게 하시고, 모든 악에서 구원하소서."

사람에 관한 기도 역시 세 가지 간구로 구성되어 있다.

① 첫 번째 간구는, 육신을 가진 인간으로서 하루하루 생명을 유지하는 데 꼭 필요한 일용할 양식의 공급을 구하는 것이다. 이는 마치 출애굽한 이스라엘 백성들이 40년 동안의 광야생활에서 매일매일 하늘로부터 내려오는 생명의 만나를 기대한 것과 같다. 그러므로 모든 사람은 영적으로는 물론이고 육적으로도 하나님께 전적으로 의존해야만 진정으로 살아갈 수 있다.

② 두 번째 간구는, 하나님께 죄의 용서를 구하는 기도다. 여기서 죄는 곧 '빚'이다. 사람으로서 하나님께 마땅히 행해야 할 바를 하지 않았기에, 모든 사람은 하나님께 갚아야 할 빚이 있는 것이다. 그 빚을

탕감해 달라고 구하는 내용이다. 그렇다면 하나님께 이 빚을 탕감받으려면 우리가 먼저 우리에게 빚진 자, 곧 우리에게 피해를 준 자들의 허물(빚)을 반드시 먼저 용서해 주어야만 하는 것일까? 그렇지 않으면, 하나님께 죄의 용서 곧 빚의 탕감을 받지 못하는 것일까?

그런데 성경 전체의 교훈을 살펴보면, 이는 '조건'이라기보다는 도리어 '결과'다. 나중에 예수님은 한 비유를 통해 이 같은 사실을 보여주셨다. 즉, 하나님은 우리에게 만(萬) 달란트의 빚을 탕감해 주었으므로, 그 결과로 우리는 마땅히 우리에게 백(百) 데나리온 빚진 자의 빚을 탕감해 주어야 한다고 가르치셨다. 예수님 당시에 1데나리온은 일반 노동자 혹은 로마 군졸의 하루치 품삯으로 6,000분의 1달란트에 해당한다. 따라서 1백 데나리온은 1만 달란트에 비해 60만분의 1에 불과하다. 따라서 하나님께 1만 달란트의 빚을 탕감받은 자라면(진정 그 사실을 깨달은 자라면), 마땅히 자신에게 1백 데나리온 빚진 자의 빚을 기꺼이 탕감해 주어야 하는 것이다.

③ 세 번째 간구는, 모든 유혹(시험)과 악에서 구해달라는 내용이다. 이는 우리가 살아가는 이 세상에는 우리를 넘어뜨리려는 온갖 유혹과 우리를 타락시키려는 각양각색의 악들이 많다는 사실을 보여준다. 따라서 하나님의 인도와 보호를 받지 못하면 모든 사람은 유혹의 덫에 자주 걸려들고 악의 함정에 빠지기 십상이다. 그러므로 우리를 선함과 진리 가운데로 인도하시는 성령님의 도우심을 매일 매순간 구해야 한다.

[결언]

"나라와 권세와 영광이 영원토록 아버지의 것입니다. 아멘!"

주기도문을 마무리 짓는 결언은 하나님을 찬미하는 송영(頌榮, Doxology)으로 이루어져 있다. 여기서 '나라'는 하나님께서 왕으로 다스리시는 '하나님의 나라'를 가리키고, '권세'는 그 나라를 통치하고 유지하며 자기 백성들에게 약속하신 선한 일들을 성취시킬 힘과 능력을 가리킨다. 그리고 '영광'은 그런 권세를 행사함으로써 자연히 뒤따르는 존귀와 영예를 가리킨다. 이 같은 나라, 권세, 영광이 주기도문의 서언에서 우리가 부른 "하늘에 계신 우리 아버지"께 영원토록 속해 있다는 내용이다. 하나님은 이 같은 분이시기에 그분께 드리는 우리의 기도가 그 효력을 발할 수 있는 것이다. 끝으로 이 모든 것들을 진실로 믿고 인정한다는 의미에서 "아멘!"으로 주기도문을 끝맺는 것이다.

이처럼 주기도문을 가르치신 후에, 예수님은 주기도문 가운데 용서에 관한 부분을 한 번 더 강조하신다.

"여러분, 여러분이 이처럼 여러분에게 죄지은 사람을 용서하면, 하늘에 계신 여러분의 아버지께서도 여러분을 용서하실 것입니다. 그러나 여러분이 남을 용서해 주지 않으면, 여러분의 하늘 아버지께서도 여러분을 용서해 주지 않으실 것입니다."

우리에게 죄지은 자의 죄를 용서하는 일, 곧 우리에게 빚진 자의 빚을 탕감해 주는 일은 결코 쉬운 일이 아니다. 그러나 우리가 하나님께 지은 죄를 이미 용서받은 일, 곧 하나님께 이미 탕감받은 우리의 빚 일만 달란트(하루 일당을 10만 원으로 계산하면, 대략 600억)를 생각한다면, 우리에게 일백 데나리온(대략 천만 원) 빚진 자의 빚쯤이야 즐거운 마음으로 얼마든지 탕감해 줄 수 있다. 그렇지만 자신이 이미 탕감받은 일만 달란트를 전혀 생각하지 않는다면, 그자는 일백 데나리온을 결코 포기하지 못할 것이다. 그렇게 되면, 하나님은 그자에 대해 아주 괘씸하게 생각하고 다시 일만 달란트를 요구하실 것이다. 그러니 우리는 우리에게 죄지은 이웃을 기꺼이 용서하고 탕감해 주어야 한다.

금식에 관한 가르침 (6:16-18)

이제 예수님은 유대인들의 세 가지 신앙생활(구제, 기도, 금식) 가운데 마지막 금식에 관해 가르치신다. 이 같은 가르침은 다분히 당시 유대인들의 종교 지도자로 활동한 바리새인들, 사두개인들, 서기관들(율법 교사들)을 염두에 두신 가르침이다. 그런 종교 지도자들의 위선적인 금식생활을 꾸짖는 가르침이다.

"여러분, 여러분이 금식할 때는 위선자들처럼 침통한 표정을 짓지 마십시오. 그런 사람들은 자신이 금식하고 있다는 것을 남에게 보이려고 부러 슬픈 표정을 짓고 다닙니다. 내가 진정으로 말합니다. 그들은 이미 자기가 받을 상을 다 받았습니다."

위선자는 말하자면 '가면을 쓰고 연극하는 배우'를 가리킨다. 자신의 진실한 면모를 보여주는 것이 아니라, 가면을 쓴 채, 마치 다른 사람인 양 배우처럼 연기하는 자를 말한다. 그런 자들은 자신의 연기에 속아 넘어가는 세상 사람들에게서 칭찬과 존경을 받겠지만(즉, 조만간 썩어질 세상 상급이야 받겠지만), 사람의 심령을 훤히 들여다보시는 하나님을 절대로 속일 순 없다. 그래서 예수님은 위선자의 그릇된 금식이 아니라, 하나님께 인정받는 진실한 금식에 대해 가르치신다.

"여러분이 금식할 때는 얼굴을 깨끗이 씻고, 머리에 기름을 바르고, 좋은 옷을 입으십시오. 그리하여 보이지 않는 데 계시는 여러분의 하늘 아버지 외에는 아무도 알지 못하게 하십시오. 그리하면, 은밀한 가운데 모든 것을 보시는 하늘 아버지께서 여러분에게 다 갚아주실 것입니다."

구제는 자신의 왼손이 하는 것을 오른손조차도 모르게, 기도는 은밀한 골방에서 오직 하나님을 향해서만, 그리고 금식은 누구도 눈치채지 못하도록 마치 금식하지 않는 사람처럼 몸치장을 깨끗하고 단정하게 하라는 것이다. 이 모든 가르침의 요점은 이것이다. 구제(자선), 기도, 금식 등 신앙생활을 할 때 사람을 의식해서 겉모습을 꾸며서는 안

되고, 오직 하나님을 의식하여 속마음을 올바로 갖추어야 한다는 것이다. 그러니까 외면이 아니라 내면, 위선이나 외식이 아니라 진실함과 참됨, 사람이 아니라 하나님인 것이다.

재물에 관한 가르침(6:19-24; 눅 11:34-36; 12:33-34; 16:13)

산들바람이 기분 좋게 불어오는 갈릴리 지역의 어느 야트막한 산 중턱, 지금껏 들어보지 못한 예수님의 놀랍고도 획기적인 가르침에 사람들은 시간 가는 줄 모르고 흠뻑 빠져들고 있다. 예수님도 무리들의 그런 모습에 고무된 듯 피곤함을 잊은 채 열정적으로 복음을 전하신다. 이번에는 재물에 관한 가르침이다.

"여러분은 땅 위에 재물을 쌓아두지 마십시오. 이 땅에서는 좀이 먹어 없어지거나 도둑을 맞기 쉽습니다. 여러분의 재물을 하늘에 쌓아놓으십시오. 거기엔 좀이 먹거나 녹이 슬어 못쓰게 되는 일이 없고, 도둑이 훔쳐 갈 염려도 전혀 없습니다. 여러분의 재물이 있는 그곳에 여러분의 마음도 역시 있습니다."

재물을 하늘에 쌓아두라는 말은, 하늘에 계신 하나님의 기쁘신 뜻에 합당하게 재물을 선하고 의로운 데 사용하라는 말씀이다. 그렇게 하면, 하나님께서 그 재물을 기억하고 몇십 배, 몇백 배로 충분히 갚아주신다는 말씀이다. 우리의 마음이 땅(세상)으로 향해 있다면 땅 위에다 재물을 쌓아둘 것이지만, 그 마음이 하늘(하나님)로 향해 있다면 하늘에다 재물을 쌓아둘 것이다. 재물이 있는 곳에 마음이 있고, 마음이 있는 곳에 재물이 있기 때문이다. 재물에 관한 예수님의 가르침은 계속된다.

"눈은 몸의 등불입니다. 여러분의 눈이 좋으면 여러분의 온몸이 밝을 것이고, 여러분의 눈이 나쁘면 여러분은 어둠 속에서 헤맬 것입니다. 그 어둠을 어찌 이루 다 말할 수 있겠습니까!"

예수님 당시에 사람들은 눈이 창문과 같아서 눈을 통해 빛이 몸

안으로 들어온다고 생각했다. 따라서 눈을 통해 들어온 빛에 따라 몸이 제 갈 길을 찾는다는 점에서 눈은 몸의 등불이 되는 것이다. 눈은 성할 수도 있고 나쁠 수도 있는데, 예컨대 재물을 바라보는 눈이 성한 상태라면, 밝은 빛이 몸속으로 들어와 그 몸을 선하고 올바른 빛의 길로 인도할 것이다.

반면, 눈이 나쁜 상태라면 어둠의 빛이 몸 안으로 들어와 그 몸을 악하고 그릇된 흑암의 길로 인도할 것이다. 나쁜 눈을 통해 몸 안으로 들어온 빛은 이미 빛의 기능을 잃은 상태이므로 어둠의 빛이 되는 것이다. 여기서 빛의 기능은 옳고 그름을 분별하는 것이다. 그런데 나쁜 눈은 참된 것과 거짓된 것을 분별하지 못하므로, 그런 눈을 통해 들어온 빛은 진리의 빛이 아니라 거짓의 빛으로, 곧 영적 어둠인 것이다.

"여러분, 아무도 두 주인을 동시에 섬길 수 없습니다. 한쪽을 사랑하면 다른 한쪽을 미워하게 되고, 한쪽을 소중하게 여기면 다른 한쪽은 무시하게 됩니다. 이처럼 여러분은 하나님과 재물을 동시에 섬길 수 없습니다."

여기서 재물은 단지 돈뿐만이 아니다. 가장 강력한 힘을 지닌 돈을 포함하여 하나님을 거슬러 사람들의 우상으로 숭배될 수 있는 세상적인 권세, 명예, 지식, 부귀영화 등을 전부 포함하는 말이다. 참된 신앙은 하나님과 재물 가운데서 미련 없이 재물을 버리고 기꺼이 하나님을 선택할 것을 요구한다.

걱정과 염려에 관한 가르침 (6:25-34; 눅 12:22-32)

예수님이 산상수훈을 전하시던 갈릴리 지역의 산 중턱, 거기엔 세상살이의 온갖 걱정과 염려를 지니고 살아가는 사람들, 공중에서 푸드득거리며 날아가고 있는 새들, 평편한 산 중턱의 들판에 피어난 온갖 아름다운 꽃들이 있었다. 그런 무대 배경 위에서 예수님은 무리를 향해 걱정과 염려에 관해 가르치신다.

“내가 진정으로 여러분에게 말합니다. 여러분은 먹을 것, 마실 것, 입을 것에 대해 염려하지 마십시오. 생명이 음식보다 더욱 소중하지 않습니까? 몸이 의복보다 더욱 중요하지 않습니까? 자, 여러분! 이제 눈을 들어, 저 공중에서 날아가는 새들을 한번 쳐다보십시오.”

정말로 새들이 자유롭게 날갯짓하며 공중을 푸드득거리며 즐겁게 날아다니고 있다. 무리들은 그런 새들의 모습을 바라본다. 그때 예수님이 말씀하신다.

“보십시오, 저 새들은 씨를 뿌리거나 거두어들이거나 양식을 곳간에 모아들이지도 않습니다. 그럴지라도 하늘에 계신 여러분의 아버지께서 다 먹이십니다. 그런데 여러분은 새들보다 훨씬 귀한 존재들이 아닙니까. 그러니 걱정하지 말고 하늘 아버지를 의지하십시오. 여러분이 머리를 싸매고 걱정하고 염려한다고 해서, 여러분의 목숨이 한순간인들 연장되는 법이 있단 말입니까.”

그렇다. 새보다 사람이 훨씬 귀한 존재다. 사람은 하나님의 형상과 모양을 따라 지음 받은 창조의 면류관이요 만물의 영장이 아니든가! 어찌 한낱 미물인 공중의 새에 비견될 수 있으랴! 이번엔 들판의 꽃을 비유로 드신다. 어디선가 향긋한 냄새가 바람에 실려 풍겨 나왔다. 어디에서 나오는 향기인가. 예수님은 사방을 둘러본다. 시선이 맞닿는 계곡에 백합화들이 바람에 나부끼고 있었다. 가시에 찔려 나오는 향기다. 가시에 찔리면서도 백합화는 향기를 만들어낸다. 예수님이 입을 여신다.

“저기 백합화가 보이십니까?”

무리는 고개를 돌려 백합화를 바라본다.

“여러분은 또 어찌하여 입을 것을 걱정하고 있습니까? 저 들판의 백합화를 보십시오. 백합화는 길쌈도 하지 않고 아무런 수고도 하지 않습니다. 그럴지라도 온갖 영화를 누린 솔로몬 왕소자도 그 꽃만큼 화려하게 차려입지 못했습니다. 믿음이 적은 자들이여! 오늘 피었다가 내일 아궁이에 던져질 저 들꽃조차도 하나님께서 이렇게 잘 돌보아 주시거늘, 하물며 여러분들이야 오죽 잘 돌보아 주시지 않겠습니까."

여기 백합화는 팔레스타인의 야산에서 자생하는 모든 아름다운 꽃들을 통칭하는 말이다. 그런 꽃들은 저마다 형형색색의 아름다운 색으로 수놓아진 옷을 입고 있었다. 이처럼 아주 하찮게 보이는 자연의 들꽃조차 아름답게 옷 입히시는 하나님께서 하물며 자신의 자녀들을 헐벗게 하시겠느냐는 가르침이다. 이제 예수님은 가르치시고자 하는 주제를 밝히 말씀하신다.

"그러므로 여러분은 먹을 것, 마실 것, 입을 것을 놓고 걱정하거나 염려하지 마십시오. 왜 이방 사람들처럼 그런 것들에 여러분의 마음을 쏟고 있습니까. 하늘에 계신 여러분의 아버지께서는 여러분에게 무엇이 필요한지 너무나 잘 알고 계십니다."

그렇다면 의식주 문제를 떠나, 우리의 마음을 어디에다 쏟아야 하는 것일까? 예수님은 그 점을 밝히 일러주신다.

"무엇보다 먼저 하나님의 나라와 하나님의 의를 추구하십시오. 그리하면 하나님께서는 먹고, 입고, 자고, 마실 이 모든 것들을 여러분에게 덤으로 더해주실 것입니다."

예수님은 우리 인생의 삶에 있어서 무엇이 정말로 소중하고, 무엇이 그냥 덤인지를 분

솔로몬의 모든 영광도 이 들꽃 하나만 같지 못하다

명히 일러주신다. 사람이 무엇보다 먼저 추구해야 하는 정말로 소중한 것, 그것은 하나님의 나라와 그분의 의(義)를 추구하는 것이다. 그리고 사람에게 절로 주어지는 덤은 먹고, 입고, 자고 마시는 의식주 문제다.

하나님의 나라와 그분의 의를 추구하는 것, 그것은 지금 예수님이 전하시는 복음의 말씀을 마음에 받아들이고 그 말씀대로 실천하여 이 땅에 하나님의 왕국을 건설하고 점차 확장해 나감으로써 하나님의 의로운 통치가 실현되게 하는 것을 말한다. 그것이야말로 하나님의 백성들이 이 땅 위에서 살아갈 때 그 무엇보다도 가장 먼저 추구해야 하는 최고, 최상의 가치인 것이다. 그렇게 하면, 먹고 입고 마시는 의식주 문제는 그냥 덤으로 따라오는 것이다. 이것이 예수님의 가르침이다. 이제 예수님은 다시금 의식주 문제로 인해 걱정하지 말고, 세상살이로 인해 염려하지 말라고 강조하신다.

"그러므로 여러분은 내일 일을 오늘 걱정하지 마십시오. 내일 일은 내일에 맡겨둘 것이요, 오늘의 괴로움은 그날에 겪는 것만으로도 충분합니다."

내일 일은 언제든지 내일로 하여금 걱정하게 하라는 뜻이다. 사람은 누구나, 언제든지 오늘을 살아갈 뿐 결코 내일을 살아가지 못한다. 우리가 내일 눈을 뜨면 그날은 내일이 아니라 오늘인 것이다. 그러므로 내일의 걱정과 염려는 절대로 우리의 것이 될 수 없다. 따라서 예수님의 이 말씀을 한마디로 요약하면 결코 '걱정하지 말라!'는 것이다.

말씀이 꿀맛 같았다. 들판의 무리들은 어깨가 한결 가벼워지는 것을 느낀다. 새들은 아직도 공중을 날아다니며 지저귀고 있다.

7
예수님의 산상 설교(3)

슬기로운 사람은 가르침 실천하니
홍수에도 그 집은 무너지지 않으리
그것은 든든한 반석 위에 세운 집
실천이 없으면 모래 위의 집

남을 판단하지 말라(7:1-6; 눅 6:37-38, 41-42)

예수님이 베푸신 가르침의 꽃이요 면류관이라 할 수 있는 산상수훈, 그 산상수훈은 마태복음 5장부터 7장까지 세 장에 걸쳐 기록되어 있다. 따라서 5장이 전반부, 6장이 중반부, 그리고 7장이 후반부라 할 수 있는데, 이제 어느덧 후반부에 이르렀다. 예수님은 산상수훈의 전반부(5장)에서는 천국 시민의 기본자격에 관해 가르치셨고, 중반부(6장)에서는 천국 시민의 신앙생활(구제, 기도, 금식 등)과 일상생활(물질관, 가치관)에 관해 가르치셨다. 이제 후반부(7장)에서 예수님은 천국 시민된 자가 주의해야 할 사항들에 관해 가르치신다. 주옥같은 말씀을 들어보기로 하자.

"여러분은 남을 판단하지 마십시오. 그리하면, 여러분도 판단 받지 않을 것입니다. 여러분이 남을 판단하면 여러분 또한 하나님으로부터 판단 받을 것이고, 여러분이 남을 저울질하는 대로 여러분 또한 저울질

당할 것입니다."

이 말씀은, 옳고 그름에 대한 건전한 판단과 비평까지 하지 말라는 뜻이 아니다. 여기에서 '판단하다'라는 말은 '심판하다(정죄하다)'란 뜻이다. 따라서 이 말은 자신의 잣대로 다른 사람을 심판하고 정죄해선 안 된다는 의미다. 그 일은 절대 의로우신 하나님께 속한 일이기 때문이다.

"여러분은 또 여러분의 눈 속에 있는 들보는 보지 못하면서 어찌하여 형제의 눈 속에 있는 티를 탓하는 것입니까. 자기 눈 속의 들보는 그대로 두면서 어떻게 형제에게 '네 눈 속의 티를 빼라!'하고, 나무랄 수 있겠습니까. 그러므로 위선자들이여! 먼저 여러분의 눈 속에 있는 들보부터 빼내십시오. 그래야 여러분의 눈이 잘 보여, 형제의 눈 속에 있는 티를 빼줄 수 있지 않겠습니까."

'티'는 큰 통나무를 썰 때 생기는 톱밥 속의 작은 알맹이를 가리키고, '들보'는 큰 통나무를 가리킨다. 이런 배경하에서, 여기서 '티'는 그리 중요하지 않은 작은 흠을 가리키고, 들보는 대의나 진리를 손상시키는 크나큰 허물을 가리킨다. 따라서 들보를 가진 사람이 티가 있는 사람을 판단하고 나무라는 것은 어불성설이요 자가당착이다.

"여러분은 또 거룩한 것을 개에게 주지 말고, 진주를 돼지에게 던지지 마십시오. 돼지는 발로 진주를 짓밟고, 돌아서서 여러분까지 물어뜯을지 모릅니다."

여기서 '거룩한 것'과 '진주'는 하나님의 구원 계획이 담긴 '복음'을 상징한다. 그것은 무한히 가치 있는 값진 것이다. '개'와 '돼지'는 그처럼 값진 것을 알지 못하고 함부로 짓밟고 비웃는 자들을 상징한다. 복음이 누구에게나 활짝 열려있다고 해서, 그것이 값싼 것이거나 함부로 취급당해도 좋다는 뜻은 결코 아니다.

구하라, 찾으라, 두드리라 (7:7-12; 눅 11:9-13)

"여러분, 구하십시오! 그러면, 받을 것입니다. 찾으십시오! 그러면, 얻을 것입니다. 두드리십시오! 그러면, 열릴 것입니다. 누구든지 구하면 받고, 찾으면 얻고, 두드리면 열릴 것입니다."

바람직하고 적극적인 기도 자세가 점층적으로 강조되고 있다. 1단계 '구하라'는 말은 확신을 갖고 자신의 소원을 하나님께 아뢰는 행위다. 2단계 '찾으라'는 말은 하나님께 간구한 것을 이루기 위해 자신의 삶 속에서 땀 흘리며 꾸준히 노력하는 행위다. 3단계 '두드리라'는 말은 간구한 것이 당장 이루어지지 않더라도 포기하지 않고 소망 가운데서 끝까지 인내하는 행위다. 이제 예수님은 비유를 들어 기도 응답에 대해 한층 강조하신다.

"아들이 빵을 달라고 하는데 돌을 줄 아버지가 어디 있겠습니까. 아들이 생선을 달라고 하는데, 뱀을 줄 아버지가 또 어디 있겠습니까. 아무리 악한 사람일지라도 자기 자녀에게는 좋은 것을 주려고 애쓰는데, 하물며 하늘에 계신 여러분의 아버지께서 자신에게 구하는 자녀에게 어찌 좋은 것을 주시지 않겠습니까."

빵과 돌, 생선과 뱀. 비슷하게 보이는 두 부류의 물질이 비교되었다. 그런데 빵과 생선은 좋은 것을, 돌과 뱀은 나쁜 것을 상징한다. 그런데 놀라운 것은, 감히 비교조차 할 수 없는 악인과 하나님이 대조되었다는 점이다. 그런 악인조차도 자기 자녀에게는 좋은 것을 주려고 애쓴다면, 하물며 하나님이야 더 말해 무슨 소용이랴! 이제 예수님은 아주 유명한 말씀을 하신다.

"여러분은 남에게 대접받기를 바라는 대로 먼저 남을 대접하도록 하십시오."

이른바 '황금률(The Golden Rule)'로 잘 알려진 말씀이다. 여기서 '남에게 대접받기를 원하는 대로'란 말은 대접한 만큼 대접받기를 기대하는, 매우 타산적으로 똑같은 양만큼의 선행만을 하라는 뜻이 아니다. 이는 본질상 이기적 존재인 인간들에게, 자기가 타인에게 기대한 만큼 타인도 자기에게 기대하고 있음을 각성시키는 말이다. 이 가르침의 요점은, 아무런 이해타산 없이 자신이 먼저 다른 사람에게 적극적이고 능동적인 사랑의 행위를 베풀라는 것이다. 이처럼 이해타산을 따지지 않는 능동적인 사랑의 실천! 이에 대해 예수님은 밝히 말씀하신다. “이것이 바로 율법의 가르침이고 모든 예언서의 본뜻입니다.”

좁은 문으로 들어가라 (7:13-14; 눅 13:24)

“여러분, 좁은 문으로 들어가십시오. 멸망으로 이끄는 길은 넓고 그 문이 커서, 그리로 들어가는 사람은 아주 많습니다. 그러나 생명으로 이끄는 길은 좁고 그 문도 작아서, 그곳을 찾는 사람은 아주 적습니다.”

넓은 문과 좁은 문, 넓은 길과 좁은 길, 멸망과 생명, 많은 사람들과 적은 사람들. 두 부류의 대조적인 사실이 비교되었다. 많은 사람들이 넓은 길을 따라 넓은 문으로 들어가는데, 그 길은 결국 멸망에 이르는 길이다. 그리고 적은 사람들만이 좁은 길을 따라 좁은 문으로 들어가는데, 그 길은 결국 생명에 이르는 길이라는 가르침이다.

그렇다면 사람이 마땅히 걸어야 하는 그 길, 곧 생명에 이르는 길은 왜 좁고, 왜 적은 사람들만 찾는가? 영원한 생명이 있는 천국 문으로 향하는 길은 세상의 부귀영화와 세속적 쾌락을 추구하는 인간의 본성과는 달리, 자기 부인(否認)과 십자가 고난이 있는 길이기 때문이다.

열매를 보고 그 나무를 안다 (7:15-20; 눅 6:43-45)

“여러분, 거짓 선지자들을 조심하십시오. 그들은 양의 탈을 쓰고 여러분에게 웃으며 다가오지만, 그 속은 굶주린 이리떼와 같아서 여러분을 찢어 삼키려고 합니다.”

‘거참, 양의 탈을 쓴 거짓 선지자들을 우리가 어떻게 구별할 수 있단 말인가?’

이 같은 무리들의 생각을 읽기라도 하신 듯, 예수님은 곧장 이어서 거짓 선지자들을 분간할 수 있는 비결을 일러주신다.

좋은 나무는 좋은 열매를 맺느니라

“열매를 보고 그 나무를 알듯, 그들의 행동을 보면 그들을 충분히 분간할 수 있습니다. 자, 생각해 보십시오. 가시나무에서 어찌 포도를 딸 수 있겠으며, 엉겅퀴에서 어찌 무화과를 딸 수 있겠습니까? 이처럼 과실나무의 좋고 나쁨은 그 열매를 보면 잘 알 수 있습니다. 좋은 나무에 나쁜 열매가 맺힐 수 없고, 나쁜 나무에 좋은 열매가 맺힐 수 없는 법이기 때문입니다. 그리고 먹지 못하는 나쁜 열매를 맺는 나무는 찍혀 불에 던져집니다. 그러므로 그 사람이 하는 행동을 보면, 그가 어떤 사람인지를 알 수 있습니다.”

자, 이제 거짓 선지자들을 분간할 수 있겠는가? 예수님은 한 가지 분명한 검증 기준을 제시하셨다. 그것은 곧 거짓 선지자는 겉과 속이 다르다는 것이다. 따라서 겉모습이 아니라 속에서부터 나오는 그들의 열매(행위)를 통해 우리는 거짓 선지자들을 충분히 분간할 수 있다.

다시 말해 참된 선지자는 하나님에게서 보내심을 받아 하나님의 메시지를 전하면서 하나님의 뜻대로 살아가는 자이고, 거짓 선지자는 하나님께 보냄 받지 않은 자로서 자기 말을 하고 자기 욕망을 추구하면서 살아가는 자다. 우리가 조금만 주의를 기울여 살펴본다면, 거짓 선지자에게서는 하나님의 뜻과 말씀에 어긋나는 세속의 표시들을 충분히 찾을 수 있다. 믿는 자들은 언제 어디서든 거짓 선지자들을 잘 분간하여 엄중히 배척해야 한다. 그렇지 아니하고 거짓 선지자들을 추종하면 결국엔 함께 멸망하고 말 것이다.

나는 너희를 알지 못한다 (7:21-23; 눅 6:46; 13:25-27)

"여러분, 나더러 '주님! 주님!'하고 부르는 사람이라고 해서, 다 천국에 들어갈 수 있는 것이 아닙니다. 하늘에 계신 내 아버지의 뜻을 행하는 사람이라야 천국에 들어갈 수 있습니다. 장차 심판 때에, 많은 사람들이 내게 말하기를 '주님, 우리가 주님의 말씀을 전하였고, 주님의 이름으로 귀신을 쫓아내고, 또 주님의 이름으로 많은 기적을 행하지 않았습니까?' 하고, 따질 것입니다. 그러면, 나는 그들에게 분명히 대답하기를 '나는 너희를 도무지 알지 못한다. 내게서 썩 물러가라! 불법을 행하는 이 악하고 몹쓸 자들아!' 할 것입니다."

'어? 이상하네…? 하나님에게서 보냄 받지 않은 악하고 몹쓸 거짓 선지자들도 귀신을 쫓아내고 많은 기적을 행할 수 있단 말인가?'

무리는 이해할 수 없다는 듯 고개를 갸웃했다. 그렇다. 거짓 선지자들도 그럴 수 있다. 하지만 그런 자들이 행사하는 권능은 하나님에게서 비롯된 것이 아니고 사탄에게서 비롯된 것이다. 공중 권세 잡은 사탄도 제한된 범위 내에서는 이적과 권능을 행사할 수 있기 때문이다. 이처럼 거짓 선지자들은 거듭나지 못한 사역자들로, 겉으로 보기엔 주님의 이름으로 일하는 것 같지만, 실상은 자기 이름과 세상의 부귀영화를 위해 일하는 자들이다. 그러므로 이런 자들은 마지막 심판 날에 주님께 결코 인정받을 수 없다.

듣고 실천하라 (7:24-27; 눅 6:47-49)

이제 예수님은 산상수훈의 모든 가르침을 마무리하시면서, 끝으로 이제껏 듣고 가르침 받은 대로 실천해야 할 것을 요구하신다. 무리들이 알아듣기 쉽도록 하나의 비근한 비유를 드신다. 곧 홍수와 폭풍의 비유를 들어, 가르침을 듣고 실천하는 슬기로운 자의 안전함과 생명(구원), 반면 가르침을 듣고도 실천하지 않는 어리석은 자의 불안전함과 멸망에 관해 말씀하신다.

"자, 여러분! 지금껏 내가 가르친 말씀을 잘 들었습니까?"

"네, 잘 들었습니다!"

"그렇다면 꼭 명심하십시오. 내 가르침을 듣고 그대로 실천하는 사람은 견고한 반석 위에 집을 지은 슬기로운 사람과 같습니다. 비가 마구 쏟아져 홍수가 나고 폭풍이 몰아쳐도 그 집은 결코 무너지지 않습니다. 견고한 반석 위에 집을 지었기 때문입니다."

'아하, 그렇구나!'

"그러나 내 가르침을 듣고도 실천하지 않는 사람은 모래 위에 집을 지은 어리석은 사람과 같습니다. 비가 마구 쏟아져 홍수가 나고 폭풍이 몰아치면, 그 집은 여지없이 와르르 무너지고 말 것입니다. 지반이 약한 모래 위에 집을 지었기 때문입니다."

'그래, 당연히 그렇겠지….'

이 비유에서 비, 홍수, 폭풍은 세상으로부터 오는 각종 시련, 유혹, 핍박을 가리킨다. 말씀 실천의 견고한 반석 위에다 자기 믿음의 집을 짓지 않으면, 세상의 홍수와 폭풍을 견뎌낼 수 없다는 가르침이다.

예수님의 권위 있는 놀랍고 신선한 가르침(7:28-29; 눅 6:47-49)

나사렛 목수의 삶을 뒤로 하고 하나님의 구원 사역을 펼치기 위해 본격적으로 복음을 전하기 시작하신 때, 곧 공생애를 시작하신 초기에 (주후 27년경 봄), 예수님은 갈릴리 호수의 서쪽 해안에 위치된 어느 야트막한 산의 평편한 중턱에서 자신에게로 모여든 무리들에게 여러 가르침을 베푸셨다.

산상수훈! 이는 진실로 하나님의 아들이신 메시아의 가르침이었다. 지금까지 유대 랍비들의 가르침과는 질적으로 전혀 차원이 다른 아주 새롭고도 위대한 가르침이었다. 천국 시민의 대헌장이라 할 수 있는 산상수훈, 그것은 인간의 심령을 깊숙이 파고드는 생명력 넘치는 교훈이었다. 그래서 예수께서 모든 말씀을 마치시니, 그 가르침을 들은 무리가 너나 할 것 없이 모두가 크게 놀랐다. 벌린 입을 다물지 못했다. 지금껏 들은 율법 교사들의 구태의연한 가르침과는 달리, 예수님의 가르침에는 다이너마이트의 폭발력 같은 역동적인 영적 권위가 있어, 듣는 이들의 마음과 마음속에 큰 울림으로 다가왔기 때문이다.

"와! 정말 놀라운 말씀이다. 이제껏 랍비들에게서 들은 것과는 차원이 다르다!"

"그래, 그렇지! 자네도 그렇게 느꼈는가? 나도 마찬가지라네. 예수님의 말씀 한마디, 한마디가 마치 살아 움직이듯 내 가슴속으로 깊숙이 파고드네, 그려! 정말 놀랍고도 위대한 말씀이야!"

"맞네, 예수님이야말로 진정한 랍비야! 큰 선생님이지. 말씀에 권위가 넘치고, 하시는 말씀마다 하나같이 놀랍고 신선해. 난 오늘 아주 큰 충격과 도전을 받았다네."

사람들은 맛있고 좋은 음식을 먹은 사람들처럼 모두가 흡족한 얼굴로 산을 내려갔다. 제자들이 자리를 정리했다. 자리를 정리할 것도 없었다. 평지보다 조금 높은 바위가 강단이었고 풀밭이 의자였기 때문이었다. 하늘에 구름이 흘러가고 있었다. 대지는 뜨거웠지만, 하늘은 아주 맑았다. 산을 내려가는 사람들의 발걸음은 맑은 하늘만큼이나 가벼웠다.

8
메시아 예수의 기적들

많은 병자들을 치유하신 후
바다를 건너기 위해
배에서 가만히 주무시던 예수는
거친 풍랑도 잠잠케 하시네

예수께서 한 나병 환자를 고치심(8:1-4; 막 1:40-45; 눅 5:12-16)

산상수훈을 베푸신 뒤 예수께서 산에서 내려오시자, 많은 사람들이 예수님의 뒤를 따랐다. 그때 어디선가 한 나병 환자가 가까이 다가오더니, 예수님 앞에 무릎을 꿇고 간절한 목소리로 말한다.

"주님! 이 몸은 아무 쓸모없는 나병 환자입니다. 그러나 주님께서 원하신다면, 이 몸을 능히 고쳐주실 수 있습니다."

아, 나병 환자! 성경시대에 하늘의 형벌로 여겨진 가장 처절하고 끔찍한 병. 누구든지 나병 환자로 판명되면, 그는 자기 옷을 찢으며 머리를 풀고 손으로 윗입술을 가린 채, "나는 부정하다! 나는 부정하다!" 하고, 크게 외쳐야 했다.

여기서 옷을 찢고 머리를 풀어헤친 것은 극도의 슬픔을 표현하는 방식이고, 손으로 윗입술을 가린 것은 자신이 가증스런 존재가 되었음을 나타내는 자기비하의 방식이었다. 또 나병 환자가 "나는 부정하다!"하고 거듭해서 크게 외치는 것은 다른 사람들의 접근을 막기 위함이다. 그렇게 함으로써 위생적으로는 병의 감염을 막았고, 율법의 정결례 상으로는 혹시 모를 접촉으로 인해 다른 사람들이 부정하게 되는 것을 방지하였다.

그런 나병 환자가 예수님께 나아와 고쳐줄 것을 간구하고 있었다. 예수께서는 그 나병 환자를 불쌍히 여기셨다. 그래서 그 나병 환자를 부드럽게 만지시며 말씀하신다.

나병 환자에 관한 모세 율법에 따르면, 나병 환자는 종교 의식상 부정한 자로 규정되었기에 누구든지 접촉하는 것이 금지되었다. 그래서 나병 환자는 사회 공동체에서 격리되었고, 그들 스스로도 죽은 자처럼 처신해야 했다. 하지만 예수님은 접촉해서는 안 되는 자와 접촉하심으로써 자신의 권위가 율법의 문자적 권위보다 더 우월하다는 것을 나타내 보이셨다. 정녕 예수님은 종교적 의식이 요구하는 것보다 사람이 요구하는 필요에 더욱 관심을 기울이셨다. 오랜 세월 동안 사람들에게서 격리되어 살아온 그 나병 환자는 얼마나 사람의 손길을 그리워했겠는가!

"알았소. 내가 당신을 고쳐주겠소. 자, 이제 깨끗하게 되시오!"

순간, 예수님의 이 말씀 한마디에 놀라운 기적이 일어났다. 나병 환자가 즉시 치유된 것이다! 나병이 감쪽같이 없어지고 정상인이 된 것이다.

"아, 아, 내가, 내가 나았다! 내 몸에서 나병이, 나병이 없어졌다!"

감격에 벅차 환희의 비명을 지르는 나병 환자, 아니 이젠 나병에서 고침 받은 그 사람에게 예수께서 인자한 음성으로 말씀하신다.

"당신은 이 일을 아무에게도 말하지 마시오. 다만 제사장에게로 가서 당신의 몸을 보인 뒤에, 모세 율법이 정한 대로 하나님께 예물을 바쳐 사람들에게 당신의 몸이 깨끗해진 것을 보여주도록 하시오."

모세 율법에 의하면, 병에서 고침 받은 나병 환자는 제일 먼저 제사장에게로 가서 자신의 나은 몸을 보여줌으로써 나병이 완쾌되었음을 공식적으로 인정받아야 했다. 그런 뒤에 율법에서 규정하고 있는 예물을 하나님께 바쳐야만 사회 공동체에 복귀해서 일상적인 삶을 영위할 수 있었다.

예수께서 백부장의 하인을 고치심 (8:5-13; 눅 7:1-10; 요 4:43-54)

하루는 예수께서 가버나움 성읍에 들어가셨다. 이곳은 예수님의 공생애 초기 사역의 중심지로, 갈릴리 호수의 북서쪽에 있었다. 중요한 군사지역으로 당시 팔레스타인의 분봉왕인 헤롯 안디바의 부대가 주둔하고 있었다. 그때 한 백부장이 다가와 무릎을 꿇고 예수님께 간구한다. 백부장은 휘하에 100명의 군사를 거느린 로마 군대의 중간급 지휘관이다.

"주님, 제 하인이 지금 중풍으로 쓰러져 몹시 고통받고 있습니다. 그러하오니 주께서 그 하인을 고쳐주십시오."

"그래요? 알았소. 내가 가서 고쳐주겠소."

"아, 아이고, 아닙니다. 주님! 이 몸은 주님을 저의 집에 모실 자격이 없습니다. 주님이 이 자리에서 '나아라!'하고 말씀만 하셔도, 제 하인은 능히 나을 것입니다. 이 몸에겐 윗사람도 있지만, 부하들도 많이 거느리고 있습니다. 제가 부하들에게 '가라!' 하면 가고, '오라!' 하면 옵니다. 하인에게 어떤 일을 시키면, 하인은 그 일을 합니다. 그처럼 주님께서 단지 말씀만 하셔도 제 하인의 병이 거뜬히 나을 줄 믿습니다."

예수님은 백부장의 말에 크게 놀라면서 감탄하셨다. 이때 예수님은 이 이방인 장교가 대부분의 유대인들보다 영적으로 더 깨어 있다는 사실에 놀라신 것이다. 그래서 주변에 있는 사람들에게 말씀하신다.

"나는 이제껏 이스라엘 온 땅에서 이만한 믿음을 가진 사람을 아무에게서도 본 일이 없습니다. 이 백부장처럼 믿음이 좋은 수많은 이방 사람들이 장차 동서남북의 사방에서 모여들어, 아브라함과 이삭과 야곱과 함께 천국의 잔치 자리에 앉을 것입니다. 그러나 천국의 본래 자손들 가운데서는 어두운 곳으로 쫓겨나 땅을 치며 슬피 통곡할 사람이 많을 것입니다."

'천국의 본래 자손들'은 유대인들을 가리킨다. 비록 유대인들이 하나님의 율법과 약속에 있어 본토 태생일지라도, 그들 역시 천국 백성이 되기 위해서는 예수님을 구주로 믿는 믿음이 꼭 필요했다. 이처럼 믿음은 유대인이든 이방인이든 국적에 관계없이 누구든지 천국 백성이 되는데 반드시 필요한 전제 조건이었다.

"자, 이제 일어나 집으로 가시오. 당신의 믿음대로 될 것이오."

백부장의 믿음대로 되었다. 예수께서 백부장에게 말씀하신 바로 그 시각, 백부장 집의 그 하인은 언제 아팠느냐 듯 병에서 말끔히 고침 받았다.

예수께서 많은 환자들을 고치심 (8:14-17; 막 1:29-34; 눅 4:38-41)

하루는 예수께서 베드로의 집에 가셨을 때였다. 베드로는 나이도 있고 또 예수님께 가장 먼저 부르심 받은 제자였던 관계로, 여러 제자들 중 수석 제자로 활동하고 있었다. 때에 베드로의 장모는 심한 열병으로 앓아누워 있었다.

"이런…, 베드로야! 장모님께서 많이 편찮으시구나. 내가 고쳐주마."

예수께서 베드로 장모의 손을 잡으시자 놀랍게도 즉시 열이 내렸다. 다시 건강해진 베드로의 장모는 누워있던 자리를 털고 일어나, 예수님을 대접하려고 활기찬 모습으로 부지런히 식사 준비를 하였다.

"아, 저분이 바로 어떤 병자든 능히 고치신다는 예수님이로구나!"

날이 저물자, 많은 사람들이 예수님을 찾아 몰려왔다. 본인이 병자인 경우도 있었고, 가속이나 친척 가운데 있는 병자를 데리고 찾아온 사람들도 있었다. 특히 귀신 들린 사람들을 많이 데려왔다. 그러자 예수께서는 권능의 말씀으로 귀신들을 다 쫓아내셨고, 이런저런 병자들을 전부 고쳐주셨다. 이로써 무려 700여 년 전에 장차 오실 메시아의 사역에 관해 선포하신 이사야 선지자의 예언이 그대로 이루어진 셈이다.

"그분은 몸소 우리의 병약함을 짊어지셨고, 우리의 질병을 대신 떠맡으셨도다"(사 53:4).

예수님을 따를 자들의 자세(8:18-22; 눅 9:57-62)

신선하고 획기적인 복음의 말씀에다 온갖 병자들까지 고쳐주시자, 예수님 주변에는 항상 수많은 사람들이 몰려들었다. 제자 그룹에 끼워달라고 자원하는 자들도 있었다. 그날도 하염없이 사람들이 몰려드는 것을 보시고는, 예수께서 제자들에게 갈릴리 호수 건너편으로 건너가라고 지시하셨다. 바로 그때였다. 한 율법 교사가 예수께 나아와 자신 있게 말한다.

"선생님, 저는 선생님이 가시는 곳이면 어디든지 따라가겠습니다."

"정말 그리하겠소? 그런데… 보시오, 여우도 굴이 있고 새들도 보금자리가 있소. 하지만 인자는 머리 둘 곳조차 없다오."

여기서 예수님은 스스로를 일컬어 '인자'라는 말을 처음 사용하셨다. 인자(人子)는 '사람의 아들'이란 뜻으로, 인류 구원을 위해 사람의 몸을 입고서(곧, 성육신하셔서) 이 땅에 오신 메시아의 인성(人性)을 강조한 명칭이다. 이 같은 예수님의 답변을 듣고서, 그 율법 교사는 뜨악한 표정을 지으며 슬금슬금 뒷걸음질 쳤다. 그러던 중 무리들 가운데 또 한 사람이 선뜻 앞으로 나서며 예수께 말한다.

"선생님, 저는 부친의 장례를 치르고 와서 선생님을 따르도록 하겠습니다."

"정말 나를 따르고 싶소? 그렇다면 죽은 사람의 장례는 죽은 사람들에게 맡기고, 당신은 즉시 나를 따르시오."

참으로 의아한 가르침이었다. 예수님의 답변을 듣고서, 그 사람 역시 멈칫거리며 예수님 따르기를 주저했다. 이때 예수께서 하신 말씀의 뜻은 이러하다. 영혼이 죽은 자들로 하여금 육신이 죽은 자를 장사하게 하라는 말이다. 이는 죽은 부친을 장사하지 말라는 의미가 아니라, 매사에 있어 육신의 문제보다는 천국 복음을 전하는 일이 더욱 중요하고 시급하다는 것을 강조해서 일러주신 것이다. 하지만 그 사람은 이 같은 말귀를 못 알아들었다.

이처럼 예수님을 따르겠다고 자신 있게 나섰던 사람들이 예수님의 답변을 듣고서 크게 낙담하며 모두 떨어져 나갔다. 그렇다면 예수님은 왜 자신을 따르겠다는 사람을 낙담케 하셨는가? 사실은, 낙담케 하신 것이 아니라 단지 진실을 말했을 뿐이다. 스승이 제자에게 수업료가 얼마인지를 말해주듯, 예수님도 자신의 제자가 되기 위해서는 값비싼 자기희생의 대가를 지불해야 한다는 사실을 미리 말해주었을 뿐이다. 즉, 예수님은 자신의 제자가 되려는 자들에게 먼저 제자 됨의 올바른 자세를 일러주셨다. 그 자세는 이러하다.

① 제자는 부귀영광이 아니라 고난과 역경을 감수해야 한다. ② 제자는 모든 일에 앞서 하나님 나라의 일을 가장 우선시해야 한다. ③ 제자는 세상적인 미련을 아낌없이 모두 떨쳐버려야 한다.

예수께서 풍랑을 잔잔케 하심(8:23-27; 막 4:35-41; 눅 8:22-25)

이제 예수께서 갈릴리 바다를 건너가시려고 배에 오르셨고, 뒤이어 제자들도 배를 탔다. 예수님과 제자들이 배를 타고 갈릴리 바다 중간쯤 갔을 때다. 난데없이 갑작스럽게 큰 폭풍이 일더니 바다 물결이 배보다 높이 솟구쳐 올랐다. 그런데도 예수님은 심신이 무척 피곤하셨는지 높은 파도에 아랑곳없이 배 안에서 깊이 주무시고 계셨다. 거친 파도가 배를 집어삼킬 듯이 달려들자, 크게 겁먹은 제자들이 예수님을 급히 흔들어 깨우며 소리친다.

"아, 주님! 주님! 우릴 살려주십시오! 지금 우리가 물에 빠져 다 죽게 생겼습니다. 얼른 서둘러 주십시오!"

제자들의 호들갑에 잠에서 깬 예수께서 몸을 일으켜 세우면서 말씀하시자, 제자들이 너도나도 야단법석이다.

"아이고, 주님! 보십시오. 지금 큰 폭풍이 일어 배를 집어삼킬 듯이 파도가 몰아치고 있습니다. 이러다 우리가 다 죽게 생겼습니다!"

두려움에 빠져 어쩔 줄 몰라 허둥대는 제자들, 그런 제자들의 모습을 보시고 예수께서 책망하신다.

"믿음이 적은 자들아, 어찌하여 그렇게들 두려워하는 것이냐!"

그러고는 거센 바람과 거친 바다를 향해 꾸짖듯 명하신다.

"바람아, 그쳐라! 바다야, 너도 그만 잠잠하라!"

예수님의 말씀이 입에서 떨어지자마자, 언제 그런 일이 있었느냐 듯 폭풍이 뚝 그치고 파도가 곧 잠잠해졌다. 바람 한 점 없이 잔잔한 물결만이 가볍게 일렁이는 평화로운 바다가 되었다. 그제야 제자들이 비로소 정신을 차리고서 모두가 크게 놀라워한다.

바람아, 그쳐라! 파도야, 잠잠하라!

"아, 대체 예수님은 누구시기에 바람과 바다까지도 이분의 말에 순종하는 거지?"

이에 대한 답변은 분명하다. 예수님은 본질상 성자 하나님으로 성부 하나님, 성령님과 함께 우주 만물을 창조하신 분이시며, 또한 그 만물을 다스리시는 분이시기 때문이다. 그러하니 어찌 그분의 피조물 된 바람과 바다가 그분의 명에 순종하지 않을 수 있겠는가!

귀신 들린 두 사람과 돼지 떼(8:28-34; 막 5:1-20; 눅 8:26-39)

그런 일이 있고서, 예수께서 제자들과 함께 갈릴리 바다 건너편의 가다라 지방에 도착하셨을 때다. 가다라 지방은 데가볼리 지역의 한 성읍인데 이방인들이 사는 곳이다. 갈릴리 바다에서 동남쪽으로 10km 정도 떨어져 있다.

가다라 지방에는 석회암으로 이뤄진 언덕이 있고 거기에 무덤들이 있었는데, 조그만 골방이나 동굴 식(式)으로 되어 있었다. 귀신들린 자에게는 거처하기에 그만이었다. 그때, 귀신 들린 두 사람이 무덤 사이에서 나오다가 예수님 일행과 딱 마주쳤다. 그들 귀신 들린 두 사람이 갑자기 예수님을 향해 소리를 크게 지른다.

"아, 아, 하나님의 아들이여! 우리를 어떻게 하실 작정입니까? 아직 때가 되지도 않았는데, 어찌하여 우리를 찾아와 괴롭히려 하십니까?"

여기 귀신 들린 두 사람이 외친 말 가운데 '때가 되지 않았다는 말'에 주목하라! 그 말은 사탄과 귀신들의 무리가 최후 심판을 받게 될 세상 종말의 때를 가리킨다. 사탄과 그의 수하들인 귀신들의 최종 운명은 마지막 심판 때에 정죄를 받고 영영 지옥 불에 떨어지는 것이다. 그렇다면 사탄(마귀)의 졸개들인 귀신은 어떤 자들인가?

놀랍게도 귀신은 본래 천사였다. 하지만 하나님께 대항한 천사장이었던 사탄을 따라 함께 타락하여 지상으로 내쫓긴 악령들이다. 이처럼 악한 영들인 귀신은 폭력적이고 사악하며, 때때로 질병을 일으키고, 도덕을 붕괴시킨다. 하나님의 아들이신 메시아 예수는 귀신들의 왕인 사탄마저도 가볍게 이기셨기에, 그의 졸개들인 귀신들은 상대조차 되지 않을 정도로 아주 쉽게 제압하셨다.

이때 귀신 들린 두 사람, 다시 말해 두 사람 속에 들어간 귀신들은 하나님의 아들이신 메시아 예수를 알아보고는 벌벌 떨며 부르짖은 것이다. 때마침, 거기서 조금 떨어진 곳에 돼지 떼들이 우글거리고 있었다. 대략 2천 마리쯤 되었다. 그 돼지 떼를 보며 귀신들이 예수님께 싹싹 빌며 애걸한다.

"오, 당신께서 우리를 이들의 몸에서 쫓아내실 생각이라면, 저 돼지 떼들에게로 우리가 들어갈 수 있도록 허락해 주십시오. 제발…."

사악한 존재인 귀신들이 이런 부탁을 하는 의도가 있었다. 자기들이 돼지떼 속으로 들어가 돼지 떼를 몰살시켜 버림으로써 물질적인 손해를 입은 그 지방 사람들이 예수를 배척하기를 바랐던 것이다. 물론, 예수님은 이 같은 귀신들의 간교한 의도를 아셨다. 하지만 오랫동안 귀신들에게 상하고 찢긴 두 영혼에 대한 긍휼과 사랑이 더욱 크셨기에, 예수님은 귀신들의 요구를 받아들이신다.

"좋다! 그들에게서 즉시 나와, 저 돼지 떼에게로 들어가라!"

예수께서 허락하시자, 귀신들은 그 두 사람에게서 뛰쳐나와 돼지 떼 속으로 들어갔다. 그러자 멀쩡하던 돼지 떼가 갑자기 미친 듯 비탈을 마구 날려 아래로 치닫더니, 2천 마리나 되는 돼지들이 전부 물속에 풍덩풍덩 빠져 죽었다. 이런 광경을 보고, 돼지 치던 사람들이 마을로 달려가 사람들에게 이 일을 알렸다.

"뭐, 뭐라고? 그게 정말이냐? 세상에 어찌 그런 일이…!"

돼지 떼가 몰살당했다는 소식을 들은 마을 사람들, 예수께로 우르르 달려 나오더니 예수님을 보고는 자기네 마을에서 속히 떠나 달라고 간청하였다. 마을 사람들은 귀신들로부터 놓임 받은 두 사람에 대해선 아무런 관심 없이, 그저 예수님으로 인해 또 다른 물질적 피해가 생길까 봐 두려워했기 때문이다. 참 야속한 세상인심이다.

9
마태의 소명과 병자의 치유

예수께 온 눈먼 두 사람
믿음대로 되어 눈이 밝아지고
귀신 들려 벙어리가 된 사람도
곧바로 고쳐 입을 열게 하시네

예수께서 중풍병자를 고치심 (9:1-8; 막 2:1-12; 눅 5:17-26)

마을 사람들에게 배척당하여 가다라 지방을 떠나신 예수님, 그분께서는 다시 배를 타고 갈릴리 바다를 건너 초창기 복음 사역의 중심지로 삼은 자기 마을 가버나움으로 돌아오셨다. 때에 사람들이 중풍병자 한 사람을 침상에 누인 채로 그를 예수께 데려왔다. 침상은 네 사람이 귀퉁이를 들어 운반할 수 있는 두꺼운 담요였을 것이다. 그들은 그 환자를 예수께로 데려가면 분명 나을 수 있으리라고 확신하였다. 예수께서는 그 사람들의 믿음을 장하게 여기시고, 중풍 병자에게 말씀하신다.

"안심하시오, 아들이여! 내가 당신의 죄를 용서하였소."

그러자 그 자리에 있던 율법 교사 몇 사람이 예수님의 그런 말을 듣고서 깜짝 놀라며 속으로 생각한다.

'뭐야? 예수 저 사람이 자기가 마치 하나님인 것처럼 말하다니…, 지금 이 사람이 하나님을 모독하고 있군.'

그때 예수께서 그들의 생각을 아시고서 말씀하신다.

"어찌하여 당신들은 그렇게 악한 생각을 하는 것이오? '당신의 죄를 용서한다.'라는 말과 '일어나 걸어가라!'라고 하는 말 중에 어느 말을 하기가 더 쉽겠소?"

병 고치는 이적을 베푸는 것이 더 쉽다는 말을 강조해서 표현한 것이다. 죄 사함은 오직 하나님만이 가질 수 있는 권세이지만, 병 고치는 이적은 능력 있는 하나님의 사역자들도 능히 가질 수 있는 권세이기 때문이다. 이제 예수님은 자신이 병 고치는 이적을 베푸는 권세는 물론이고, 죄 사함의 권세까지도 가지고 있는 자임을 분명히 선포하신다.

"그렇소! 인자에게는 세상에서 죄를 용서할 권세가 있소."

죄인인 인간이 인간의 죄를 사할 수는 없다. 죄 사함은 오직 하나님만이 하실 수 있다. 예수님은 하나님의 아들로서, 곧 성자(聖子) 하나님이시기에 죄 사함의 권세를 가질 수 있었다. 그러하기에 하나님이신 예수님에게 있어 병 고치는 이적을 베푸는 일쯤은 아주 쉬웠다.

"이제 내가 이 사람을 낫게 하여 당신들에게 그 증거를 보이겠소."

예수께서는 그 중풍 병사에게로 돌이서서 힘차게 명령하신다.

"이제 침상에서 일어나, 당신의 침상을 들고 집으로 가시오. 당신의 병이 다 나았소."

그러자 중풍 들었던 그 사람은 언제 그랬느냐 듯 즉시 침상에서 일어나더니, 제 발로 뚜벅뚜벅 걸어서 자기 집으로 돌아갔다.

그 광경을 본 사람들은 몹시 두려워하며 사람에게 이런 권세를 주신 하나님을 찬양하였다.

예수께서 마태를 제자로 부르심 (9:9-13; 막 2:13-17; 눅 5:27-32)

죄를 사하신 후 중풍 병자를 고치신 예수님은 그곳을 떠나 다시 길을 가셨다. 길 가던 중에 예수께서는 '마태'라는 사람이 가버나움

세관에 앉아 있는 것을 보셨다. 가버나움은 상업과 교통이 발달했던 다마스쿠스와 갈릴리 지역의 해안 도시들과 연결되는 길목에 있었다. 육상 및 해상으로 운반되는 상품들에 대해 관세를 부과하기에 적합했던 곳이다. 그곳 세관에서 일하고 있는 마태를 한참 동안 주목하여 보신 예수님, 무언가 결심한 듯 입을 열어 그에게 말씀하신다.

"보시오, 당신은 이제부터 나를 따르도록 하시오."

세리(稅吏) 마태를 제자로 부르신 것이다. 그러자 마태는 자리에서 벌떡 일어나 뚜벅뚜벅 걸어 예수님 앞에 엎드렸다. 그건 말씀에 대한 순종의 표시였다. 이 세리가 마태복음을 기록한 바로 그 마태다. 주님의 부르심에 겸손한 마음으로 순종한 결과, 부당한 돈을 취급하던 손이 변하여 메시아 예수의 복음을 기록한 거룩한 손이 된 것이다.

예수께 부름 받을 당시 마태의 직업은 세리였다. 당시에 세리는 유대를 지배한 로마 정부를 위해 세금을 걷는 사람들이다. 유대인들은 자신들을 지배하고 있는 이방 제국을 위해 동포의 혈세를 거두는 세리들을 무척 미워하고 멸시했다. 그래서 세리를 창녀 및 죄인과 같은 부류로 취급했다. 대부분의 세리들은 부를 쌓고 자신들의 배를 불리기 위해 종종 규정보다 더 많은 세금을 거두었다. 심지어 어떤 세리들은 큰길에 야외 사무소까지 차려놓고 사람들이 나르는 물건들에 대해 세금을 걷기도 했다. 마태는 그런 삶에 대한 회의를 강렬하게 느끼면서 예수님의 복음에 대해 깊이 생각하

세리 마태를 제자로 부르시는 예수님

던 중에 제자로 부르심 받은 것이다.

어느 날, 예수께서는 제자들과 함께 세리 마태의 집에서 식사를 하셨다. 그 자리에는 마태의 동료 세리들은 물론이고, 당시 죄인으로 취급받은 이방인들도 많이 참석했다. 이런 모습을 유대 정통파 경건주의 자들인 바리새파 사람들이 보았다.

유대 사회에서 식사는 서로 간의 인정과 우정, 평화와 사랑, 언약 공동체의 확인을 의미한다. 따라서 죄인의 대명사인 세리 및 창기들과 식사를 하는 것은 매우 불경스러운 일이었다. 따라서 그들에게 지금 상황은 한 건을 올릴 좋은 기회였다. 백성들에게서 선지자로 추대되는 자가 죄인들과 같은 자리에서 어울리는 현장을 딱 잡은 것이다. 그래서 그들은 따지듯 예수의 제자들에게 말한다.

"이것 보시오, 당신네 선생은 왜 저런 죄인들과 어울리는 기요?"

그건 제자들에게만 하는 말이 아니었다. 예수도, 죄인들도 들으라는 소리였다. 죄인들에게는 분수 넘치는 행동을 하지 말라는 경고였고, 예수에게는 꼬투리를 잡기 위한 일종의 밑밥이었다. 자기들의 말을 듣고 예수가 율법에 어긋나는 주장을 해주기를 바란 것이다. 이때 예수께서 들으시고 바리새인들을 향하여 대답하신다.

"건강한 사람에세 의사가 필요하겠소? 아니면, 병든 사람에게 의사가 절실하겠소?"

"그야 당연히 병자들에게 의사가 필요하지요!"

"바로 그것이오! 나 역시 의인을 부르러 온 것이 아니라 죄인을 부르러 왔소. 당신들은 가서 '나는 자비를 원하고 제사를 원치 않는다.'란 하나님의 말씀이 무슨 뜻인지 제대로 배우도록 하시오."

여기서 '건강한 사람' 또는 '의인'이란 바리새인들이나 사두개인들처럼 자신을 의롭다고 여겨 더는 사죄의 은총이 필요하지 않다고 생각하는 사람을 가리킨다. 반면에 '병든 사람' 또는 '죄인'이란 세리나 창녀나 이방인들처럼 영육(靈肉)이 곤고하여 사죄의 은총과 치료를 필요로 하는 사람을 가리킨다.

금식에 대한 질문 (9:14-17; 막 2:18-22; 눅 5:33-39)

하루는 세례 요한의 제자들이 예수께로 나아왔다. 그들은 예수님도 자기 스승과 같은 편이라고 생각했다. 스승에게서 세례를 받았으니 당연히 같은 전통과 같은 목표를 가져야 한다고 생각했다.

세례 요한은 전통으로 내려오는 금식을 중요하게 여겼다. 월요일과 목요일을 정해놓고 규칙적으로 금식하였으며, 속죄일과 부림절 전날에도 금식하였다. 유대 지방에 이미 오래전부터 정해져 내려오던 금식 규례다. 세례 요한은 금식의 전통을 계속 지켜나가도록 제자들에게 가르쳤다. 때에 세례 요한은 헤롯을 비난한 일로 투옥된 상태였기에, 제자들은 스승의 석방을 바라며 더욱 금식하며 기도하는 중이었다.

하지만 예수님과 그의 제자들은 정해진 금식일에 금식하지 않았다. 세례 요한의 제자들은 그들이 왜 금식하지 않는지 대단히 궁금하게 여겼다. 자기들의 스승은 옥에 있는데, 스승에게서 세례를 받은 예수님은 별로 관심을 보여주지 않았다. 그래서 속상한 마음에 불만 섞인 음성으로 예수께 묻는다.

"왜 선생의 제자들은 금식을 하지 않는 것입니까?"

금식은 구제 및 기도와 함께 경건한 유대인이라면 반드시 준수해야 하는 종교 행위였다. 그런데 당시 큰 선생으로 인정받던 예수님이 자주 금식하기는커녕, 도리어 금식하는 날에도 사람들과 어울려 즐겨 음식 먹는 것을 보고 예수님을 못마땅하게 생각했다. 예수께서 답하신다.

"결혼식에 온 신랑의 친구들이 신랑과 함께 있으면서 어찌 슬퍼할 수 있겠소. 하지만 이제 곧 신랑을 빼앗길 날이 올 터인데, 그때가 되면 그들도 금식할 것이오."

그야말로 동문서답이다. 비유로 답하셨기 때문이다. 여기서 '신랑'은 예수님 자신을, '신랑의 친구들'은 제자들이다. 예수님은 제자들과 더불어 땅 위에 있는 기간을 혼인 잔치에 비유하면서, 잔치 중에는 금식이 적절하지 못하다고 말씀하신 것이다. 하지만 '신랑을 빼앗길 날' 곧 예수께서 십자가 죽임을 당할 날이 머잖아 올 터인데, 그때가 되면 얼마든지 금식할 수 있다는 뜻이다. 예수님은 계속 말씀하신다.

"낡은 옷에다 새 천 조각을 대고 깁는 사람이 있겠소? 그렇게 하면, 새 천 조각이 낡은 옷을 당겨서 더욱 심하게 찢어질 것이오. 낡은 가죽 부대에 새 포도주를 담는 사람이 있겠소? 그렇게 하면, 낡은 가죽 부대가 터져 포도주가 쏟아지고 부대는 버리게 될 것이오. 새 포도주는 새 부대에 담아야 하오. 그래야 둘 다 보존될 수 있소."

새 천 조각을 낡은 옷에다 대고 기워서는 안 되고, 새 포도주를 낡은 가죽 부대에 넣어서도 안 된다. 새 포도주의 강한 발효성 때문에 낡은 가죽 부대가 견디지 못하여 터져버리기 때문이다. 여기서 '낡은 가죽 부대'는 유대교의 체계이고, '새 포도주'는 천국 복음을 가리킨다. 생명력 있는 역동적인 천국 복음이 낡은 유대교의 전통과 관습의 체계 속에는 도무지 담겨질 수 없다는 뜻이다.

예수님은 역시 큰 스승이었다. 자기들의 스승인 세례 요한처럼 포효(咆哮)하는 외침은 아니어도, 다정다감한 그 말 속에는 놀라운 권위와 설득력이 있었다. 세례 요한의 제자들은 부러움의 눈길로 예수님의 제자들을 바라보았다. 얼핏 옥에 갇혀 있는 스승의 초췌한 얼굴이 떠올랐다. 가슴이 뭉클해온다.

회당장의 딸과 혈루병 걸린 여인(9:18-26; 막 5:21-43; 눅 8:40-56)

예수께서 세례 요한의 제자들에게 이 같은 말씀을 하고 계실 때였다. 한 회당장이 급히 달려오더니 예수께 절하며 말한다.

"아, 선생님! 제 어린 딸이 방금 죽었습니다. 그러나 선생님이 저희 집에 오셔서 제 딸에게 손을 얹어주신다면, 제 딸은 다시 살아날 것입니다."

굉장한 믿음이다! 예수께서 죽은 딸도 능히 살릴 수 있다고 믿은 것이다. 그 믿음을 보시고, 예수께서 그 회당장을 따라가셨다. 제자들도 함께 뒤따랐다. 그렇게 회당장의 집으로 가던 도중, 12년 동안이나 하혈(下血)로 고생하던 한 여인이 예수님의 뒤를 가깝게 따라오더니 슬그머니 예수님의 옷자락을 만졌다. 그 여인은 예수님의 옷자락만 만져도 자기 병이 나을 거라고 믿었던 것이다. 회당장 못지않은 큰 믿음이다! 예수께서는 누군가 자신의 옷자락을 만진 것을 알아차리시고는 가던 길을 멈추고서 뒤돌아서서 보았다. 한 가련한 여인이 크게 두려워하며 어쩔 줄 몰라 하고 있었다. 예수께서는 인자한 얼굴로 그 여인을 보시고 부드럽게 말씀하신다.

"딸이여, 안심하시오. 당신의 믿음이 당신을 낫게 하였소."

예수님의 그 말씀이 떨어지자마자, 그 여인의 병이 즉시 나았다. 그동안 온갖 용한 의사를 다 찾아다니고, 온갖 좋다는 약재를 다 구해서 먹어봐도 아무 소용없던 그 혈루병이, 12년 동안 하루도 그치지 않고 지속되던 지긋지긋한 하혈이 뚝 멈춘 것이다. 그 여인의 기쁨인들 어찌 말로 다 표현할 수 있으랴!

마침내 예수께서 회당장의 집에 이르렀다. 그때 사람들은 '아이고~! 아이고~!'하며 피리 부는 사람들과 함께 떠들썩하게 곡을 하고 있었다. 고대 중근동 지역의 장례식 문화에서는 곡하는 자들이 아무런 절제 없이 자신들의 슬픔을 마음껏 분출했다. 보다 떠들썩한 곡은 보다 큰 슬픔의 표현이었다. 그래서 상(喪) 당한 가족은 자신들의 통곡을 도와줄 전문적인 호곡군(號哭軍)을 고용하기도 했다. 그때 예수께서 곡하는 자들에게 말씀하신다.

"자, 이제 다들 물러가십시오. 그 아이는 죽은 것이 아니라, 단지 잠자고 있을 뿐입니다."

"아니, 도대체 무슨 소리인가? 글쎄? 무얼 잘못 알고 오신 것 같군."

모두들 예수님의 말을 비웃으며 코웃음 쳤다. 어쨌든 곡하는 사람들이 모두 밖으로 나가자, 예수께서는 방으로 들어가 침상에 누워있는 소녀의 손을 부드럽게 잡으셨다. 그러자 그 소녀는 정말로 잠에서 깨어난 듯 즉시 자리에서 일어났다. 그런 뒤 두 발로 걸어서 밖으로 나가자, 그 모습을 본 사람들이 너나 할 것 없이 크게 놀랐다.

"보라, 죽은 애가 살아났다! 와, 정말로 살아났다!"

사람들은 저마다 자신이 본 그 놀라운 일을 전하기에 바빴고, 그 결과 죽었던 소녀가 예수님의 치료를 받고 다시 살았다는 소문은 날개 달린 듯 온 사방으로 퍼져나갔다. 회당장은 살아난 딸을 가슴에 품고 감격의 눈물을 흘렸다. 소녀의 나이는 꽃처럼 아름다운 열두 살, 꺾이기에는 너무나 아까운 꽃이었다. 그래서 예수님은 제 아비의 품에 꽃처럼 아름다운 딸을 도로 안겨준 것이다.

맹인 두 사람과 말 못하는 사람을 고치심 (9:27-34)

죽은 회당장의 딸을 다시 살리신 예수님, 사람들의 웅성거림을 뒤로 하고 그곳을 떠나 길을 가셨다. 그때, 눈이 먼 두 사람이 예수님을 줄곧 뒤따라오면서 큰소리로 외친다.

"다윗의 자손이여! 우리를 불쌍히 보시고, 우리에게 자비를 베풀어 주십시오."

'다윗의 자손'이란 말은 다윗의 가문을 통하여 이 땅에 오실 것으로 약속된 '메시아'에 대한 호칭이다. 그런데 예수께서는 정치적 메시아로 오해받기 쉬운 이 호칭을 피하고, 대신에 '사람의 아들'이란 뜻을 지닌 '인자(人子)'라는 호칭을 즐겨 사용하셨다. 예수님은 두 맹인의 외침에 반응하지 않고 어떤 집으로 들어갔다. 그러자 그들도 예수님을 뒤따라 그 집으로 들어왔다. 때에 예수께서 그들에게 물으신다.

"내가 당신들의 눈을 뜨게 해줄 수 있다고 믿는 것이오?"

"네, 주님! 우리가 믿습니다!"

확신에 찬 목소리였다. 그러자 예수께서 그들의 눈을 만지시며 말씀하신다.

"좋소, 당신들의 믿음대로 될 것이오."

그 말씀이 떨어지자마자, 두 맹인의 눈이 즉시 밝아졌다.

"오, 보인다. 보여! 이제 내가 볼 수 있게 되었다!"

두 맹인은 감격에 겨워 어쩔 줄 모르고 좋아했다. 그때, 예수께서는 이 일을 아무에게도 말하지 말라고 특별히 당부하셨다. 그건 사람들의 오해를 방지하기 위함이었다. 만일 예수께서 베푼 놀라운 이적이 널리 알려질 경우, 당시 메시아를 간절히 기다리고 있던 유대인들은 예수님을 육신의 질병을 고쳐주고 로마의 압제에서 자신들을 구원해 줄 정치적 메시아로 떠받들 우려가 충분히 있었다. 그렇게 되면, 영혼 구원을 위한 메시아의 십자가 사역이 크게 방해를 받을 수 있었다. 그래서 예수님은 방금 치유를 받아 크게 들떠 있는 두 맹인에게 그 일을 여기저기에 발설하지 말 것을 특별히 당부하신 것이다. 그러나 그 놀라운 일을 어찌 감출 수 있으랴! 두 맹인은 자신들을 고쳐주신 예수님에 대한 소문을 온 지방에 널리 퍼뜨렸다.

두 맹인이 고침 받고 떠난 뒤, 사람들이 어찌 알고서 예수님을 찾아 귀신 들려 벙어리가 된 한 사람을 데려왔다. 예수께서 그 벙어리 된 사람에게서 귀신을 쫓아내자, 그 사람의 입이 열려 즉시 말을 했다. 그런 모습을 보고, 사람들이 크게 놀라서 외친다.

"아, 이런 일이! 이 같은 일은 일찍이 본 적이 없다! 참으로 놀랍다!"

그러나 똑같이 그런 모습을 본 바리새파 사람들, 무엇이 그리 못마땅한지 빈정거리는 어투로 말한다.

"쳇, 놀랍긴 뭐가 놀라워! 저 사람이 귀신을 쫓아내는 것은 귀신의 두목에게 힘을 빌려 그렇게 하는 것인데!"

'귀신의 두목'은 '바알세불'이라고도 불리는 마귀, 곧 사탄을 가리킨다. 시골 나사렛 출신으로 백성들의 인기를 한 몸에 받고 있던 예수를 크게 못마땅하게 생각하고 있던 사악한 종교 지도자들, 그들은 예수님의 이적이 사탄(마귀)의 능력으로 이루어졌다고 폄하하고 훼방함으로써 주님의 권능을 일체 부정하였다.

예수께서 목자 없는 양 같은 무리들을 불쌍히 여기심 (9:35-38)

유대 종교 지도자들의 폄하와 훼방에도 아랑곳없이, 예수께서는 갈릴리 지역의 모든 성읍들과 마을들을 두루 다니시면서 유대인의 회당에서 말씀을 가르치시고 천국 복음을 선포하셨다. 그러면서 다른 한편으로는 온갖 병에 걸린 사람들을 다 고쳐주셨다. 그러하니 예수님 주변에는 언제나 사람들이 구름떼처럼 몰려들었다.

예수께서는 그렇게 자신에게로 모여든 사람들을 보시고 언제나 불쌍히 여기셨다. 그들은 마치 목자 없는 양떼 같아서 어디로 가야 할지를 모르는 지치고 힘든 안쓰러운 백성들이었기 때문이었다. 그래서 예수께서는 종종 탄식하듯 제자들에게 말씀하시곤 하셨다.

"아, 추수할 것은 많은데 일꾼들은 턱없이 부족하구나. 그러니 너희는 주인께 요청하여, 추수할 일꾼들을 추수 밭으로 더 보내 달라고 하여라."

무슨 말일까? 세상에는 천국 복음을 받아들일 준비가 된 영혼들은 많은데, 그들에게 천국 복음을 전하고 가르쳐 실제로 구원에 이르게 할 복음 사역자들은 턱없이 부족하다는 뜻이다. 사정이 그러하니, 복음 사역자들을 더 많이 보내 달라고 하나님께 부지런히 간구하라는 의미다. 그렇게 말하는 동안에도 사람들은 꾸역꾸역 몰려들었다.

10

열두 제자의 파송

예수께서 열두 제자 파송하시네
식량과 신발과 돈을 갖추지 마라
양을 이리 떼 속에 보내는 것 같으니
뱀같이 지혜롭고 비둘기같이 순결해라

예수님의 열두 제자 (10:1-4; 막 3:13-19; 눅 6:12-16)

이 땅에 오신 메시아 예수. 그분께서는 자신의 사역을 보다 원활하게 수행하기 위해, 또한 자신의 죽음과 부활 이후에는 예수 그리스도의 증인이 되어 자신이 전한 메시지를 뭇 사람들에게 가르치면서 교회를 이끌어 나가도록 12명의 제자를 부르셨다. 이렇게 12제자를 부르신 후, 예수께서는 그들에게 권세와 능력을 부여해주셨다. 더러운 귀신을 쫓아내는 권세와 온갖 질병에 걸린 병약한 사람을 고칠 수 있는 능력을 주셨다.

이처럼 예수께 직접 부름 받은 뒤에 권세와 능력을 부여받은 12제자, 이들을 그냥 예수님을 따라다니면서 말씀을 듣고 배운 일반 제자들과 구별하여 특별히 '사도'라고 부른다. 사도(使徒)는 '보냄 받은 자'란 뜻이다. 초대교회의 상황하에서 복음 전파를 위해 예수께 직접 선택되어 보냄 받은 자를 가리킨다. 사도의 자격은 이러했다. ① 생전의 주님을 직접 보고 따른 자. ② 부활하신 주님을 직접 목격함으로써 예수 그리스도의 증인이 될 수 있는 자.

예수님의 12제자는 '12사도'로 불렸다. 그러나 그들 가운데 나중에 예수님을 배반한 가룟 유다가 탈락하고, 그를 대신하여 예수님의 승천 이후에 맛디아가 그 자리를 채웠다. 한편, 바울의 경우에는 그가 생전의 주님을 따른 자는 아니었지만, 다메섹 도상에서 부활의 주님을 직접 체험하고, 또한 예수님으로부터 직접 복음 전파의 사명자로 위임받았다는 점에서 특별히 사도로 인정받았다. 자, 그렇다면 본래 12제자(사도)는 누구인가? 그들의 이름은 이러하다.

① '베드로'라고도 불리는 시몬. '반석'이란 뜻을 지닌 '게바'란 별명도 갖고 있다. ② 베드로의 동생, 안드레. ③ 세베대의 아들, 야고보. ④ 역시 세베대의 아들로서 야고보의 동생인 요한. 형 야고보와 함께 '우레의 아들들'이란 별명을 갖고 있다. ⑤ 나다나엘을 전도한 빌립 ⑥ '나다나엘'로도 불리는 바돌로매. ⑦ '디두모'란 별칭을 갖고 있는 도마. ⑧ 가버나움 지역의 세리였던 마태. 예수의 제자가 되기 전의 이름은 '레위.' ⑨ 알패오의 아들, 야고보. 세베대의 아들 야고보와는 동명이인. ⑩ '유다'란 별칭을 가진 다대오. ⑪ 가나나인 시몬(열심당원). ⑫ 나중에 예수를 팔아넘긴 배반자, 가룟 유다.

전도자의 각오 (10:5-15; 막 6:7-13; 눅 9:1-6)

하루는 예수께서 천국 복음을 전하도록 제자들을 이스라엘 땅 사방으로 보내면서 이런저런 당부를 하신다.

"자, 이제부터 내가 하는 말을 귀담아 잘 듣도록 하여라."

"네, 주님. 말씀하십시오."

"이제 전도를 위해 너희를 보낸다. 너희는 일단 이방인들이나 사마리아 사람들이 사는 곳에는 가지 말고, 오직 이스라엘 집의 길 잃은 양떼에게로 가라."

예수님의 의도는, 이방인들이나 사마리아 사람들을 복음 전파에서 제외하고자 한 것이 아니다. 그것은 복음 전파에 있어 순서상의 문제였다. 인류를 향한 하나님의 구원 계획은 먼저 '이스라엘 집' 곧 유대인들로부터 시작하여 궁극적으로는 세상 모든 민족에게로 향하는 것이었다. 그래서 후일 승천하시기 직전에 예수님은 제자들에게 천국 복음을 들고 온 땅의 모든 민족에게로 가라는 지상(至上) 대명령을 주셨다.

"너희는 가는 곳곳마다 '천국이 가까이 이르렀다!'하고 선포하여라. 병자들을 고쳐주고, 죽은 자들을 살리고, 나병 환자들을 깨끗하게 하고, 더러운 귀신들을 쫓아내라. 하지만 아무런 대가도 바라지 마라. 너희가 거저 받았으니, 거저 주어야 한다."

전도의 핵심 메시지는 '천국이 가까이 이르렀다!'였다. 이 말은, 천국의 실체이신 예수 그리스도의 성육신으로 말미암아 천국이 이 땅에 이미 임했고, 점점 구체적으로 실현되어 가다가 세상 마지막 날에 최종 완성될 것이란 뜻이다. 이런 의미에서 천국의 시제는 완료형이고, 진행형이며, 미래형이다. 예수님의 당부는 이어진다.

예수께서 복음 전도를 위해 이스라엘 각처로 열두 제자를 파송하심

“돈은 한 푼도 가져가지 마라. 식량 자루나 여벌의 옷이나 신발이나 지팡이도 갖고 가지 마라. 일꾼은 마땅히 자기가 먹을 것을 얻을 자격이 있다.”

예수님은 제자들이 의식주 문제에 대해 하나님께 의존하기를 바라셨다. 또 천국 복음이 전도 대상자들에게서 먹을 것을 공급받을 수 있을 정도로 충분한 가치가 있다는 사실을 알기 원하셨다. 복음 전도자가 복음을 생계의 수단으로 이용해서는 안 되지만, 이처럼 전도의 결과로 인해 자연스럽게 주어지는 일용할 양식을 얻는 것은 마땅하다.

“너희가 어떤 마을에 들어가든 그중에 합당한 사람을 찾아보아라. 그래서 그 사람의 집에 묵게 되면, 평안을 빌고 축복해 주어라. 그 집이 복을 받을 만하면 너희가 비는 복을 받을 것이고, 그렇지 못하면 그 복이 너희에게로 되돌아올 것이다.”

제자들은 숙연한 자세로 잠자코 들었다. 처음 해보는 전도사역에 벌써 긴장이 된다. 손에서 땀이 난다.

“어느 마을이나 어느 집이든지 너희 말을 받아들이지 않거든, 그곳을 떠날 때 너희 발에 묻은 먼지를 탈탈 털어버려라. 내가 신정으로 말하노니, 심판 날에 소돔과 고모라보다 그 마을이 더 가혹한 벌을 받을 것이다.”

발에 묻은 먼지를 턴다는 것은 상대방과의 관계 단절을 뜻한다. 유대인들이 이방 땅에서 돌아올 때, 자신들의 거룩한 땅이 더럽혀지지 않도록 옷과 신발의 먼지를 탈탈 털어냈다. 이에 비유하여, 예수님은 복음 배척자들에게 경고한 것이다. 만일 누구든지, 어느 마을이든 복음을 거부한다면, 그들 역시 믿지 않는 이방인들처럼 하나님의 심판을 면치 못할 것임을 경고한 것이다. 그 심판은 가혹할 것인데, 옛적에 하나님의 유황불 심판을 받아 처절하게 멸망한 소돔과 고모라보다 더할 것이다.

세상은 복음을 받아들일 준비가 덜 된 상태다. 제자들이 전하는 복음에 어떤 이들은 환영할 것이고, 어떤 이들은 결사적으로 반대할 것이다. 무관심으로 응대할 사람들도 있을 것이다. 이때 제자들은 아직 제대로 훈련받지 못한 초보 전도자들이었다. 그러기에 주님의 당부는 길어질 수밖에 없다.

고난을 받아도 끝까지 견뎌라(10:16-23; 막 13:9-13; 눅 21:12-17)

"지금 내가 너희를 보내는 것이 마치 양을 이리 떼 가운데로 보내는 것과 같구나. 그러므로 너희는 뱀같이 슬기롭게 처신하고, 비둘기같이 순결하게 행동하여라."

예로부터 뱀은 지혜가 많은 영리한 동물을, 비둘기는 순수함을 간직한 순결한 동물을 상징했다. 예수님은 제자들이 잘 알아듣도록 익숙한 상징적 표현을 사용해서 말씀하신 것이다.

"너희는 무엇보다 사람들을 조심하여라. 어떤 사람들은 너희를 붙잡아 공회에서 심문하고, 회당에서 매질하기도 할 것이다. 또한 너희는 나 때문에 총독들과 왕들 앞에 끌려가 재판을 받게 될 것이다. 그러나 겁먹지 말아라. 바로 그때가 세상을 향해 나를 증언할 좋은 기회다."

공회는 유대의 종교 지도자들로 구성된 일종의 법정으로, 대공회(산헤드린)와 지방 공회로 나누어졌다. 산헤드린(대공회)은 '함께 모여 앉는다'란 뜻으로, 이스라엘 최고의 의결기구 내지는 법(法) 집행 기관이다. 자체 군사력을 보유했고, 로마와 무관한 종교적 분쟁에 결정권을 갖는다. 산헤드린 회원은 귀족과 제사장들, 율법학자들로 구성된다. 회원 수는 전체 71명으로, 제사장 24명, 장로 24명, 율법 학자(랍비) 22명으로 구성된다. 여기에 대제사장은 자동회원으로 의장이 되고, 그래서 71명이다. 또 지방 의회는 23명으로 구성된다. 주전 3세기 말엽에 구성되어 예루살렘 함락 때(주후 70년)까지 지속되었다.

회당은 예배와 신앙 교육을 위해 세워진 일종의 집합소로, 대개 마을의 중심지에 세워졌다. 제자들이 이러한 공회와 회당에서 심문당하고 매질당할 것이란 말은, 복음 사역자들이 전도사역을 감당하는 과정에서 많은 사람들에게 박해를 받고 고초를 겪을 것임을 보여준다.

"만일 너희가 복음을 전하다가 공회나 회당에 잡혀갔을 때, 무얼 말하고 어떻게 말할까 조금도 걱정하지 마라. 그때 너희가 해야 할 말을 알려주실 분이 계신다. 그때 말하는 이는 너희가 아니라, 너희 안에서 말씀하시는 하늘 아버지의 성령님이시다."

이 말은, 하나님께서 고초를 겪고 있는 복음 사역자들을 결코 혼자 내버려 두지 않으시고, 때마다 성령을 통해 적절하게 인도해주신다는 뜻이다. 12제자를 향한 예수님의 당부는 계속 이어진다.

"보라, 복음을 전하는 일이 얼마나 어렵고 힘든지! 심지어 형제가 형제를 거슬러 죽게 하고, 아버지가 아들을 원수처럼 여기게 되고, 또 자식이 제 부모를 고발하여 죽게 할 수도 있다. 또 단지 나를 믿는다는 이유만으로 사람들이 너희를 미워할 것이다. 그러나 참아야 한다. 끝까지 견디는 사람은 구원을 받을 것이다. 너희가 이 동네에서 박해를 받거든 저 동네로 피하라. 너희가 이스라엘의 모든 동네를 다 돌기 전에 인자가 다시 올 것이다."

예수님은 복음 전파의 사역을 감당할 12제자에게 정신무장을 단단히 시키신다. 그런데 이 말씀은 단지 당시의 12제자를 향해서만 하시는 말씀이 아니다. 앞으로 오고 오는 모든 세대를 통하여 세상 종말에 이르도록, 복음 전도자의 사역을 감당할 모든 제자를 향해 하시는 말씀이기도 하다.

요점은 이러하다. 갈수록 세상은 악해져서 예수 그리스도의 십자가 복음으로 인해 여러 박해와 미움을 받을 터인데, 도중에 낙담하지 말고 끝까지 참고 견뎌 사명을 완수하면, 오래지 않아 있을 예수님의 재림 때에 영생 복락의 구원을 얻게 될 것이라는 말이다. 즉, 예수 그리스도로 인한 모든 핍박과 고초에는 반드시 구원과 상급이 있음을 일깨워주는 말씀이다. 12제자를 향한 예수님의 당부는 계속 이어진다.

사람을 두려워 말고 하나님을 두려워하라(10:24-33; 눅 12:2-9)

"제자가 스승보다 더 높지 않고, 종이 주인보다 더 높을 수 없다. 제자가 스승만큼 되고 종이 주인만큼 된다면, 그것은 기쁜 일이다. 세상 사람들이 집주인인 나를 '바알세불'이라 불렀으니, 집사람들인 너희에게야 얼마나 더 심한 말을 하겠느냐."

앞서 예수께서 두 맹인의 눈을 뜨게 하는 이적을 베풀었을 때, 바리새파 사람들이 예수가 귀신들의 두목인 바알세불의 힘을 빌어서 그렇게 했다고 비난했다. '바알세불'은 귀신들의 왕으로서, '마귀'로도 불리는 '사탄'을 가리키는 말이다. 이제 예수님은 세상 사람들의 박해와 멸시에 직면하게 될 제자들을 격려하고 위로한다.

"그러나 너희를 위협하고 박해하는 세상 사람들을 두려워하지 마라. 덮인 것들은 드러나게 마련이고, 숨긴 것들도 알려지게 마련이다. 지금 내가 어두운 데서 말한 것을 너희는 밝은 데서 크게 외치고, 내가 너희 귀에 대고 속삭인 말을 너희는 지붕 위에서 소리 높여 외쳐라. 몸은 죽일 수 있어도 영혼은 죽이지 못하는 세상 사람들을 두려워하지 말라. 오직 몸과 영혼을 모두 지옥에 던져 파멸시킬 수 있는 하나님만을 두려워하라."

복음을 전하다 보면 세상 사람들의 핍박과 멸시와 조롱을 받을 것이지만, 그들을 두려워하지 말고 생명과 구원의 말씀인 천국 복음을 공개적으로, 담대하게, 널리 선포하라는 말씀이다. 그 까닭은, 인간의 영육을 전적으로 주관하는 분은 오직 하나님이시기에, 세상 사람들을 의식하거나 두려워할 필요가 전혀 없기 때문이다. 제자들을 향한 예수님의 격려와

위로는 계속된다.

"너희는 참새 두 마리의 값이 얼마인 줄 아느냐? 겨우 한 앗사리온이 아니냐. 그러나 너희의 하늘 아버지께서 허락하지 않으시면, 참새 한 마리도 그냥 땅에 떨어지는 법이 없다. 진실로 하늘 아버지께서는 너희 머리카락까지도 다 헤아리는 분이시다. 그러니 너희는 조금도 걱정하지 말고 두려워하지 마라. 너희는 많은 참새들보다 훨씬 귀하지 않느냐."

'앗사리온'은 로마 정부의 화폐 단위로, 당시 노동자의 하루치 품삯인 한 데나리온의 16분의 일(1/16)에 해당하는 적은 돈이다. 여기선 '아주 보잘것없는 가치'를 나타내는 말이다. 한편, '데나리온'은 예수님 당시에 가장 널리 유통되던 은화(銀貨)로, 당시 노동자의 하루치 품삯에 해당되는 가치를 지녔다. 이 동전은 무게가 대략 3.88g 나가는 은으로 만들어졌고, 보통 로마 황제(가이사)의 얼굴이 새겨져 있었다.

세상의 모든 하찮고 보잘것없는 것들조차도 일일이 다 주관하고 헤아리시는 성부 하나님께서 하물며 자신의 자녀 된 백성들이야 오죽 더 챙기고 돌보지 않겠느냐 말씀이다.

"누구든지 세상 사람들 앞에서 나를 안다고 시인하면, 나도 하늘에 계신 내 아버지 앞에서 그를 안다고 시인하겠다. 그러나 누구든지 세상 사람들 앞에서 나를 모른다고 부인하면, 나도 하늘에 계신 내 아버지 앞에서 그를 모른다고 부인할 것이다."

세상 사람들의 핍박과 조롱과 멸시 앞에 굴복하지 말고, 예수님을 구주로 믿고 따르는 그분의 제자인 사실을 당당하게 밝히고 인정하며, 나아가 자랑스럽게 생각하라는 말씀이다. 그렇게 하면, 예수님도 하나님 앞에서 그 제자를 인정하고 자랑스럽게 생각할 것이다.

나는 검을 주러 왔다 (10:34-39; 눅 12:51-53; 14:26-27)

"너희는 내가 이 땅에 화평을 주려고 온 줄로 생각지 말아라. 나는 화평이 아니라, 칼을 주려고 왔다."

'아니? 이게 무슨 말씀이지?'

제자들은 속으로 갸웃했다. 예수님은 계속 말씀하신다.

"나는 아들이 아버지와, 딸이 어머니와, 며느리가 시어머니와 서로 맞서 다투게 하려고 왔다. 그러므로 사람의 원수는 바로 그 집안 식구가 될 것이다. 만일 너희가 나보다 너희 아버지와 어머니를 더 사랑한다면, 너희는 내 제자가 될 자격이 없다. 만일 너희가 나보다 너희 아들이나 딸을 더 사랑한다면, 마찬가지로 너희는 내 제자가 될 자격이 없다."

예수님이 세상에 가져오신 화평은 하나님과 올바른 관계에 놓인 사람들만이 누릴 수 있는 것이었다. 그 화평은 하나님과 사람 사이에 놓인 죄의 장벽이 해결될 때 가능한 것이었다. 그렇지 않으면, 그 사람은 화평이 아니라, 예수님이 가져오신 검(劍) 곧 심판을 겪을 수밖에 없었다.

이런 관점에서 예수님으로 인해, 즉 예수님을 믿느냐 혹은 믿지 않느냐의 문제로 인해, 집안 식구들끼리 다툼과 분란이 일게 될 것이다. 이때 그 누구보다도 예수님을 우선적으로 사랑하는 자만이 예수님의 참된 제자가 될 자격을 지니게 될 것이란 말씀이다. 이제 예수님은 악한 세상에서 자신을 우선적으로 사랑하는 일이 마치 십자가를 지는 일처럼 결코 쉽지 않을 것임을 일러주신다. 그러나 그 일은 그만한 가치가 충분히 있음을 또한 일깨워주신다.

"누구든지 자기가 져야 할 십자가를 회피하고 나를 따르려 한다면, 그 역시 내 제자가 될 자격이 없다. 자기 목숨만 소중하게 생각하는 사람은 그 목숨을 잃게 된다. 그러나 나를 위하여 자기 목숨을 버리는 사람은 도리어 그 목숨을 얻게 될 것이다."

이 땅에서 예수님의 제자로서 주어지는 십자가를 기꺼이 지고, 또한 예수 그리스도를 위해 육신의 생명을 잃는 자는 천국에서 영원한 생명을 얻게 될 것이란 말씀이다. 이제 곧 세상 속으로 전도사역을 위해 떠날

12제자, 그들을 향한 예수님의 긴 당부는 마무리를 짓는다.

영접하는 자는 상을 받는다 (10:40-42; 막 9:41)

"사랑하는 제자들아, 너희를 받아들이는 사람은 곧 나를 받아들이는 것이고, 나를 받아들이는 사람은 곧 나를 보내신 아버지 하나님을 받아들이는 것이다. 누구든지 선지자를 선지자로 여겨 그를 받아들여 영접한다면, 그 사람은 선지자가 받는 것과 똑같은 상을 받을 것이다. 또 누구든지 의인을 의인으로 여겨 그를 받아들여 영접한다면, 그 사람은 의인이 받는 상과 똑같은 상을 받을 것이다."

여기서 '영접한다'는 말은 '인정하고 승인하면서 대접한다'는 의미다. 그러니까 복음 전도자가 전하는 메시지 곧 천국 복음을 인정하고 승인하면서, 그 놀랍고 위대한 메시지를 전하는 복음 전도자를 따뜻한 정성으로 대접한다는 뜻이다. 이렇게 하는 사람은 그 자신도 그가 대접하는 제자, 선지자, 의인처럼 간주되어 장차 하나님께 그대로 대접받고 상급 받을 것이라는 말이다. 제자들이 이런 생각과 자긍심을 갖고 전도사역에 임한다면, 그들은 누구 앞에서도 기죽지 아니하고 당당하게 어깨를 펴고 담대히 복음을 전할 수 있게 될 것이다. 예수님은 자신의 제자들이 그런 자세로 전도사역에 임해주기를 바랐다. 이제 진짜 마무리다.

"오늘 내가 너희에게 분명히 말한다. 아무리 보잘것없는 사람일지라도 그가 내 제자라는 이유로 그에게 냉수 한 그릇이라도 대접하는 사람은 반드시 자기가 받을 상을 놓치지 않을 것이다."

제자들은 스승님이요 주님이신 예수께서 하시는 말씀을 마음에 새겼다. 그들은 비록 잠시 동안이지만 처음으로 스승님과 주님의 그늘을 떠나 독립적으로 복음을 전하는 전도자의 길을 가야 한다. 전도자의 길은 초행이라 해도 연습이 아니다. 그것은 매번 승패가 있는 영적 전투이다. 제자들은 굳은 결의를 다졌다.

11

세례 요한과 메시아 예수

감옥에 갇힌 세례 요한이 제자를
예수께 보내어 과연 메시아이신지를 묻자
예수님은, '의심하지 않는 자는
복이 있다'고 전하라 하시네

예수께 대한 세례 요한의 질문 (11:1-19; 눅 7:18-35)

"자, 이제 가거라. 가서, 내가 가르친 천국 복음을 사람들에게 전하여라. 내가 지금껏 당부한 말들을 가슴에 꼭 새기고…."

열두 제자에게 당부하고 교훈하기를 모두 마치신 예수님, 마침내 전도사역을 위해 제자들을 떠나보내셨다. 그런 뒤, 예수님은 부근의 여러 마을로 가서 가르치고 전도하시려고 따로 길을 떠나셨다.

그 무렵, 세례 요한은 감옥에 갇힌 상태였다. 갈릴리 지역의 분봉왕인 헤롯 안디바가 자기 이복동생인 헤롯 빌립의 아내 헤로디아를 불법적으로 취했을 때, 세례 요한이 이를 꾸짖다가 체포되어 감옥에 갇힌 것이다. 감옥에 갇힌 세례 요한, 그는 자기 제자들을 통해 예수 그리스도께서 하신 일들을 모두 전해 듣고 있었다. 하루는 세례 요한이 자기 제자들을 예수께 보내어 질문한다. 당시 세례 요한은 투옥된 상태였지만, 헤롯 안디바는 세례 요한의 명성 때문에 그를 엄하게 다루지 못하고 외부와의 연락을 차단시키지 않았던 것이다.

“선생님, 우리 스승께서 선생님께 대해 묻기를 ‘우리가 그토록 기다려 온 분이 바로 선생님입니까? 아니면, 우리가 다른 분을 더 기다려야 합니까?’ 하였습니다.”

세례 요한은 왜 제자들을 보내 이런 질문을 하게 했을까? 예수님에 대한 의문 때문이다.

‘그가 정녕 메시아일까? 요단강에서 강렬하게 체험했던 그 순간은 단순한 충동적 감정에 불과했던 것일까…?’

세례 요한에게서는 메시아로서의 예수에 대한 확신이 점점 사라지고 있었다. 세례 요한 자신은 심판과 정죄를 외쳤고, 뒤에 오시는 메시아 그분도 심판과 정죄를 외칠 것이라 기대했다. 그러나 듣자 하니, 예수는 자비와 사랑을 전했다. 심판을 외치면서 불의를 보면 참지 못하는 세례 요한에게 예수의 8복 가르침은 너무나 소극적인 가르침으로 보였다. 이처럼 메시아로서 예수의 가르침과 삶은 유대인들이 기대하던 메시아 상(像)과는 많이 달랐기에 세례 요한 역시 혼란을 겪을 수도 있었다.

“세례 요한 선생께서 내게 대하여 그렇게 물었단 말이오? 그렇다면 당신의 선생에게로 돌아가, 내가 지금껏 행한 일들을 당신들이 본 그대로 알리도록 하시오. 당신들도 똑똑히 보았지 않소? 맹인이 보게 되고, 앉은뱅이가 걸으며, 나병 환자가 깨끗해지고, 귀머거리가 듣게 되며, 죽은 사람이 살아나고, 가난한 사람이 기쁜 소식을 듣고 있지 않소? 그걸 그대로 말하시오.”

“아, 네! 알겠습니다. 저희 스승님께 그리 전하도록 하겠습니다.”

“참, 그리고 ‘나를 의심하지 않는 사람은 복이 있다.’라고도 전하시오.”

세례 요한의 제자들이 총총걸음으로 돌아가자, 예수께서 세례 요한을 두고서 군중에게 말씀하신다.

“여러분은 어떤 사람을 만나려고 유대 광야로 나갔습니까? 바람에 흔들리는 갈대 같은 사람을 만나러 간 것입니까? 아니면, 왕궁에 있는 왕자처럼 화려하게 차려입은 사람을 만나러 나갔습니까? 그렇지 않다면, 하나님의 선지자를 만나러 갔습니까?"

당시 많은 사람들은 세례 요한이 전하는 메시지를 듣기 위해 유대 광야로 나갔었다. 이제 예수님은 그런 사람들을 향해 무슨 목적을 갖고 광야의 세례 요한을 만나러 간 것인지를 묻고 계신 것이다. 그러고서 스스로 대답하신다.

"그렇습니다! 세례 요한은 하나님의 선지자입니다. 사실, 그는 다른 선지자들보다 더 훌륭한 선지자입니다. 이 사람 요한을 두고 성경은 기록하기를 '보라! 내가 너보다 앞서 내 사자를 보내겠다. 그가 네 앞에서 네 길을 준비하고 닦을 것이다.' 했습니다. 그러므로 일찍이 여자의 몸을 통해 태어난 사람들 중에 세례 요한보다 더 큰 인물은 없습니다."

이때 예수께서는 하나님의 선지자로서 세례 요한의 위치가 아주 특별하고 위대하다는 사실을 선언하셨다. 그 까닭은, 세례 요한은 메시아의 등장 바로 직전에 출현하여 그분 앞에서 메시아의 길을 닦고 예비한 선지자로서, 구약시대의 그 어떤 선지자들보다 더욱 분명하게 메시아의 등장을 선포했기 때문이다. 그런데… 덧붙여 예수께서는 더욱 놀라운 말씀을 하신다.

"그러나 천국에선 가장 작은 사람일지라도 세례 요한보다 더 큽니다."

엇? 이게 무슨 말일까? 말인즉슨 이렇다. 앞서 예수님은 세례 요한의 탁월함과 위대함을 충분히 인정하셨다. 하지만 그것은 천국 복음의 문 앞까지였다. 과연 세례 요한은 천국이 가까이 이르렀음을 선포한 메시아의 선구자로서, 지금껏 모든 선지자들 중에서는 가장 가까이 천국 복음의 문턱에 다다른 자였다. 하지만 메시아의 등장으로 말미암아 그분의 새 언약 아래에 살고 있는 신약시대의 사람들은 이미 천국 복음의 문 안에 들어선 자들이다. 따라서 그들은 세례 요한보다 훨씬 많이 천국 복음의 진리를 누리고 있는 자들이기에, 가장 작은 자라도 세례 요한보다 더 크다고 말한 것이다.

"여러분, 세례 요한의 때부터 지금까지 천국은 계속 침략당하고 있습니다. 그런데 침략하는 자들이야말로 천국을 차지하게 될 것입니다."

여기서 '침략하다'란 말은 용기 있게, 혹은 강렬한 열망으로 적극 도전한다는 뜻이다. 당시 유대의 종교 지도자들(바리새인들, 서기관들, 사두개인들)처럼 천국 복음을 무시하고 배척하는 자들에게가 아니라, 세리나 창기나 죄인들처럼 열렬한 소망을 갖고 그것을 애써 붙잡으려고 적극 도전하는 자들에게 천국 문은 활짝 열려있다는 뜻이다.

"여러분, 모든 예언서와 율법이 예언하는 일은 세례 요한에게서 끝납니다. 여러분이 예언서와 율법의 참뜻을 알고자 원합니까? 그렇다면, 언젠가는 오리라고 예언된 엘리야가 바로 '세례 요한'이란 사실을 깨달아야 합니다. 들을 귀가 있는 사람은 내 말을 알아들으시길 바랍니다."

세례 요한은 '모든 예언서와 율법' 곧 구약시대를 마감하고, 메시아의 탄생과 함께 시작되는 신약시대의 문을 여는 하나님의 위대한 선지자였다. 그런데 일찍이 구약의 마지막 선지자였던 말라기는 세례 요한을 '엘리야'에 비유했다. 한번 들어보자.

> "보라, 주의 크고 두려운 그날이 이르기 전에 내가 예언자 '엘리야'를 너희에게 먼저 보내겠노라. 그 '엘리야'가 먼저 와서, 아버지의 마음을 자녀에게로 돌이키고 자녀의 마음을 아버지에게로 돌이키리라"(말 4:5-6).

구약성경의 맨 마지막에 있는 말씀이다. 여기서 '엘리야'는 엘리야 선지자와 유사한 성정과 모습으로 장차 유대 광야에 출현하여 메시아의 길을 예비할 '세례 요한'을 가리킨다. 이처럼 구약의 맨 마지막은 엘리야에 비유된 세례 요한의 출현과 사역에 관한 예언으로 마무리되고, 신약의 맨 처음은 예언된 세례 요한의 출현과 사역으로 그 막을 열고 있기 때문에, 구약과 신약은 아주 밀접하게 유기적으로 연결되어 있는 것이다.

"여러분, 이 세대를 무엇에다 비유할 수 있을까요? 이 세대는 마치 장터에서 놀이를 하는 아이들이 다른 편 아이들에게 답답해하며 외치기를 '얘들아, 우리가 피리를 부는데도 너희는 왜 춤추지 않느냐? 우리가 곡(哭)을 하는데도 왜 너희는 가슴을 치며 슬퍼하지 않느냐?' 하는 것과 똑같습니다."

세례 요한이 와서 회개의 메시지를 선포해도 가슴 치며 애통해하지 않고, 메시아 예수께서 와서 천국 복음을 선포해도 춤추며 기뻐하지 않는, 당시의 아둔하고 무감각한 세태를 비유적으로 꾸짖는 말씀이다.

"세례 요한이 와서 먹지도 않고 마시지도 않자, 사람들이 말하기를 '저 사람이 귀신 들려 미쳤다.' 하더니, 이제는 나 인자가 와서 잔치자리에서 먹고 마시는 것을 보고는 '보라, 저 사람은 마구 먹어대고 포도주 마시기를 좋아한다. 게다가 세리와 죄인들하고만 어울린다.' 합니다. 그러나 여러분, 지혜는 그 행한 일로 인해 옳다는 것을 스스로 입증하는 법입니다."

당시 사람들은 세례 요한과 예수님의 행동이 현저하게 다르다고 판단했다. 그러나 실상은 다른 것이 아니라, 두 사람 모두 적절한 처신이었다. 세례 요한의 금욕적인 삶의 스타일은 애통의 회개를 외치는 그의 메시지에 적합했고, 잔치에 기꺼이 참석하여 사람들과 어울리며 먹고 마신 예수님의 처신은 모든 이들에게 활짝 열린 기쁜 천국 복음의 성격상 적합한 것이었다. 말하자면 세례 요한과 예수님, 각자는 상황에 적합하게 행동하였을 뿐, 적대자들의 비난처럼 귀신 들린 것도 아니고 먹기를 탐한 것도 아니었다. 세례 요한과 예수님은 각자의 지혜가 인도하는 대로 합당하게 살았을 뿐이다.

회개하지 않는 성읍들 (11:20-24; 눅 10:13-15)

'참으로 마음이 굳고 강퍅한 자들이로다. 내가 그토록 많은 기적으로써 천국 복음을 전하였건만….'

하루는 예수께서 천국 복음을 전하면서 기적을 가장 많이 행한 성읍들을 떠올리셨다. 그러면서 그곳 사람들이 놀랍게도 여전히 하나님을 믿지 않고 자신을 배척하고 있다는 사실을 알고서는, 그들을 향해 책망하신다.

"너 고라신아! 네가 화를 입으리라. 너 벳새다야! 너도 화를 입으리라. 내가 너희에게 베푼 기적들을 일찍이 두로와 시돈에서 행하였더라면, 그곳 사람들은 벌써 굵은 베옷을 입고 재를 뒤집어쓴 채 회개하였으리라. 그러므로 장차 닥칠 심판 날에는 두로와 시돈이 너희보다 오히려 가벼운 벌을 받을 것이다."

고라신과 벳새다. 이 두 성읍은 갈릴리 호수 북부에 있는 도시들로, 당시 예수님의 주된 복음 사역지였다. 두로와 시돈. 이 두 성읍은 구약시대에 우상숭배로 유명한 대표적인 이방 도시들이었다. 이제 예수님은 초장기 복음 사역의 주요 무대로 삼아 그 어떤 다른 성읍들보다도 많은 이적을 베풀고 자주 천국 복음을 전한 가버나움 성읍을 향해 책망하신다.

마태복음의 주요 무대

"그리고 너 가버나움아!

네가 하늘까지 높아질 것 같으냐? 도리어 지옥까지 떨어지리라. 내가 지금껏 네게 베푼 기적들을 소돔에서 베풀었더라면, 그 성읍은 오늘날까지 그대로 남아있었으리라. 그러므로 장차 닥칠 심판 날에 너희 가버나움 사람들은 옛적 소돔 사람들이 받은 징벌보다 더욱 가혹한 징벌을 받게 될 것이다."

하나님의 심판이 그 대상에 따라 상대적으로 더 무거울 수도, 더 가벼울 수도 있다는 사실을 암시한다. 그렇다. 하나님의 심판은 기계적으로 임하지 않는다. 더 많이 보고, 더 많이 알고 있는 자들은 그렇지 않은 자들에 비해 더 많은 책임을 가진 자들이기 때문에 그들의 죄는 더 무거운 심판을 초래한다.

내게로 와서 쉬라 (11:25-30; 눅 10:21-22)

예수께서는 하늘을 우러러보며 기도하신다.

"오, 하늘과 땅을 주관하시는 아버지여! 자만에 빠져 있는 자들에게는 천국 복음의 진리를 감추시고, 순전한 어린아이들처럼 겸손함으로 하나님의 도우심을 구하는 이들에게는 진리를 보이시니 참으로 감사합니다. 아버지의 은혜로운 뜻대로 되었습니다."

예수님의 마음은 답답했다. 그토록 많은 능력을 보여주었음에도 회개하지 않는 성읍들에 대한 안타까움으로 가슴이 무거웠다. 그래서 하나님 아버지에게 기도드리며 마음을 달래고 있다. 그런 가운데서도 회개하고 돌아오는 많은 사람들을 볼 때, 하나님 아버지께 대한 감사함이 우러나온다.

"진실로 아버지께서는 모든 것을 제게 맡기셨나이다. 그리하여 오직 아버지 외에는 아들을 참으로 아는 자들이 없고, 또한 아들 자신과 하늘 아버지를 알게 하려고 아들이 택한 자들 외에는 아버지를 아는 이들이 없나이다."

하나님은 스스로의 기쁘신 뜻으로 천국 복음의 진리를 이런 식으로 다루셨다. 아들(예수 그리스도)의 택하심과 부르심을 받아 천국 복음의 진리를 깨달아 알게 된 자들은 내세우고 자랑할 게 없는 자들이었다. 그러니 오직 겸손함으로 하나님께 감사하고 모든 영광을 그분께 돌릴 뿐이다.

이제 예수께서는 뭇 사람들을 구원과 안식의 자리로 초대하신다. 스스로 똑똑하다고 여기는 교만하고 잘난 사람들이 아니라, 율법에 눌리고 세상만사에 지친 자들, 순수하고 겸손한 심령을 가진 자들을 초대하신다.

"수고하고 무거운 짐을 진 자들이여, 다 내게로 오십시오! 내가 편히 쉬게 하겠습니다. 나는 온유하고 겸손하므로, 내 멍에를 메고 내게서 배우십시오. 그리하면, 마음의 참된 안식을 얻을 것입니다. 진실로 내가 걸어주는 멍에는 편하고, 내 짐은 가볍습니다."

율법의 핵심은 어디까지나 '사랑'이지만, 실제 생활에선 하라, 혹은 하지 말라는 조항들이 너무 많았다. 조금 과장한다면, 움직이면 모든 게 죄였다. 로마 제국의 치하에서 식민지 백성으로 살아가고 있는 당시의 유대인들은 매일이 불안의 연속이었다. 힘든 노동으로 하루하루를 먹고사느라 지쳐갔다. 그들의 어깨는 율법의 숱한 조항들로, 매일의 생활고로 아주 무거웠다. 그래서 그들은 세례 요한을

수고하고 무거운 짐진 자

하나의 멍에를 함께 매고 있는 한 겨리의 소

찾아 광야로 몰려갔고 예수님이 전해주는 천국 복음에 열광했다.

예수님은 백성들의 이런 수고와 고통을 잘 알았다. 그래서 자신에게로 와서 어깨를 가볍게 하는 법을 배우라고 초청하고 있다. 자신이 가르친 온유함과 겸손함으로 어떻게 인생의 수고를 감내할 수 있는지를 배우라는 것이다. 그 배움은, 쟁기질을 새로 막 시작하는 초짜 소가 오랜 세월 쟁기질을 해온 노련한 소와 멍에를 같이 하면서 경험을 통해 배워가는 일과 유사했다.

팔레스타인 농부들은 두 마리의 소를 한데 엮어 한 멍에를 매게 했다. 초짜 소들은 노련한 소와 함께 멍에를 매면, 요령 있게 쟁기와 무거운 짐을 끌고 가는 방법을 배우게 된다.

예수님의 멍에는 율법이 아닌 복음의 멍에이기에 우리를 죄에서 자유롭게 해주는 편하고 가벼운 멍에다. 특히 율법의 핵심인 '사랑의 정신으로' 율법을 지킨다면, 율법은 결코 힘들고 무겁기만 한 것이 아니었다. 바리새인들과 서기관들은 그걸 가르쳐 주지 않았다. 그들은 율법을 통해 단지 죄의식의 짐만을 지워주었기에 율법을 지키는 일이 너무나도 무거웠던 것이다. 예수께로부터 참된 쉼으로의 초청을 받고 집으로 돌아가는 사람들의 발걸음이 한층 가벼워졌다. 그에 맞추어 서늘한 바람이 적당하게 불어왔다.

12
안식일과 바알세불 논쟁

종교 지도자들이 표적 요구할 때
요나의 표적으로 답변하시는 예수
물고기 뱃속에서 사흘 지낸 요나처럼
인자도 땅속에서 사흘을 지내리라

안식일의 주인은 누구인가 (12:1-8; 막 2:23-28; 눅 6:1-5)

그 무렵의 어느 안식일, 예수께서는 제자들과 함께 어떤 밀밭 사이를 지나가게 되었다. 그런데 제자들이 허기를 느껴 밀 이삭을 잘라 손으로 비벼 먹었다. 때마침 그런 모습을 목격한 바리새파 사람들, 좋은 기회를 잡았다는 듯 예수께 따지고 는다.

"거, 보시오! 당신의 제자들이 율법을 어겼소. 거룩한 안식일에 이삭을 잘라 비벼 먹다니! 그게 어찌 말이나 될 법한 일이오?"

율법에 의하면, 나그네가 손으로 이삭을 잘라 먹는 것은 허용되었다. 따라서 이때 바리새파 사람들이 문제 삼은 것은, 예수님의 제자들이 이삭을 잘라 먹었다는 사실 자체가 아니라, 그런 행위를 거룩한 안식일에 했다는 것이다. 그러니까 안식일에 밀밭에서 이삭을 잘라서 비벼 먹은 예수님의 제자들은 바리새인들이 만들어놓은 안식일의 세부 규정을 어긴 것이다. 유대인의 율법 해설서에는 '안식일에 어린 양이 한입에

안식일에 밀 이삭을 잘라 비벼먹다

넣을 만큼의 이삭을 잘라 취하는 것도 죄가 된다.' 라고 규정했다. 그러니 안식일에 곡물을 자르는 것과 먹기 전에 손으로 비비는 동작을 추수와 타작의 행위로 간주하여, 안식일을 어긴 죄로 판단했던 것이다.

본래 하나님은 안식일을 복된 안식의 날로 만드셨지만, 바리새인들은 그것을 무거운 짐으로 만들어버렸다. 그래서 예수님 당시에 바리새인들은 안식일에 금해야 할 행위를 무려 39가지나 세세하게 만들어놓고, 누구든지 거기에 걸려들면 가차 없이 정죄했다. 바리새파 사람들은 그렇게 예수님의 제자들을 비난하고 정죄했는데, 이에 대해 예수께서 대답하신다.

"당신들은 옛적에 다윗과 그의 일행이 굶주렸을 때 행한 일을 읽어보지도 못하였소? 그들은 율법에 어긋나는 줄 알면서도, 성전에 들어가 제사장들만 먹게 되어 있는 제단의 빵을 먹지 않았소? 또 모세 율법을 보면, 성전 안에서는 제사장들이 안식일을 어겨도 죄가 되지 않는다고 되어 있소. 그렇지 않소?"

구약성경을 꿰차고 있는 듯한 예수님의 해박한 지식에 제자들은 크게 감탄했다. 언제 저런 지식을 습득했을까. 스승님은 정규 교육을 받아보지도 못했다는데…. 그러면서도 율법 전문가인 바리새파 사람들과의 싸움이 조마조마하게 느껴졌다. 만일 이띤 밀꼬리라도 잡히는 날에는 종교 교권자들이 벌떼처럼 달려들어 온갖 거짓 소문을 만들어낼 것이기 때문이다. 그러나 바리새파 사람들은 이미 수세에 몰려 쩔쩔매고 있었다.

“그야…, 그건 그렇지만…. 그런데 대체 그 일이 당신의 제자들과 무슨 상관이 있다고 그러시오?”

“성전보다 더 큰 이가 바로 여기에 있소. ‘내가 진정 바라는 것은 제사가 아니라 자비다.’라는 성경구절의 뜻을 당신들이 제대로 이해했더라면, 이렇듯 죄 없는 사람을 죄인으로 몰아붙이지는 않았을 것이오. 잘 들으시오, 인자가 바로 안식일의 주인이오!”

“뭐, 뭐요? 당신이 성전보다 더 크고, 게다가 안식일의 주인이라고? 아니, 미치지 않고서야 어디 그런 참람한 말을 함부로…!”

바리새인들은 기가 차고 어이없다는 듯 예수님을 노려보았다. 율법의 문자에 얽매인 그들이 메시아 예수의 새롭고도 영적인 가르침을 이해할 리 만무했다. 그렇다. 예수님은 참으로 성전보다 더 크시고, 안식일의 주인이시다. 이 말인즉슨, 예수님은 구약 율법의 실체이시고 궁극적인 완성자이시기 때문에, 구약 율법에 속하는 성전 제사나 안식일도 예수님 안에서, 예수님으로 말미암아 온전히 완성되고 성취된다는 뜻이다.

그때만 해도 제자들조차 예수님이 말하고 있는 의미를 제대로 이해하지 못했다. 스승님이 바리새인들과의 논쟁에서 승기를 잡으시려고 너무 세게 나가는 것을 은근히 걱정했다. 그래서 제자들은 자기들이 공연히 안식일에 밀 이삭을 잘라 손으로 비벼먹음으로써 스승님을 곤란한 입장에 빠뜨리게 했다는 사실에 자괴감이 들었다.

안식일에 손이 오그라든 사람을 고치심 (12:9-14; 막 3:1-6; 눅 6:6-11)

예수께서는 황당해하는 바리새인들을 뒤로 하고 그곳을 떠나 유대인의 어느 회당 안으로 들어가셨다. 그런데 그 회당 안에서 한쪽 손이 오그라든 사람을 보셨다. 그때였다. 거기 있던 바리새파 사람들이 예수님을 고발할 구실을 찾으려고 삐딱한 질문을 한다.

"선생이여, 안식일에 병을 고쳐주는 것이 옳은 일이오, 그릇된 일이오?"

그 질문에, 예수님은 조금도 망설이지 않고 즉시 대답하신다.

"만일 당신들에게 양이 한 마리 있다고 합시다. 그 양이 안식일에 구덩이에 빠졌다면, 당신들은 어떻게 하겠소? 안식일이라고 해서 그 양을 구덩이에 그대로 내버려두겠소? 당신들은 당연히 그 양을 구덩이에서 건져 올리지 않겠소? 그런데 사람은 양보다 얼마나 더 귀한 존재요? 그러니, 안식일에 선한 일을 행하는 것이 백번, 천번 옳소."

바리새인들은 안식일에 해서는 안 되는 일에 모든 관심을 집중시켰다. 그러나 예수님은 오히려 안식일에 적극적으로 해야 할 일이 무엇인지를 가르치셨다. 그것은 '선한 일'이다. 예컨대 불쌍한 자들에게 자비를 베풀거나 위험에 처한 생명을 구하는 등 하나님의 뜻에 합당하여 하나님이 기뻐하시는 일들을 가리킨다. 바리새인들에게 대답하신 후, 예수께서는 한쪽 손이 오그라든 사람에게 말한다.

"자, 당신의 손을 쭉 펴보도록 하시오!"

예수님의 말을 듣고 그 환자가 오그라든 손을 쭉 펴자, 언제 그랬느냐는 듯 그의 오그라든 손이 쭉 펴져 다른 쪽의 성한 손같이 온전해졌다.

"아, 아, 이럴 수가! 내 손이, 내 손이 펴졌다!"

그 환자는 믿기지 않는다는 듯 어쩔 줄 몰라 하며 크게 기뻐했고, 주변 사람들은 예수님의 놀라운 기적에 연신 칭찬과 감탄을 발했다. 그러자 삐딱한 질문을 해서 망신살만 잔뜩 뻗친 바리새파 사람들은 얼굴이 벌겋게 된 채 회당 바깥으로 나갔다. 그러고는 어떻게 하면 눈엣가시 같은 예수를 죽일 수 있을는지 함께 모의했다.

하나님께서 택하신! 하나님의 종 (12:15-21)

'흐흠, 저들이 드디어 나를 죽이려 하는구나….'

예수께서는 바리새인들의 사악한 계획을 알아차리시고 그곳 회당을 떠나셨다. 그러자 많은 사람들이 예수님을 뒤따랐다. 어떤 시간과 장소에서도 예수께서는 자신에게로 나아온 병자들을 부드럽게 대하시고 일일이 고쳐주셨다. 그러면서 그들에게 당부하기를, 자신이 베푼 이적에 관한 소문을 세상에 퍼뜨리지 말라고 하셨다.

그 까닭은, 사람들의 오해를 방지하기 위해서였다. 만일 예수님이 베푸신 놀라운 이적이 널리 알려질 경우, 당시 메시아를 간절히 기다리고 있던 유대인들은 예수님을 오해할 수 있었다. 예수님을 대하기를, 그분은 육신의 질병을 고쳐주고 로마 제국의 압제에서 자신들을 구원해 줄 정치적 메시아로 떠받들 우려가 충분히 있었다. 그렇게 되면, 본격적인 십자가 사역을 펼치기도 전에 유대의 종교 지도자들이나 로마 정부의 당국자들에 의해 예수님의 일거수일투족이 간섭받고 훼방 당할 터였다. 그래서 예수님은 방금 치유를 받아 그게 들떠 있는 자들에게 자신의 이적을 널리 발설하지 말 것을 엄중히 당부하신 것이다.

병든 자들을 고쳐주면서 천국 복음의 진리와 하나님 나라의 정의를 선포하는 메시아 예수의 사역, 그리고 그런 자신의 사역을 조용히 감당하신 예수님, 그것은 일찍이 그분에 관한 이사야 선지자의 예언이 오늘날에 실현된 것이다. 그러니까 이때로부터 무려 700여 년 전, 구약시대의 이사야 선지자는 장차 오실 메시아의 사역에 관해 밝히 예언했다.

> "보라! 나의 종, 내가 택한 자! 그는 내가 사랑하는 자다. 내가 나의 영을 그에게 부어 주리니, 그가 여러 나라에 정의를 선포할 것이다. 그는 다투지도 않고, 잘난 체도 하지 않아 길거리에서는 그의 소리를 들을 수 없을 것이다. 진실로 그는 정의가 승리할 때까지 상한 갈대 같은 나약한 자를 짓누르지 않으며, 꺼져 가는 심지 같은 가장 작은 자의 희망도 억누르지 않을 것이다. 그리하여 그의 이름은 온 세상의 참 소망이 될 것이다"(사 42:1-4).

예수님과 바알세불 (12:22-32; 막 3:20-30; 눅 11:14-23)

그 무렵, 사람들이 귀신 들려 눈멀고 벙어리 된 어떤 사람을 예수께로 데려왔고, 예수님은 그를 불쌍히 여겨 고쳐주셨다. 그 사람은 기적적으로 눈이 열려 볼 수 있게 되었고, 또 말문이 트여 자유롭게 말할 수 있게 되었다. 사람들은 모두가 눈이 휘둥그레져서 소리친다.

"와, 이 사람이야말로 진짜 다윗의 자손이 아닌가!"

다윗의 자손! 이 말은, 다윗 시대의 영화를 다시금 회복시켜 줄 메시아를 대망하는 유대인들의 간절한 소망이 함축된 말이다. 곧 구약시대의 선지자들이 줄기차게 예언한바 다윗의 혈통을 통해 태어나실 그 메시아를 일컫는 말이다. 이때, 사람들의 그런 외침을 듣고서 바리새파 사람들이 아주 마뜩잖은 표정으로 쏘아붙였다.

"거, 무슨 얼어 죽을 다윗의 자손! 그게 아니고 그자가 귀신을 쫓아낼 수 있었던 것은 귀신의 두목 '바알세불'의 힘을 빌렸기 때문인 게지."

'바알세불'은 귀신들의 왕으로, 사탄 또는 마귀를 가리키는 말이다. '주인' 혹은 '왕'이란 뜻을 지닌 '바알'은 가나안 땅 최고의 신이었다. 그런데 신약시대의 유대인들은 그 말에 '파리'를 뜻하는 '세불'이라는 접미사를 붙여 '파리들의 왕'이라는 뜻을 만들어 바알을 조롱했다. 예수께서 바리새인들이 하는 말을 듣고서 그들에게 말씀하신다.

"보시오, 어느 나라든 갈라지면 망하고, 어느 성읍이나 집안도 갈라져 서로 싸우면 지탱하지 못하는 법이오. 그러니 생각해 보시오. 지금 당신들은 내가 사탄의 힘을 빌려 귀신들을 쫓아낸다고 하였소? 당신들의 말대로라면, 사탄이 자기 졸개들인 귀신들을 쫓아내는 꼴이니, 그렇게 자기편끼리 싸운다면 그 나라가 과연 유지되겠소?"

악한 영들인 귀신들은 사탄의 추종자들이다. 사탄은 본래 하늘나라 천사장들 가운데 하나였다. 그런데 그 사탄이 교만한 마음으로 하나님을 거슬러 대적할 때, 사탄의 편을 들어 함께 하나님을 거스른 악한 천사들이 귀신들이다.

결국 하나님의 징벌로 사탄이 지상으로 쫓겨날 때, 그 사탄을 따라 귀신들도 함께 쫓겨났다. 그리하여 이들은 지상에 사탄의 왕국을 세웠는데, '마귀'라 불리는 사탄을 왕으로 하고, 귀신들도 각기 계급을 가진 채 하나님의 왕국과 교회와 성도들을 대적하고 있다. 그러니 사탄이 자기편이며 자기 수하들인 귀신들을 쫓아낼 리 만무하다. 예수님은 이 점을 지적하고 계신 것이다.

"당신들 말대로, 내가 바알세불의 힘을 빌려 귀신들을 쫓아낸다면, 당신들의 사람들은 대체 누구의 힘으로 귀신을 쫓아내는 것이오? 바로 그 점이 당신들의 주장이 잘못되었다는 것을 단적으로 드러내는 것이오."

당시에 일부 바리새인들이나 그들의 제자들 중 어떤 자들은 귀신을 진짜 쫓아냈거나, 혹은 쫓아냈다고 주장했다. 또 어떤 자들은 비록 예수님의 제자들과 직접적으로 연관이 없지만, 당시 하나님의 이름으로 귀신을 내쫓기도 했다. 이처럼 예수님의 논리 정연한 반박에 말문이 턱 막힌 바리새인들은 움찔했다. 이치로는 맞는 말이기 때문이다. 그렇다고 이대로 물러서면 백성들 앞에서 체면이 말이 아니다. 그래서 쩔쩔매면서도 공격적으로 묻는다.

"그렇다면 선생은 누구의 힘으로 귀신들을 쫓아내는 것이오?"

"나는 하나님의 성령으로 말미암아 귀신들을 쫓아내고 있소. 그러므로 하나님의 나라가 이미 당신들 가운데 와 있소. 힘센 사람의 집에서 살림살이를 빼앗으려면, 먼저 그 힘센 사람부터 묶어 놓아야 하오. 그래야 그 힘센 사람의 집에 들어가 살림살이를 빼앗을 수 있는 법이오. 그러므로 나와 함께 하지 않는 사람은 나를 반대하는 자이고, 나와 함께 사람들을 모으지 않는 자는 내 사람들을 흩어버리는 자요."

무슨 말일까? 예수님은 지금 하나님의 성령으로 말미암아 사탄(힘센 사람)을 제압하고 그의 집(왕국)에 들어가 귀신들을 쫓아내는 사역(살림살이를 빼앗는 일)을 수행하고 있다. 그러므로 예수님으로 인해 사탄의 왕국을 깨뜨리고 하나님의 나라를 세우는 일이 이미 세상에서 진행되고 있는 것이다(천국의 현재성). 이처럼 세상은 영적 전쟁의 현장이므로, 누구든지 예수님 편에 서서 예수님을 돕지 않는 자들은 사탄에게 속한 사탄의 자식들일 뿐이다.

"그러므로 분명히 말하겠소. 사람이 무슨 죄를 짓든, 또는 무슨 모독적인 말을 하든, 뉘우치고 회개하면 다 용서받을 수 있소. 그러나 성령을 모독하는 죄만큼은 결코 용서받을 수 없소. 또 누구든지 인자를 거슬러 욕하는 사람은 용서받을 수 있소. 그러나 성령을 거슬러 욕하는 사람만큼은 이 세상에서든 저 세상에서든 결코 용서받을 수 없소."

이번에는 온유하신 예수님도 화가 나신 모양이다. 그래서 그동안에는 말하지 않던 큰 죄, 곧 영영 죄 사함을 받지 못하는 '성령 모독죄'에 관해 말씀하셨다. 예수님은 성령의 능력으로 사탄을 제압하고 귀신들을 내쫓는 사역을 수행하셨다. 그런데 바리새인들은 그런 성령의 사역을 부정하고 배척하면서 그것을 사탄의 능력이라고 몰아붙였다. 그렇게 함으로써 그들은 성령을 모독하는 죄, 곧 성령 모독죄를 범했다.

다른 시각에서 보면, 이 죄는 예수님 편에 서지 않고 사탄 편에 선 죄다. 이처럼 성령을 모독함으로써 예수님 편을 떠나 사탄 편에 선 자들, 곧 사탄의 자식들은 그 편에 계속 서 있는 한, 영영 죄 사함의 은총을 받을 수 없는 것이다. 예수님의 메시아 사역, 곧 십자가 사역에 근거하여 회개하는 자에게 죄 사함의 은총을 베풀어 마침내 각 사람에게 구원을 적용시키는 성령님의 사역을 끝내 거부하고 배척하니, 세상에 무슨 수로 자기 죄를 용서받고 구원에 이를 수 있겠는가!

나무와 그 열매 (12:33-37; 눅 6:43-45)

성령의 능력으로 말미암는 예수님의 사역을 바알세불(사탄)의 힘에서 비롯되었다고 주장하는 바리새파 사람들을 향해 예수님의 매서운 질책이 이어진다.

"본디 나무는 그 열매를 보면 알 수 있소. 좋은 나무라야 좋은 열매를 맺고, 나쁜 나무에는 나쁜 열매가 맺히게 마련이오. 이 독사의 자식들이여! 당신들같이 악한 사람들이 어떻게 선한 말을 할 수 있겠소? 모든 말은 결국 그 사람의 마음에서 나오는 것이오. 선한 말은 선한 마음에서 나온 것이고, 악한 말은 악한 마음에서 나온 것이오.

앞서 세례 요한도 예수님처럼 당시 유대의 종교 지도자들인 바리새파 사람들과 사두개파 사람들을 향하여 "이 독사의 자식들아!"하고, 똑같이 책망했다. 이 말은, 태초에 에덴동산에서 인류의 조상을 미혹한 '옛뱀' 곧 사탄(마귀)의 후손들이란 뜻이다. 성령의 사역을 사탄의 사역이라 주장하니, 이처럼 꾸짖고 경고한 것이다.

"내가 진정으로 말하겠소. 장차 최후의 심판 날에는, 당신들이 내뱉은 아무리 사소한 말이라도 하나도 빠짐없이 전부 스스로 책임을 져야 할 것이오. 당신들이 당신들의 입으로 내뱉은 말에 따라 의로운 사람으로 인정받기도 하고, 혹은 악한 사람으로 판결받기도 할 것이오."

좋은 나무는 좋은 열매를 맺듯, 마음이 의로운 사람들은 자연스럽게 하나님의 뜻에 합당한 선한 말을 할 것이나. 반면에 나쁜 나무는 나쁜 열매를 맺듯, 마음이 악한 사람들은 그 악한 본성대로 하나님의 뜻을 거스르는 악한 말을 할 것이다. 따라서 그 사람의 말이 그 사람 자체가 되어, 그로 하여금 스스로 의인과 악인을 판가름하는 법이다.

기적을 요구하는 세대 (12:38-42; 막 8:11-12; 눅 11:29-32)

"선생이여, 우리가 선생을 믿을 수 있게 우리에게 확실한 기적을 하나 보여주시오!"

하루는 서기관들과 바리새파 사람들 몇 명이 예수께 와서 기적을 보여 달라고 요청했다. '서기관'은 구약의 율법과 구전(口傳)에 해박한 지식을 가진 일종의 율법 교사를 가리킨다. 그런 점에서 그들은 '율법사' 또는 '율법교사'로 불리기도 했고, 때로는 '랍비'로 호칭되기도 했다.

"지금 내게 확실한 기적을 보여 달라 했소? 당신들은 더 이상 또 무슨 기적을 보고 싶은 거요? 참으로 답답하구려!"

이적 보기를 원하는 것 자체가 잘못된 것은 아니다. 하지만 일단 목도한 이적은 기꺼이 인정하고 받아들여야 한다. 지금껏 예수님은 자신의 말을 입증할 수 있는 확실한 이적을 이미 여러 번 보여주셨다. 그럼에도 서기관들과 바리새인들은 그것을 믿지 않고 또 다른 이적을 요구했다. 그래서 예수님은 쇼(show)를 위한 그들의 이적 요구에 적이 답답한 마음을 표하시며 그들을 책망하신다.

"악하고 믿음 없는 세대가 기적을 보여 달라고 요구한다오. 하지만, 선지자 요나에게 일어났던 기적 외에는 보여줄 것이 없소. 요나가 큰 물고기 뱃속에서 사흘 밤낮을 지냈듯, 장차 인자도 땅속에서 사흘 밤낮을 지낼 것이오."

선지자 요나(주전 793-753년경), 그에게 일어났던 기적은 무엇일까? 그것은 그가 바다에 던져져 큰 물고기 뱃속에 들어갔지만, 3일 만에 뭍에 토해져 다시 살아난 이적을 가리킨다. 예수께서 이적을 요구하는 자들에게 이 같은 요나의 이적을 제시하신 까닭은, 그 이적이 장차 자신의 십자가 죽음과 3일 만의 부활을 예표하는 최고의 상징적 이적이었기 때문이다. 예수님은 유대 종교 지도자들의 믿음 없음을 계속해서 책망하신다.

"장차 최후의 심판 날에, 니느웨 사람들이 일어나 당신들을 정죄할 것이오. 그들은 요나의 설교를 듣고서 회개하고 하나님께로 돌아왔지만, 당신들은 요나보다 더 큰 이가 지금 여기에 있는데도 그를 전혀 믿으려 하지 않기 때문이오."

니느웨 성읍은 요나 선지자 때(주전 8세기경)에 패권 국가였던 아시리아 제국의 수도였다. 이곳 사람들은 타락했지만, 하나님의 심판을 외치는 요나의 설교를 듣고서 회개하였다.

솔로몬의 지혜를 듣고 찾아온 남방 여왕

"또 마지막 심판 날에는 남방 땅에 살던 여왕도 일어나 당신들을 정죄할 것이오. 그 여왕은 솔로몬의 지혜를 들으려고 아주 먼 땅에서부터 힘써 찾아왔지만, 당신들은 솔로몬보다 더 큰 이가 여기 있는데도 그를 전혀 믿으려 하지 않기 때문이오."

여기 남방 땅은 '스바(Sheba)'를 가리키는데, 그 나라는 아라비아 반도의 남서쪽에 위치한 고대 사베안 왕국을 가리킨다(오늘날의 '예멘'). 그곳은 예루살렘에서 무려 2천4백km(6천 리)가량 떨어진 머나먼 지역이었다. 그럼에도 불구하고 스바 여왕은 솔로몬의 지혜를 듣기 위해 아주 먼 길을 힘써 달려왔다.

되돌아온 귀신 (12:43-45; 눅 11:24-26)

이제 예수께서 한 가지 예를 드신다. 복음을 계속 들으면서도, 이적을 계속 보면서도, 여전히 복음을 믿지 않고 예수님을 구주로 영접하지 않는 유대의 종교 지도자들을 비롯하여 모든 불신 유대인들을 향해 '되돌아온 귀신'의 비유를 통해 엄중하게 책망하고 경고하신다.

"내 말을 잘 들으시오. 더러운 귀신은 사람에게 깃들어 있다가 밖으로 나오게 되면, 물 없는 광야를 돌아다니며 쉴 곳을 찾아 헤맨다오. 그러다가 찾지 못하면, 그 귀신은 말하기를 '전에 있던 그 사람에게로 되돌아가자.' 하면서 다시 돌아간다오. 되돌아가서 보니, 여전히 비어 있을 뿐만 아니라 잘 정리되어 있는 것을 보면 다시 나와 자기보다 더 악한 다른 일곱 귀신까지 데리고 그 사람 속으로 들어가 함께 산다오. 그러면, 그 사람은 이전 상태보다 더욱 비참한 신세가 된다오. 나를 거부하고 복음을 배척하는 이 악한 세대도 그와 마찬가지 신세가 될 것이오."

복음을 계속 배척함으로써 마음속에 예수님을 구주로 영접하지 않고, 그 마음이 온갖 거짓과 외식으로 가득 찬 율법주의로 치장되어 있다면, 그곳은 귀신들이 거주하기 딱 좋은 상태가 될 뿐이라는 말씀이다. 이 같은 예수님의 예를 통해 두 가지 사실을 깨달을 수 있다.

① 귀신은 물 없는 광야에서 쉽사리 쉴 곳을 찾지 못한다. 더러운 영(靈) 곧 귀신은 그 특성상 분명히 사람이나 동물의 몸 안에 거주하기를 좋아한다. 하지만 건조한 사막에서는 사람들이나 동물들이 살고 있는 집들이 거의 없기 때문에, 귀신은 편히 들어가 쉴 곳을 찾지 못하는 것이다.

② 귀신 중에서도 '더 악한 귀신'이 있다. 이 말은 곧 '더 강한 귀신'을 가리킨다. 말하자면 귀신의 세계에도 인간의 군대 조직 같은 서열과 체계가 있는 것이다.

예수님의 거룩한 영적 가족(12:46-50; 막 3:31-35; 눅 8:19-21)

예수께서 여러 메시지, 비유, 예화, 경고, 책망 등으로 사람들에게 한창 말씀하고 계실 때였다. 그곳에 예수님의 모친과 형제들도 와 있었다. 그들은 줄곧 회당 밖에 서서 기다리면서 예수님과 이야기하기를 바랐다. 그런 모습을 보고, 어떤 사람이 회당 안에서 말씀하고 계시는 예수께 가까이 다가와 소식을 전한다.

"선생님, 지금 선생님의 모친과 형제들이 선생님을 찾으십니다."

크게 반길 줄 알았건만, 예수께서는 예상 밖의 대답을 하신다.

"누가 내 어머니이고, 누가 내 형제요?"

"네에? 그게 무슨 말씀이신지요?"

예수님의 답변에, 소식을 전한 그 사람이 어리둥절한 표정을 지으며 되묻는다. 그러자 예수께서는 손을 내밀어 자신의 말씀을 귀담아듣고 있는 제자들과 무리들을 가리키면서 다정하게 말씀하신다.

"자, 보시오! 바로 이들이 내 어머니이고, 내 형제들이오. 그렇소. 하늘에 계신 내 아버지의 뜻대로 살아가는 사람은 누구든지 내 형제이며 내 자매이고 내 어머니요."

예수님의 모친과 형제들에게는 매정한 말이었고, 제자들에게는 가슴 뭉클해지는 순간이다. 물론, 이때 예수님은 자기 가족을 무시한 것이 아니었다. 다만 인류 구원의 사명을 띤 메시아의 신분으로서 예수님은 영적 관계가 얼마나 중요한가를 강조하셨을 뿐이다.

예수님의 거룩한 영적 가족이 될 수 있는 자의 자격은 무엇일까? '하늘에 계신 성부 하나님의 뜻대로 살아가는 사람'이다. 하나님의 말씀을 듣고, 그 말씀을 마음에 받아들여 그 말씀대로 살아가는 자들, 이들은 하나님의 아들이신 예수 그리스도를 중심으로 거룩한 신앙 공동체를 이룬 자들이다. 따라서 공동체 구성원 하나하나는 예수 그리스도와 더불어 한 분 하나님을 아버지로 모시는, 모두가 한 형제자매인 것이다. 하나님의 뜻대로 살아가는 거룩한 영적 가족인 것이다.

13
예수님의 천국 비유들

겨자씨 비유는 하나님 나라 비유
작은 씨 크게 자라 새가 깃드네
누룩 비유도 하나님 나라 비유
누룩은 밀가루 반죽을 부풀게 하네

씨 뿌리는 농부의 비유 (13:1-9; 막 4:1-9; 눅 8:4-8)

예수께서 모친과 형제들의 방문을 받은 그 날, 예수께서는 가족들과 함께 잠시 집으로 돌아가셨다. 그런 뒤 다시 집에서 나와 갈릴리 호숫가로 가서, 거기 앉으셨다. 그런 모습을 보고, 많은 사람들이 예수님 주위에 모여들었다. 그러자 예수께서는 모여든 무리를 가르치시려고 어떤 배에 올라가 앉으셨고, 사람들은 호숫가에 그대로 서 있었다. 예수께서는 사람들이 누구나 알아듣기 쉽도록 여러 비유를 들어 많은 것들을 가르쳐 주셨다. 먼저 예수님은 '씨 뿌리는 농부의 비유'를 들어 말씀하신다.

"한 농부가 밭에 나가 씨를 뿌렸습니다. 그런데 어떤 씨들은 길가에 떨어지니, 새들이 쪼르르 와서 다 쪼아 먹었습니다. 또 어떤 씨들은 흙이 깊지 않은 돌밭에 떨어지니 싹이 올라왔지만, 흙이 얕아 뜨서운 뙤약볕에 그만 말라 죽었습니다. 뿌리가 땅에 깊이 박히지 않았기 때문입니다. 또 어떤 씨들은 가시덤불 속에 떨어지니, 가시덤불이 무성하게 자라 그 씨들이 자라나지 못하게 막아버렸습니다. 그러나 어떤 씨들은 기름진 좋은 땅에 떨어지니, 그 씨들이 잘 자라 100배, 또는 60배, 또는 30배의 많은 열매를 맺었습니다. 자, 귀 있는 사람들은 이 비유가 무엇을 뜻하는지 알아들으시기 바랍니다."

씨 뿌리는 농부의 비유: 네 종류의 땅에 떨어진 씨앗

이 비유가 무일 뜻하는 길까? 천국 복음은 모든 자들에게 똑같이 받아들여지는 것이 아니고, 복음을 받아들이는 자의 심령 상태에 따라 각기 다른 결과를 낳을 수 있다는 것이다. 예수님이 가르치시는(뿌리시는) 그 천국 복음(씨앗)이 듣는 사람들 마음속에 뿌리를 내려, 나중에 몇십 배나 몇백 배의 열매를 맺기 위해서는 적어도 다음 3가지의 방해 요소를 잘 극복해야 한다는 사실을 배울 수 있다.

① 새들이 와서 쪼아 먹음: 악한 자들의 공격에 믿음을 빼앗김.
② 뜨거운 뙤약볕에 말라죽음: 외부의 환난과 박해를 견디지 못하고 믿음을 포기함.
③ 가시덤불로 인해 자라나지 못함: 세상 염려와 재물의 유혹에 빠져 믿음의 여정에서 중도 탈락함.

비유로 가르치시는 이유 (13:10-17; 막 4:10-12; 눅 8:9-10)

그때, 예수님의 제자들이 가까이 다가와서 묻는다.
"스승님, 왜 사람들에게 비유로 가르치시는 것입니까?"

"허허. 그 이유가 궁금한 것이냐? 너희에겐 천국 비밀을 아는 것이 허락되었지만, 다른 사람들에겐 허락되지 않았다. 가진 사람들은 더 받아서 더욱 넉넉하게 되겠지만, 갖지 못한 사람들은 조금 갖고 있는 것까지도 전부 빼앗길 것이다."

여기서 '가진 사람들'은 영적 귀가 열려 있어 복음을 듣고 믿음을 가진 자들을, '갖지 못한 사람들'은 영적 귀가 닫혀 있어 복음을 들어도 깨달음이 없는 자들을 가리킨다. 그러니 가진 사람들은 들으면 들을수록 점점 더 갖게 되는 것이고, 갖지 못한 사람들은 아무리 들어도 하나도 제대로 갖지 못하게 되는 것이다.

"제자들아, 내가 비유로 말하는 이유는…, 그것은 그들이 보아도 보지 못하고, 들어도 듣지 못하기 때문이니라. 자, 보아라. 이로써 이사야 선지자의 예언이 이루어지지 않았느냐."

"스승님, 이사야 선지자의 어떤 예언을 말씀하시는 것입니까?"

"그 예언은 이러하다. 귀 기울여 들어보아라."

그러면서 예수님은 제자들을 향해 이사야 선지자의 예언을 읊조리신다.

> "너희는 듣기는 들어도 깨닫지 못할 것이고, 보기는 보아도 알아보지 못하리라. 아, 이 백성은 마음이 굳어져 귀는 듣지 못하고 눈은 감겨 있구나. 이렇게 된 것은, 그들로 하여금 눈으로 보지 못하게 하고, 귀로 듣지 못하게 하고, 마음으로 깨닫지 못하게 하려 함이니, 결국 그들이 내게로 돌아오지 못하게 하여 그들을 고쳐주지 않으려는 것이다"(사 6:9-10).

그렇다. 예수께서 비유로 말씀하신 두 가지 실제적인 이유가 있었다.

① 천국 복음은 하늘나라에 관한 진리이기 때문에 깊은 영적 뜻을 지니고 있었다. 그래서 예수님은 사람들의 일상적인 삶의 환경에 빗대어

이야기 방식으로 가르침으로써 천국 복음을 쉽게 이해시키고, 한번 들으면 오래 기억에 남도록 하기 위해 비유로 말씀하셨다.

② 예수님은 천국 복음을 비유로 말씀하심으로써 그것의 소중한 진리를 방해자들의 조롱과 오해와 적대감으로부터 안전하게 보호하셨다. 그래서 예수님은 비유로 말씀하신 후에 필히 '귀 있는 자는 들으라.' 하셨다. 이 말은, 들을 귀가 없는 자들은 말씀을 들어도 그 의미를 깨달을 수 없다는 말이다. 말하자면 예수님은 비유로써 천국 복음을 안전하게 포장하신 것이다.

이 같은 맥락에서 이사야 선지자는 당대는 물론이고 이후에도 하나님의 말씀을 들어도 듣지 못하고, 보고도 보지 못하며, 아무리 가르쳐도 마음으로 깨닫지 못하는 자들에 대해 경고하는 예언을 한 것이다. 그 예언이 예수님 당시의 세태와 딱 맞아떨어졌다.

"그러나 제자들아, 너희 눈은 열려 있어 지금 보고 있으므로 복되구나. 또 너희 귀도 열려 있어 지금 듣고 있으므로 복되구나. 많은 선지자들과 의인들이 너희가 지금 보고 있는 것을 보려 하였건만 보지 못했고, 너희가 지금 듣고 있는 것을 들으려 하였건만 듣지 못하였느니라."

구약시대에는 천국 복음의 실체가 분명하게 계시되지 않았기 때문에, 선지자들과 의인들도 그 실체를 제대로 보거나 듣지 못했다. 단지 어렴풋이 예표(豫表)와 그림자만 접했을 뿐이다. 하지만 신약시대에는 천국 복음의 실체가 활짝 열렸기에, 누구든지 쉽게 보고 쉽게 들을 수 있게 되었다.

'씨 뿌리는 농부의 비유'를 설명해 주심 (13:18-23; 막 4:13-20; 눅 8:11-15)

"그렇다면 스승님, 앞서 말씀하신 '씨 뿌리는 농부의 비유'가 무얼 뜻하는지 구체적으로 설명해 주십시오. 무슨 뜻인지 어렴풋이 짐작은 가는데, 스승님의 정확한 해석이 듣고 싶습니다."

"음, 그러하냐? 그러면 '씨 뿌리는 농부의 비유'가 무얼 뜻하는지 잘 들어보아라. 뿌린 씨가 길가에 떨어졌다는 것은, 천국 복음을 듣고서도 깨닫지 못하는 사람의 마음을 가리킨다. 이런 사람들은 악한 자들이 와서, 그의 마음속에 있는 씨를 빼앗아 가느니라."

"아, 그렇다면 새들은 악한 자들을, 씨는 복음을 말하는군요!"

"그렇지! 그리고 뿌린 씨가 흙이 얕은 돌밭에 떨어졌다는 것은, 말씀을 듣고 처음에는 기쁜 마음으로 받아들이긴 하지만, 그 씨가 뿌리를 깊게 내리지 못하는 사람의 마음을 가리킨다. 그런 사람은 어려움이 닥치거나 박해를 받게 되면, 열정이 금방 식고 믿음이 흔들려 넘어지고 마느니라. 또 뿌린 씨가 가시덤불에 떨어졌다는 것은, 말씀을 듣긴 하지만 세상에 대한 염려와 재물의 유혹이 하나님의 말씀을 막아버리는 사람을 가리킨다. 이런 사람은 아무런 열매를 맺지 못하느니라."

"맞습니다! 당연히 그렇겠네요."

"마지막으로, 뿌린 씨가 좋은 땅에 떨어졌다는 것은 말씀을 듣고 깨달아 그대로 실천하여 30배, 60배, 100배로 풍성한 열매를 맺는 사람을 가리키느니라."

가라지 비유 (13:24-30)

예수님이 두 번째로 주신 비유는 '가라지 비유'다. 예수님은 갈릴리 호숫가에 모인 사람들을 쭉 둘러보았다. 아는 얼굴들도 보인다. 그들을 보며 웃어주었다. 그런 뒤 입을 열어 말씀하신다.

"여러분, 천국은 자기 밭에 좋은 씨를 뿌린 농부와 같습니다. 사람들이 자는 동안에, 원수가 밀밭에 가라지를 뿌리고 갔습니다. 밀이 자라면서 가라지도 함께 자랐습니다. 종들이 밭에 좋은 씨를 뿌렸는데 가라지가 잔뜩 올라왔다며 투덜대자, 주인은 말하기를 '저런! 분명 원수가 와서 그런 짓을 한 게로구나.' 했습니다."

왜 이런 말씀을 하시는 걸까? 듣는 사람들은 의아해했다. 이보다 더 멋진 말씀을 기대하고 왔는데, 농사짓는 말씀이나 들려주시다니. 예수님은 개의치 않고 계속 말씀하신다.

가라지를 몰래 뿌리다 (도멘시오 페티 작)

"가라지를 다 뽑아버리겠다고 종들이 나서자, 주인이 말하기를 '아니다, 지금은 가만두어라. 가라지를 뽑다 보면 밀까지 뽑히게 되니 추수 때까지 내버려 두어라. 추수할 때에 가라지를 먼저 뽑아 불에 태우라고 하겠다. 그런 다음에 밀을 거두어 곳간에 쌓으라고 하겠다.' 했습니다. 자, 귀 있는 자들은 알아듣기 바랍니다."

이 비유에서 '가라지'는 사탄(마귀)에게 속한 거짓 신자를, '밀(곡식)'은 하나님께 속한 참된 신자를 상징한다. 밭에 자라난 가라지를 즉시 뽑으라고 명하지 않는 까닭은 어디까지나 곡식을 보호하기 위해서였다. 가라지는 뿌리가 땅에 깊게 박혀 있어, 그것을 뽑다가 자칫 곡식까지 상하는 수가 종종 있었기 때문이다.

겨자씨와 누룩 비유 (13:31-33; 막 4:30-32; 눅 13:18-21)

예수님이 비유로 말씀하시니, 그 이야기가 쉽고 재미있어 사람들이 저마다 귀를 쫑긋 세우고 듣고 있었다. 이에 예수께서는 또 다른 비유를 들어 가르치신다.

"천국은 마치 겨자씨 같습니다. 겨자씨는 모든 씨앗 중에서 가장 작지만, 나중에는 새들이 날아와 그 가지에 둥지를 틀만큼 아주 큰 나무가 됩니다."

'겨자씨 비유'다. 이 비유의 교훈은 이러하다. 씨는 조용히, 하지만 꾸준히 자란다. 씨처럼, 하나님의 왕국 곧 천국도 눈에 띄지 않게 조용히 성장한다. 그것은 인간의 노력에 의해서가 아니고 하나님의 사역 결과다. 씨들 중에서도 특별히 겨자씨의 성장은 괄목할 만하다. 아주 작은 겨자씨처럼, 하나님의 왕국도 초창기에는 무척 미미하지만, 나중엔 상상조차 할 수 없을 만큼 창대하게 된다. 실제로 이스라엘 땅의 겨자씨는 눈에 잘 보이지 않을 정도로 아주 작다. 하지만 1~2년 내에 3.5m~4.5m나 될 정도로 크게 자라는 성장력 왕성한 식물이다. 겨자씨 비유에 이어 예수님은 또 다른 비유를 드신다.

"어떤 여자가 밀가루 서 말의 반죽 속에 누룩을 살짝 넣었습니다. 그랬더니 반죽이 온통 부풀어 올랐습니다. 천국은 이런 누룩과 같습니다."

'누룩 비유'다. 누룩의 특징은 그 대상을 부풀게 하여 크게 확장시키는 것이다. 그런 누룩처럼, 천국도 그 복음의 힘으로 말미암아 점차적으로 커지고 확장된다는 가르침이다. 겨자씨의 비유가 천국의 외적이고 양적인 성장에 초점을 맞추고 있다면, 누룩의 비유는 천국의 내적이고 질적인 성장에 초점을 맞추고 있다.

예수님은 오직 비유로만 말씀하심 (13:34-35; 막 4:33-34)

예수께서 천국 복음을 가르치실 때 사람들에게 자주 비유로 말씀하셨다. 그야말로 비유 아니면 아무 말씀도 하시지 않을 정도로 즐겨 비유를 사용하셨다. 그 까닭은 무엇일까?

① 천국 복음은 이 세상 진리가 아니라 저 하늘나라에 관한 진리이기에 깊은 영적 뜻을 지녔다. 그래서 예수님은 사람들의 일상적인 삶의 환경에 비유해서 이야기 방식으로 가르침으로써 천국 복음을 쉽게 이해시키고,

한번 들으면 기억에 오래 남도록 하기 위해서였다.

② 천국 복음의 소중한 진리를 그 가치를 알지 못하는 방해자들의 조롱, 오해, 적대감 등으로부터 안전하게 보호하기 위해서였다. 그래서 영적 귀가 없는 사람은 비유를 들어도 그 진리를 깨닫지 못했다. 말하자면 비유로써 천국 복음을 안전하게 포장하신 것이다.

이런 까닭으로, 예수님은 천국 복음을 가르치실 때 즐겨 비유를 사용하셨다. 그런데 이는 일찍이 선지자를 통해 선포하신 말씀이 메시아 예수로 인해 성취된 것이다.

> "내가 입을 열어 비유로 말하리라. 그리하면 옛적부터 감추어졌던 비밀스러운 일들이 드러나리라"(시 78:2).

예수께서 '가라지 비유'를 설명해 주심 (13:36-43)

지금껏 갈릴리 호숫가의 어떤 배 위에 올라 무리를 가르치신 예수님, 이제 배에서 내려오신 뒤 무리를 떠나 집으로 들어가셨다. 그러자 제자들이 가까이 나아와 말한다.

"저… 스승님, 아까 말씀하셨던 '가라지 비유'에 대해 설명 좀 해주십시오. 그 비유가 무얼 뜻하는지 잘 모르겠습니다."

"음…. 너희조차도 알아듣지 못했느냐? 그렇다면 이제부터 설명해 줄 테니 귀담아 잘 듣도록 하여라. 나는 좋은 씨를 뿌리는 농부이고, 밀밭은 이 세상이다. 또 좋은 씨는 천국의 백성들이고, 가라지는 악한 자 곧 사탄(마귀)의 자녀들이다. 그리고 밀밭에 가라지를 몰래 뿌린 원수는 마귀이고, 추수 때는 이 세상이 끝나는 날이며, 추수하는 일꾼은 천사들이다. 추수 때가 오면 마치 일꾼들이 가라지를 따로 뽑아 전부 묶은 후에 불에 태우듯, 세상 마지막 날이 오면 인자가 천사들을 보낼 터인데, 그 천사들은 가라지 같은 자들, 곧 다른 사람을 죄짓게 하는 자들과 모든 악한 자들을 추려내어 그들을 지옥의 불구덩이 속에 던져 넣을 것이다. 그러면, 그들은 거기서 크게 울며 몸부림칠 것이다. 하지만 그때 알곡 같은 의인들은 아버지의 나라에서 해와 같이 빛날 것이다. 바로 이것이 가라지 비유의 가르침이니라. 귀 있는 사람은 알아듣도록 하여라."

"그런데 스승님, 한 가지 의문점이 있습니다. 왜 하나님은 이 세상인 밀밭에 마귀가 가라지를 몰래 뿌리도록 허용하시는 것입니까? 그리고 왜 가라지를 바로 뽑아내지 않고 추수 때까지 기다리는 것입니까?"

"좋은 질문이다. 이 세상에선 누구든지 천국 복음의 초청에 응하여 천국 시민이 될 수 있도록 천국을 개방하였기 때문에, 마귀가 그걸 악용하여 가라지를 뿌릴 수 있는 것이다. 그리고 오래 참으시는 사랑의 하나님은 되도록 보다 많은 사람들에게 회개하고 용서받을 수 있는 기회를 제공해 주시려고 마지막 심판(추수) 때를 지연시키고 있기 때문이다. 그렇지만 언젠가는 천국 문이 닫힐 때가 올 터인데, 그러면 그때까지 회개하지 않는 자들(가라지들)은 하나님의 불 심판을 피하지 못할 것이니라."

세 가지 비유: 밭에 묻힌 보물, 값진 진주, 바다 그물(13:44-50)

가라지 비유를 설명해주신 뒤, 예수님은 가버나움 집에서 제자들을 대상으로 천국 복음의 진리를 계속 가르치셨다. 이번에도 역시 비유로 말씀하신다.

"천국은 밭에 묻혀있는 보물과 같다. 그 보물을 발견한 사람은 그것을 제자리에 감추어두고는 흥분하여 집으로 돌아와, 기쁜 마음으로 자신이 가진 것들을 모두 팔아 기어코 그 밭을 구입한다."

씨 뿌리는 농부의 비유, 가라지 비유, 겨자씨 비유, 누룩 비유에 이은, 천국에 관한 다섯 번째 비유다. 이 비유는 은행 제도가 없었던 당시에 귀중품을 땅에 묻어 보관했던 유대인들의 관습에 바탕을 둔 비유다. '천국 복음'이란 위대한 보물을 발견한 자는 자신의 모든 것을 바쳐 그것을 반드시 차지해야 한다는 교훈이다.

"또 천국은 값진 진주를 구하기 위해 그것을 찾아다니는 장사꾼과 같다. 그 장사꾼이 마침내 자신이 찾던 값진 진주를 발견하면, 자신이 소유한 모든 것을 팔아 그것을 꼭 사느니라."

천국에 관한 여섯 번째 비유다. 이번에는 천국 복음이 '값진 진주'에 비유되었을 뿐, 교훈의 핵심은 바로 직전에 말씀하신 '밭에 묻힌 보물의 비유'와 똑같다. 자신이 소유한 모든 것을 전부 팔아 반드시 그것을 차지해야 할 정도로, 천국 복음은 세상의 그 무엇보다 가치 있고 소중한 것이라는 가르침이다.

"또 천국은 바다에 그물을 던지는 어부와 같다. 그물이 가득 차면 어부는 그물을 끌어올려 놓고, 좋은 물고기는 추려서 그릇에 담고 나쁜 물고기는 내버린다. 이 세상 마지막 날에도 그렇게 될 것이다. 천사들이 의인들 가운데서 악한 자들을 가려내어, 그들을 지옥의 불구덩이 속에 던져 넣을 것이다. 그러면, 악한 자들은 거기서 크게 울며 몸부림칠 것이다."

천국에 관한 일곱 번째 비유다. 교훈의 핵심은 앞서 말씀하신 '가라지 비유'와 비슷하다. 세상 마지막 날에 있을 최후 심판 때, 하나님은 바다(세상)에 던져 물고기들로 가득 찬 그물을 끌어올린 다음, 좋은 물고기들(의인들) 가운데서 나쁜 물고기들(악인들)을 추려내어, 그것들을 (지옥의 불구덩 속에) 내버린다는 가르침이다. 이 비유는 세 가지 분명한 사실을 일깨워준다.

① 이 세상에는 의인과 악인이 공존한다. ② 이 세상이 끝나는 마지막 날이 반드시 이르고, 그때가 되면 하나님께서 주관하시는 최후 심판이 있다. ③ 최후 심판에서 의인들(천국 복음을 받아들인 자들)은 구원을

받아 영생에 이르고, 악인들(천국 복음을 배척한 자들)은 정죄를 받아 영원한 지옥 불에 떨어진다.

옛것과 새것 (13:51-52)

이 모든 비유의 말씀을 마치신 후, 예수께서 제자들에게 물으신다.

"내가 한 말을 알아들었느냐?"

"네, 잘 알아들었습니다."

그러자 예수께서 흡족한 미소를 지으며 덧붙여 말씀하신다.

"나의 가르침을 받고 천국 제자가 된 모든 서기관들마다 자기 곳간에서 옛것이든 새것이든 마음대로 꺼내 쓸 수 있는 집주인 같으니라."

천국에 관하여 예수님께 가르침 받은 제자들은 복음의 서기관들이 되어 다른 사람들을 또한 가르쳐야 하는데, 마치 곳간에서 새것과 옛것을 꺼내오는 지혜로운 집주인 같아야 한다는 말씀이다. 당시 유대의 종교 지도자들이 '율법의 서기관들'이었다면, 예수님의 제자들은 '복음의 서기관들'이었다.

그리고 여기서 '새것'은 새롭게 깨우침 받은 신약의 복음(福音)을, '옛것'은 이전부터 알려진 구약의 율법(律法)을 상징한다. 그렇다. 다른 이들에게 천국에 관하여 가르치는 예수님의 제자들, 곧 복음의 서기관들은 마음 곳간에 저장된 이 양자(새것, 옛것)를 잘 끄집어내어 조화롭고 적절하게 가르칠 수 있어야 한다. 이처럼 예수께서 여러 비유를 들어 천국 복음에 관한 가르침을 베푸신 후, 그곳을 떠나 다른 데로 가셨다.

고향 사람들이 예수님을 배척함 (13:53-58; 막 6:1-6; 눅 4:16-30)

하루는 예수께서 자신의 고향인 나사렛 마을로 돌아가셔서, 그곳의 유대인 회당에서 천국 복음에 관해 가르치셨다. 그러자 마을 사람들은 예수님의 가르침에 크게 놀라 서로 웅성거리며 말한다.

"어? 거참 이상하다. 예수가 어디서 저런 지혜와 능력을 얻었지? 저 사람은 본래 목수 요셉의 아들이 아니던가?"

"맞아! 그의 어머니는 마리아이고, 그의 동생들도 우리가 다 알고 있는데…. 그의 남동생들은 야고보, 요셉, 시몬, 유다, 이렇게 네 명이 아니던가. 또 그의 누이들도 다 여기 나사렛 마을에 살고 있지 않은가. 그런데 예수가 어떻게 저런 놀라운 지식을 터득할 수 있게 되었을까?"

그러면서 나사렛 사람들은 예수를 하찮게 생각하고 달갑지 않게 여겨 그를 무시하고 배척했다. 그러자 예수께서 고향 사람들을 향해 말씀하신다.

"본래 선지자는 자기 고향과 자기 집안사람들에겐 존경받지 못하는 법이라오."

실제로 그렇다. 예로부터 선지자의 어릴 적 모습을 보고 그의 인간적인 측면을 빠삭하게 아는 자들은 대개 그를 하찮게 여겨, 그가 가진 놀랍고 탁월한 능력을 무시하는 경향이 있었다. 이처럼 고향 사람들이 예수님을 믿지 않고 배척했기에, 예수께서는 그곳 나사렛에서는 기적을 많이 베풀지 않으셨다.

하나님의 아들이신 예수님은 무한한 능력을 소유하신 분이므로, 누구에게든 어디서든 이적을 충분히 베풀 수 있었다. 하지만 예수님은 사람들의 믿음에 응하여 이적 베풀기를 기뻐하신다. 따라서 자신을 무시하고 노골적으로 배척하는 자들에게 단지 능력을 과시할 요량으로 이적을 베풀 이유는 하등 없었다.

14
세례 요한의 순교와 오병이어의 기적

동생의 아내 가로챈 분봉왕 헤롯은
딸의 생일날 세례 요한의 목을 자르네
예수는 빵 다섯 개, 물고기 두 마리로
5천 명의 무리를 배불리 먹이시네

세례 요한의 순교 (14:1-12; 막 6:14-29; 눅 9:7-9)

그 무렵, 그러니까 예수께서 공생애를 시작하신 지 2년쯤 흘러 갈릴리 전도사역이 후반기에 이를 즈음(주후 29년경), 갈릴리 지방을 다스리던 분봉왕 헤롯 안디바(주전 4년-주후 39년)가 예수에 관한 소문을 전해 듣고서 신하들에게 말한다. 여기서 '분봉왕'이란 용어는 로마 황제로부터 유대 땅의 사분의 일(1/4)을 다스리도록 임명받은 왕이란 뜻이다. 당시 헤롯 대왕의 아들인 헤롯 안디바는 부왕이 죽은 후에 갈릴리 지역과 베레아 지역을 다스리고 있었다.

"들어라, 그 예수란 자는 분명 세례 요한일 것이다. 내가 죽인 세례 요한이 다시 살아난 것이 틀림없다. 그러기에 예수가 그런 놀라운 기적들을 행할 수 있는 게 아니겠느냐?"

헤롯 안디바가 이렇게 말한 사연인즉슨 이러하다. 일찍이 그는 자기 이복동생인 빌립의 아내 헤로디아와 불륜을 저지른 뒤 그녀를 빼앗아 데리고 살았는데, 아내 헤로디아의 요구에 응하여 세례 요한을 감옥에 가둔 일이 있었다. 그렇게 행한 까닭은, 세례 요한이 헤롯 안디바와 헤로디아의 그런 불륜과 불법적인 상간(相姦) 죄를 누차 지적하면서 엄중히 질책했기 때문이다. 그래서 화가 난 헤롯은 세례 요한을 죽이려 했지만, 그를 하나님의 선지자로 믿고 있는 민중이 폭동을 일으킬까 두려워 차마 죽이지 못하고 있었다.

그런데 헤롯 안디바의 생일에 헤로디아의 딸 살로메가 초청된 손님들 앞에서 선정적인 춤을 추어 헤롯 안디바를 매우 기쁘게 해주었다. 그러자 크게 흥이 난 헤롯은 모인 손님들 앞에서 딸 살로메에게 무엇이든 원하는 것을 다 들어주겠노라고 맹세했다.

이때 살로메는 자기 어머니 헤로디아에게로 달려가서 무얼 요구했으면 좋겠느냐고 물었고, 헤로디아는 세례 요한을 죽여 그의 목을 달라 하라고 시켰다. 이에 살로메는 어머니가 시킨 대로, 세례 요한을 죽여 그의 머리를 쟁반에 담아 오라고 요구했다.

헤로디아가 세례 요한의 목을 원한 까닭은 분명하다. 그녀는 자신과 헤롯 안디바의 불법적인 결혼관계를 계속 질책하는 세례 요한을 눈엣가시처럼 여겼기 때문이다. 본래 헤로디아는 헤롯 안디바의 이복형제인 아리스토불루스의 딸이자, 역시 헤롯 안디바의 이복동생인 빌립의 아내였다. 이런 여자가 헤롯 안디바와 불륜을 저지른 뒤 남편 빌립을 버리고 헤롯 안디바의 아내가 되었으므로, 유대 율법에 따르면 간통죄에다 근친상간 죄까지 범했던 것이다. 그러니 어찌 하나님의 공의를 외치는 광야의 선지자 세례 요한의 질책을 피할 수 있었겠는가!

"뭐, 뭐라고? 지금 뭐라 한 게냐? 세… 세례 요한의 목을 달라고? 그, 그게 정말이냐? 정말로 세례 요한의 목을 원하는 게냐?"

전혀 예상치 못한 살로메의 요구에 헤롯 안디바는 무척 당황하고 괴로워했다. 자기 생일에, 그것도 많은 손님들 앞에서 그건 전혀 예상

밖의 주문이었다. 그는 하나님의 참된 선지자로 인정받는 세례 요한을 굳이 죽일 필요까지는 없다고 생각하고 있었다. 하지만 많은 손님들 앞에서 호언장담한 맹세로 인해 어쩔 수 없이 딸의 요구를 들어줄 수밖에 없었다. 그렇게 하지 않는다면 왕의 체면이 형편없이 구겨질 것이기 때문이다. 그래서 그는 신하들에게 명한다.

"여봐랏! 지금 당장 가서, 감옥에 갇혀 있는 세례 요한의 목을 베도록 하라!"

결국 세례 요한은 감옥에서 끌려나와 참수되었고, 잘린 그의 머리는 쟁반에 담겨 헤로디아의 딸 살로메에게 건네졌다. 그러자 그 소녀는 그것을 자기 어머니 헤로디아에게 갖다 주었다. 독한 모녀였다. 세례 요한은 그렇게 갔다. 4백 년 동안 침묵하던 이스라엘 역사에 혜성처럼 나타나 신분 고하를 막론하고 그들의 죄를 지적하면서 하나님의 심판과 공의를 외쳤던 '광야의 소리'는 어이없게도 철딱서니 없는 소녀의 춤값으로 지불되었다. 세례 요한의 잘린 머리를 보고서, 악녀 헤로디아는 음흉한 미소를 지으며 좋아한다.

"호호- 딸아, 수고했다. 이자가 그동안 나를 그토록 괴롭히던 세례 요한이란 자로구나. 이제야 맘 편히 발 뻗고 잘 수 있겠구나. 호호호-."

아, 세례 요한! 그는 메시아 예수보다 6개월쯤 일찍 태어나 유대 광야에서 메시아의 길을 예비하는 선구자로 살아가다가, 예수님보다 1년쯤 일찍 감옥에서 순교했다. 세례 요한의 순교 이후, 그의 제자들이 스승의 시체를 거두어 장사한 뒤에 예수께로 가서 그 사실을 알렸다.

오병이어의 기적 (14:13-21; 막 6:30-44; 눅 9:10-17; 요 6:1-14)

'흠… 헤롯은 나를 세례 요한의 환생(還生)으로 생각하고 있구나. 그렇다면… 조만간 나까지도 죽이려들겠구나.'

예수님은 헤롯 안디바가 자신을 세례 요한이 다시 살아난 것으로 생각하고 있다는 소식을 전해 들으시고, 헤롯 안디바의 통치 영역인 갈릴리 지역을 떠나기로 작정하셨다. 그래서 배를 타고 갈릴리 호수를 건너 혼자 외딴곳으로 물러나 계셨다. 그곳은 갈릴리 바다의 북동쪽 연안에 있는 벳새다 마을의 어느 한적한 들판이었다.

예수께서 그곳으로 가실 때, 주변 여러 마을에서 올라온 많은 사람들이 예수님을 줄곧 뒤따라왔다. 그리하여 예수께서 배에서 내리셨을 때는 이미 많은 사람들이 예수님을 기다리고 있었다. 그런 무리를 보신 예수께서는 측은한 생각이 드셨다. 병든 사람들을 일일이 고쳐주셨고, 또한 천국 복음의 진리를 힘써 가르쳐 주셨다. 그러다보니 시간이 많이 흘러 어느새 저녁 무렵이 되었다. 그러자 제자들이 예수께로 와서 말한다.

"스승님, 이곳은 외딴곳이고 날도 저물었습니다. 이제는 사람들을 마을로 돌려보내, 각자 자신들이 먹을 것을 사 먹게 하는 것이 좋겠습니다."

"아니다, 그럴 필요 없다. 너희가 그들에게 먹을 것을 갖다 주어라."

"네엣? 스승님, 무슨 말씀을 하시는 것입니까? 지금 저희가 가진 것이라곤 빵 다섯 덩어리와 물고기 두 마리밖엔 아무것도 없습니다. 그런데 어찌 저 많은 사람들을 먹일 수 있단 말입니까?"

제자들은 말도 안 된다는 듯 의아하게 되물었다. 예수님은 태연한 얼굴로 말씀히신다.

"너희에게 빵 다섯 덩어리와 물고기 두 마리가 있다 하였느냐? 그럼, 그것을 이리 가져오너라."

"아니, 스승님! 그것으론 어림없습니다. 두세 사람조차 배불리 먹을 수 없는 양입니다."

"아니다. 그것이면 충분하다. 어서 내게로 가져오너라."

제자들이 도대체 이해할 수 없다는 듯 연신 고개를 갸웃거리며 빵 다섯 덩어리와 물고기 두 마리를 예수께 가져왔다. 그러자 예수님은 사람들을 모두 풀밭에 앉게 하신 후, 빵 다섯 덩어리와 물고기 두

오병이어 (빵 다섯 덩이, 물고기 두 마리) 기적을 베푸시다

마리를 손에 들고는 하늘을 우러러 감사 기도를 드렸다. 그런 다음에 빵을 떼고 물고기를 나눠 제자들에게 건네주셨고, 제자들은 건네받은 빵과 물고기를 사람들에게 골고루 나눠주었다. 그런 방식으로 예수님은 빵 다섯 덩어리와 물고기 두 마리를 가지고 끝도 없이 계속해서 제자들에게 먹을 것을 건네주었다. 하지만 빵과 물고기가 떨어지지 않았다. 이른바 예수께서 벳세다 들판에서 베푸신 '오병이어(五餠二魚)'의 기적이다.

"아, 배부르다. 이런 데서 이렇게 배불리 먹다니! 누가 이 많은 음식을 다 준비하였을까…?"

자세한 영문을 모르는 무리들은 계속해서 공급되는 많은 음식에 놀라워하면서도 우선은 배가 고픈지라 허겁지겁 음식물을 섭취하기에 바빴다. 이렇게 해서 벳세다 들판에 모인 사람들이 하나도 빠짐없이 전부 배불리 먹었다. 그런 뒤에 남은 빵 조각을 주워모았더니, 그것조차도 열두 광주리에 가득 찼다. 이때 빵과 고기를 먹은 사람들은 어른 남자들만 족히 5천 명이나 되었다. 그러니까 여자들과 어린이들까지 포함하면 전체 무리의 수효는 2만 명 정도 되었다.

참으로 놀라운 이적이었다. 사람의 손에 쥐여 있을 때는 단지 빵 다섯 덩어리와 물고기 두 마리에 불과했지만, 그것이 메시아이신 예수님의 손에 쥐여지자 2만 명을 배불리 먹이고도 남은 조각이 12광주리에 가득 차는 놀라운 기적의 음식이 되었던 것이다. 이 사건이 너무나 놀랍고 인상적이어서인지, 사복음서 저자들의 책에 모두 기록되어 있다.

예수께서 물 위를 걸으심 (14:22-33; 막 6:45-52; 요 6:15-21)

벳세다 들판에 모인 사람들이 전부 배불리 먹자, 예수님은 제자들을 재촉하여 배를 타고 먼저 갈릴리 바다 건너편으로 건너가게 하셨다. 그런 다음, 사람들을 전부 집으로 돌려보내셨다. 그러고는 기도를 드리려고 예수님 홀로 근처 산으로 올라가셨다.

이윽고 밤이 깊어지자, 갈릴리 바다의 물결이 사납게 일었다. 배를 타고 갈릴리 바다를 건너고 있던 예수님의 제자들은 바다 위에서 큰 어려움을 겪게 되었다. 시간이 흘러도 거센 폭풍은 좀체 잦아들지 않았고, 사나운 파도는 금방이라도 배를 집어삼킬 듯이 무섭게 달려들었다. 본디 제자들 중 여럿은 갈릴리 바다에서 잔뼈가 굵은 노련한 어부들이었지만 그날 밤의 거센 파도는 도무지 손을 써볼 도리가 없었다. 우왕좌왕, 허둥지둥, 저마다 비명을 지르며 두려움 가운데 사투를 벌이고 있었다.

한편, 홀로 기도를 마친 예수님은 이른 새벽녘쯤 물 위를 걸어 제자들에게로 다가가고 있었다. 밤새 거센 파도와 사투를 벌이고 있던 제자들은 누군가 물 위를 걸어 자신들에게로 다가오고 있는 것을 보고는, 모두가 겁에 질려 소리친다.

"어엇? 저, 저, 저기… 유, 유령이다!"

"어이쿠야! 거센 파도에다, 이제는 웬 유령까지! 사, 사람 살려!"

혼비백산한 제자들은 심신이 거의 탈진 상태에 이르러 쓰러지기 직전이었다. 그런 모습을 보시고, 예수께서 즉시 제자들을 안심시키신다.

예수께서 물 위를 걸으시다

"두려워하지 말라! 나다. 나니라."

"주… 주님? 지금 물 위를 걷고 계신 분이 주님이십니까?"

제자들은 반신반의하며 되물었다. 바로 그때, 제자들 가운데 베드로가 갑자기 불쑥 앞으로 나서며 예수께 말한다.

"주님! 정말로 물 위를 걷고 계신 분이 주님이시라면, 저더러 명하여 물 위로 걸어오라 하십시오!"

이때 베드로는 스승의 정체성과 능력에 대해 좀 더 확신 있는 개인적인 체험을 추구하고자 했다. 이 같은 열정적이고 치열한 도전 의식이 베드로로 하여금 충동적이고 다소 무모하게 보이는 듯한 요청을 과감하게 하도록 만들었다. 예수님은 그런 베드로의 도전 정신을 좋게 보셨다.

"그래, 베드로야! 내게로 걸어오너라."

그 말에 베드로는 정말로 배에서 훌쩍 뛰어내렸다. 아, 그런데 놀랍게도 베드로의 몸이 물속으로 빠져들지 않았다. 용기를 낸 베드로가 물 위로 한 걸음씩 발을 내딛기 시작했다. 그래도 발이 물속에 빠지지 않았다.

"와! 된다, 된다! 내가 지금, 지금 물, 물 위를 걷는다!"

베드로는 환희에 가득 찬 표정으로 예수님을 향해 물 위를 한 걸음씩 걸었다. 그리하여 배와 예수님 사이의 중간쯤 걸어갔을 때, 갑자기 바다 물결이 한 차례 높이 일었다. 그러자 베드로는 갑자기 두려움을 확 느꼈고, 그 순간에 그만 베드로의 몸이 물속으로 빠져들기 시작했다.

"아, 아, 주, 주님! 살려주십시오, 주님! 제발!"

크게 당황한 베드로가 양손을 허우적거리며 크게 소리쳤다. 그런 모습에, 예수께서 급히 물 위를 걸어 베드로에게 다가와 즉시 손을 내밀어 베드로를 붙드시며 말씀하신다.

"믿음이 적은 자여, 왜 의심하였느냐?"

예수께서 베드로와 함께 배에 오르자, 사납게 불던 바람이 즉시 고요해졌다. 파도가 가라앉고 물결이 잔잔해졌다. 언제 폭풍이 불었느냐 듯 사방이 조용했다. 그러자 배 안에 있던 제자들이 다함께 예수님 앞에 엎드려 절하며 말한다.

"오, 주님, 주님이야말로 정녕 하나님의 아들이십니다."

게네사렛 지방에서 병자들을 고치심 (14:34-36; 막 6:53-56)

예수님 일행은 갈릴리 바다를 건너 게네사렛 지방에 이르렀다. 게네사렛은 구약시대의 '긴네렛'에 해당하는 지역이다. 갈릴리 바다의 북쪽 서안에 위치한 비옥한 평야지대로, 가버나움 남쪽에 위치한 마을이다.

"와, 예수님이다! 위대한 랍비 예수께서 이곳에 오셨다!"

게네사렛 지방의 사람들이 예수님을 알아보고는, 주변 마을들에 두루 사람을 보내어 병자들을 예수께로 데려왔다. 각양각색의 병자들은 다만 옷자락이라도 만지게 해달라고 예수님께 간청하였다. 이렇게 간청한 까닭은, 앞서 혈루병 걸린 여인이 예수님의 옷깃을 만진 뒤에 나음을 입었다는 소문이 널리 퍼졌기 때문이다. 과연 그러했다! 이때에도 예수님의 옷자락을 만진 병자들은 모두가 자기들의 병에서 치유 받았다. 이렇게 예수님은 게네사렛 지방에서도 많은 병자들을 고쳐주셨다.

15
전통과 믿음

입에서 나오는 말이 사람을 더럽히네
살인, 간음, 음란, 도둑질, 거짓말 등
다 마음에서 나와 사람을 더럽히니
손 안 씻고 먹는다고 더러운 게 아니네

유대인들의 전통 (15:1-20; 막 7:1-23)

그 무렵, 예루살렘에서 내려온 바리새파 사람들과 서기관들(율법 교사들) 몇 명이 예수님의 제자들을 비난하면서 예수께 시비를 건다.

"선생이여, 선생의 제자들은 어째서 우리 조상들의 전통을 어기는 것이오? 음식을 먹기 전에는 반드시 손을 씻어야 하는데도 선생의 제자들은 음식을 먹기 전에 손을 씻지 않소. 그게 잘못된 것이 아니고 무어란 말이오?"

종교적인 관습상, 바리새인들은 식사 전에 반드시 손을 씻어야 한다고 주장했다. 그것은 부정한 사람이나 사물과의 어떤 접촉 가능성에 대한 오염의 효과를 제거하기 위해서였다. 이 같은 손 씻는 관습은 부정한 것들과의 접촉을 엄격히 금한 율법의 가르침에서 비롯되었다. 이 땅에 오신 예수님도 대체적으로 율법을 잘 따랐다. 하지만 율법의 문자에 얽매이지 않고, 율법의 완성자로서 그 정신을 준수했다. 그래서 바리새인들처럼 유대인들의 모든 관습과 전통을 문자 그대로 준수해야 한다는 의무감을 갖지는 않았다. 이런 사실에 기초하여 예수께서 그들에게 대답하신다.

"그렇다면 내가 한 가지 묻겠소. 당신들은 왜 조상들의 전통을 핑계 삼아 하나님의 계명을 어기는 것이오?"

"아니, 지금 무슨 말을 하는 겁니까? 우리가 전통을 핑계 삼아 하나님의 계명을 어기다니요! 무슨 근거로 그런 말을 함부로…."

"보시오, 하나님의 율법에 기록되기를 '네 부모를 공경하라. 누구든지 부모를 욕하며 저주하는 자는 반드시 죽여야 한다.' 하지 않았소. 그런데 당신들은 가르치기를 '부모에게 드리면 보탬이 될 것이라도, 그것을 하나님께 바치면 부모에게 따로 드리지 않아도 괜찮다.' 하고 있소. 이렇게 해서 당신들은 조상들의 전통을 핑계 삼아 하나님의 계명을 거스르고 있소."

그랬다. 예로부터 유대인 장로들은 부모를 봉양할 물질이라도 그것을 하나님께 바치면, 다른 물질로 따로 부모를 봉양하지 않아도 된다고 가르쳤다. 그러면서 부모 봉양의 의무를 회피하고, 한편으로는 그 물질조차 하나님께 제대로 바치지 않고 자기 유익을 위해 사적으로 사용했다. 예수님은 유대인들의 그런 불의한 전통을 언급하시면서, 그것이 부모 공경을 명한 하나님의 계명(십계명 중 제5계명)을 어기는 것이라고 지적하신 것이다.

"아, 그것 말이오. 그야… 그러니까… 부모에게 드리는 것보다 하나님께 바치면…, 그것이 더 선한 일이 되는 것이므로…."

예수님의 지적을 받고, 유대의 종교 지도자들은 크게 당황한 듯 말꼬리를 얼버무리면서 어설픈 변명을 하기 시작했다. 그러자 예수께서 그들의 말을 자르고 엄히 선포하신다.

"위선자들이여! 이러므로 옛적 이사야 선지자가 선포한 예언이 바로 당신들을 두고 한 것이 아니겠소?"

"이사야 선지자…? 아니, 그 선지자가 무슨 예언을 했다고 그러시오?"

"똑똑히 잘 들으시오!"

그러면서 예수님은 이사야 선지자의 예언을 들려준다.

> "이 백성이 입술로는 나를 섬긴다고 말하면서도 마음은 내게서 멀리 떠났구나. 그들은 나를 거짓으로 예배하면서 사람의 계명을 마치 하나님의 계명인 양 가르치는구나"(사 29:13).

그러고서 예수님은 무리들을 가까이 불러 말씀하신다.

"여러분, 내가 하는 말을 잘 들으십시오. 입으로 들어가는 음식물이 사람을 더럽히는 것이 아닙니다. 다만 입에서 나오는 말이 사람을 더럽힐 뿐입니다."

손을 씻지 않고 먹는 음식물이 사람을 도덕적, 신앙적으로 더럽게 하는 것이 아니라 유대인들의 그릇된 전통처럼 사람의 마음에서 나오는 잘못된 생각들이 사람을 타락시키는 악한 것들이라는 의미다. 예수께서 사람들에게 이 같은 말씀을 하고 계실 때, 제자들이 예수님께 총총 와서 걱정스럽게 말한다.

"스승님, 어쩌시려고 그런 말씀을…. 지금 하신 말씀이 바리새파 사람들의 비위를 크게 상하게 하신 일을 아십니까?"

예수께서는 그런 일엔 아랑곳하지 않는다는 듯 제자들에게 의연하게 대답하신다.

"내 아버지께서 심지 않은 나무는 모두 뿌리가 뽑힐 것이다. 그들을 그대로 내버려 두어라. 사실, 그들은 앞을 보지 못하는 눈먼 인도자들이다. 맹인이 맹인을 인도하면, 둘 다 구덩이에 빠질 뿐이다."

예수님의 답변에 제자들은 크게 놀라며 당혹해했다. 그때, 베드로가 나서서 예수께 말한다.

"스승님, 앞서 말씀하신 그 비유를 우리에게 설명해 주십시오. 무슨 뜻인지 구체적으로 알려주십시오."

"너희도 아직 내 말을 깨닫지 못하였느냐?"

예수님은 안타까운 표정을 지으셨다. 예로부터 유대인들에게 있어 종교 지도자들의 가르침은 하나님의 말씀과 동일한 수준으로 간주되었다. 하나님의 계명에 대한 그들의 박학한 지식과 상세한 해석은 일반 백성들에게 신성불가침의 영역이었다. 따라서 제자들은 그러한 종교 지도자들의 가르침을 책망하고 비판하는 스승의 태도를 어떻게 이해해야 할지 분간이 서지 않았다. 어릴 적부터 유대의 종교 전통과 의식에 젖어있던 제자들에게는 아직껏 사람의 계명과 하나님의 계명을 식별할 수 있는 영적 통찰력이 부족했던 것이다.

"잘 들어라. 사람의 입으로 들어가는 것은 무엇이든 뱃속을 거쳐 결국엔 밖으로 나오지 않느냐. 그러나 사람의 입에서 나오는 악한 것들은 마음에서 비롯되는 것인데, 바로 이것이 말하는 그 사람을 더럽히는 것이다. 자, 한번 생각해 보아라. 악한 생각들은 다 마음에서 나오는 것이다. 살인, 간음, 음행, 도둑질, 거짓 증언, 비방 등등. 이 모든 것들이 다 마음에서 나오지 않느냐?"

"맞습니다. 주님."

"그렇다. 이와 같이 사람의 마음에서 나오는 악한 것들이 사람을 더럽히는 것이지, 손을 씻지 않고 먹는 것이 사람을 더럽히는 것이 아니니라."

어느 가나안 여자의 믿음 (15:21-28; 막 7:24-30)

"자, 이제 여길 떠나 다른 지방으로 가자."

예수께서는 지금껏 유대의 종교 지도자들과 정결 문제를 놓고 논쟁하

예수님의 페니키아(베니게) 기적

셨던 가버나움 지방을 떠나, 멀리 북쪽에 있는 두로와 시돈 지방으로 올라가셨다. 이 두 성읍은 팔레스타인 맨 북쪽에 위치한 지중해 연안의 이방인 도시들로, 페니키아(베니게) 지역에 있다. 예수님 일행이 그 지방에 이르렀을 때, 그 지방에 사는 가나안 여자 한 사람이 예수께 나아와 간청한다.

"주님, 다윗의 자손이시여! 제발 저를 불쌍히 여겨주십시오. 지금 제 딸이 귀신 들려 큰 고통을 겪고 있습니다."

간절한 청원에도 불구하고, 예수께서는 그 여자에게 한 마디도 대답하지 않으셨다. 그러자 제자들이 예수께 말한다.

"스승님, 이젠 그만 저 여자를 돌려보내시지요. 우리 뒤를 줄곧 따라오면서 계속 소리를 질러대니 귀찮아 죽겠습니다."

제자들에게 대답하는 대신, 예수께서는 그 여자를 향해 말씀하신다.

"여자여, 나는 오직 이스라엘 집의 잃어버린 양들을 구하기 위해 보내진 것이오. 이방인들을 구하려고 보내진 것이 아니라오."

그래도 그 가나안 여자는 포기하지 않고 예수께 엎드려 절하면서 또다시 간청한다.

"주님, 제발 저를 도와주십시오. 제 딸이 귀신 들려…"

"사정이 딱하긴 하지만, 자녀들이 먹을 빵을 개들에게 던져주는 것은 옳지 않소."

이때 예수님은 이방 여인의 간청을 들어주지 않으려 하셨다. 그것은, 예수님이 이방 여인을 무시했기 때문이 아니었다. 당시 예수님은 이스라엘 집의 잃어버린 양들 곧 유대인들을 우선적인 전도사역의 대상으로 삼고 있었기에, 자신에게 나아온 이 이방 여인이 이스라엘의 하나님을 얼마나 진실한 마음으로 믿고 있는지를 한번 알아보려 하신 것이다.

한편, 여기서 예수님은 이방인을 '개'에 비유했는데, 당시 대부분의 유대인들처럼 이방인들을 경멸하는 뜻에서 '개'라고 부른 것이 아니었다. 단지 예수님은 복음 전파의 순서상 우선적인 위치에 있는 유대인이 '자녀'라면, 그다음 위치에 있는 이방인을 대조적으로 표현하기 위해 이 같은 명칭을 사용했을 뿐이다.

성경의 일반적인 용례상 개(퀴온)는 악한 것을 상징하고 야유하는 비속어다. 그런데 예수께서 사용하신 개(퀴나리온)는 경멸적 의미의 들개나 사나운 개가 아니라, 집 안에서 기르는 '애완용 강아지'를 말한다. 가나안 여인은 말귀를 알아듣는 사람이었다. 그녀는 '아니 날 보고 개라고…?'하며, 앞뒤 생각하지 않고 팔딱 뛰며 흥분하기보다는 상대방의 의중을 알아낸다. 가나안 여인. 얼마나 상처 깊은 여인일까? 과년한 딸이 귀신 들리고 울부짖을 때, 어머니는 얼마나 상처를 받았을까? 그래서 소문을 듣고 유대 랍비를 찾아왔는데, 사람을 앞에 놓고 개라니…. 큰 상처를 받을 상황이다. 그러나 여인은 유대 랍비의 말에서 액면이 아니라 이면(裏面)을 본다. 그래서 애완용 강아지를 부르는 주인의 말투로 받아들인다. 그러니 적대적인 감정이 아니라 더욱 예수님께 안기려 한다.

"네, 옳은 말씀입니다. 그러나 개들도 주인의 상에서 떨어지는 부스러기는 주워 먹지 않습니까? 그러니 제발!"

여인은 눈물을 보였다. 유대인의 주식은 빵인데, 손으로 찢어 먹기에 부스러기가 많이 나온다. 애완용 개는 주인의 밥상에서 나오는 부스러기

가나안 여자의 믿음: "개들도 부스러기를 먹나이다."

를 얻어먹으려 옆에서 아양을 떤다. 여인은 들개가 아니라 애완용 강아지이기에 밥상에서 떨어지는 부스러기, 찌꺼기 음식이라도 달라 애걸한다. 여인은 예수님 능력의 부스러기 정도로도 자기 딸이 얼마든지 고침 받을 수 있다고 믿었던 것이다.

"오호!"

주인의 상에서 떨어지는 부스러기 같은 하찮은 복과 작은 은혜라도 간절히 사모하는 가나안 여자의 믿음, 그 믿음에 예수님은 크게 감탄하며 그제야 간청을 들어주신다. 그 이방 여인은 유대인들에게서는 찾아보기 힘든 크고 견고한 믿음으로 예수님의 테스트를 거뜬히 통과한 것이다.

"오 여자여, 당신의 믿음이 참으로 크오. 당신의 소원대로 이루어질 것이오."

예수께서 이렇게 말씀하신 바로 그 시각, 귀신 들려 큰 고통을 겪고 있던 그 여자의 딸이 말끔히 나았다. 맑은 정신으로 돌아온 그 딸은 엄마를 기다리며 해맑게 웃고 있었다. 스승도 제자들도 해피엔딩으로

예수께서 많은 병자들을 고쳐주심

끝난 여인과의 만남에 기쁨을 감출 수 없었다. 해는 어느덧 서산 아래로 내려가고 있었다. 무덥기는 하지만 맑은 날씨였다. 아름다운 결말이 있는 하루는 고되지만 행복하다.

예수께서 많은 병자들을 고치심 (15:29-31)

두로와 시돈 지방을 떠나신 예수님은 다시 갈릴리 바닷가로 되돌아가, 부근의 어느 산 위에 올라가 앉으셨다. 예수께서 갈릴리 지역으로 되돌아오시자, 많은 사람들이 각양각색의 병자들을 데리고 예수께로 왔다. 절름발이, 맹인, 이런저런 지체 장애인, 벙어리, 그리고 그 밖의 많은 병자들을 데려와서 예수님 앞에 앉혀놓았다. 예수님은 그들 한 명 한 명을 불쌍히 여기셔서 일일이 고쳐주셨다.

"오, 오, 나았다! 보라, 내가 멀쩡해졌다!"

그리하여 말 한마디 못하던 자가 입을 열어 말을 하고, 팔과 다리를 못 쓰던 지체 장애인들이 멀쩡하게 나아 움직이고, 앉은뱅이가 일어나서 걷고 뛰어다니며, 맹인이 눈을 활짝 떴다. 이런 광경을 지켜본 사람마다 크게 놀랐고, 모두가 이스라엘의 하나님께 찬미와 영광을 돌렸다.

예수께서 적은 음식으로 4천 명을 먹이심(15:32-39; 막 8:1-10)

벌써 사흘째다. 온갖 병자들을 고쳐주시고 하나님의 말씀을 전하시느라 시간 가는 줄도, 몸이 피곤한 줄도 모르시는 예수님, 이러다가 병이 나실라… 제자들이 걱정했지만 스승님은 무엇에 쫓기는 사람처럼 몸을 아끼지 않았다. 지상의 공생애가 얼마 남지 않았다는 것을 느끼는 것일까. 잠시도 편히 쉴 틈 없이 갈릴리 지역에서 많은 병자들을 고쳐주시며 천국 복음을 전하시던 예수님이 하루는 문득 제자들을 찾아 말씀하신다.

"제자들아, 이 많은 사람들이 벌써 사흘 동안이나 나와 함께 지냈다. 그런데 먹을 것이 없으니 참으로 안타깝고 안됐구나. 그들을 이대로 굶겨 보낼 순 없다. 혹 가다가 길에서 쓰러질지도 모르지 않느냐?"

"그렇지만 스승님, 이렇게 외진 곳에서 이 많은 사람들을 먹일 만한 음식을 어떻게 구할 수 있겠습니까. 그러니 안타깝더라도 그냥 돌려보내는 수밖에 없습니다."

이때 제자들은 예수님이 이전에 떡 다섯 개와 물고기 두 마리, 즉 오병이어(五餠二魚)로 어른 남자들만 5천 명을 먹이신 사건을 까맣게 잊고 있었다. 이는 의심할 바 없이 제자들의 믿음 부족 때문이다. 배고픈 무리를 앞에 놓고 또다시 제자들이 예수님께 먹을 것이 없다고 반문하는 이 상황, 이것은 문제가 생길 때마다 그 순간의 문제만 인식할 뿐, 예수님의 권능을 의지하지 않는 제자들의 믿음 부족을 잘 보여준다.

"아니다, 저들을 그냥 돌려보낼 순 없다. 지금 너희에게 먹을 것이 얼마나 있느냐?"

"그게… 저… 빵 일곱 덩어리와 작은 생선 두어 마리뿐입니다."

"됐다. 그것이면 충분하다. 그것을 내게 가져오너라."

그런 뒤 예수께서는 무리를 고루 땅에 앉게 하셨다. 그런 다음, 제자들에게서 건네받은 빵 일곱 덩어리와 몇 마리의 물고기를 양손에 드신 채 하나님께 감사 기도를 드리셨다. 기도가 끝나자, 예수님은 빵을 떼고 고기를 나눠 제자들에게 건네주시면서 사람들에게 골고루 나누어 주라 하셨다. 앗! 놀랍게도 예수님의 손에서 빵과 생선은 그칠 줄 모르고 끊임없이 나와 제자들에게 계속 건네졌다.

그 결과, 그 자리에 있던 많은 사람들이 한 명도 빠짐없이 모두 배불리 먹었다. 그리고서 남은 빵 조각을 주워 모았더니 일곱 바구니에 가득 찼다. 이때 빵과 생선을 먹은 사람들은 여자들과 어린아이들을 빼고도, 어른 남자들만 무려 4천 명이나 되었다. 그러니 여자들과 어린아이들까지 계산하면 족히 1만6천 명은 넘었다. 이처럼 무리를 배불리 먹이신 후, 예수께서는 그들을 집으로 돌려보내셨다.

이른바 '칠병이어(七餅二魚) 사건'이다. 이 사건 역시 오병이어 사건처럼 갈릴리 지방에서 일어난 이적 사건이지만, 빵의 개수(7개, 5개)와 먹은 사람들(4천 명, 5천 명)과 먹고 남은 여분(7바구니, 12바구니) 등을 살펴볼 때 서로 다른 별개의 사건이다.

"모두 집으로 돌려보냈느냐? 그렇다면 이제 갈릴리 바다 건너편으로 건너가자."

무리를 각자의 집으로 돌려보낸 뒤, 예수님은 제자들과 함께 배를 타고 갈릴리 바다를 건너 마가단 지방으로 가셨다. 마가단(Magadan)은 '망대'란 뜻으로, 갈릴리 바다의 북단 5km 지점에 위치한 성읍이다. 성경 다른 곳에선 '달마누다'란 명칭으로 기록되어 있는데, 오늘날 '엘-메지델(el-Mejidel)'과 동일지역으로 추정된다.

16

베드로의 신앙 고백과 1차 수난 예고

내가 누구냐고 베드로에게 물으니
그리스도이시며 살아계신 하나님 아들
베드로의 신앙 고백 위에 교회 세우고
천국의 열쇠도 그에게 주리라

기적을 요구하는 유대인들 (16:1-4; 막 8:11-13; 눅 12:54-56)

"그래? 예수가 갈릴리 바다를 건너 마가단 지방으로 갔다고? 흠, 그렇다면 그리로 예수를 찾아가면 되겠군!"

바리새파 사람들과 사두개파 사람들이 예수를 시험하려고 마가단 지방으로 왔다. 바리새인들은 조상들의 전통과 유전을 중시하는 보수적인 종교 집단이었고, 사두개인들은 자유로운 율법 해석과 정치적 성격을 띤 세속적인 종교 집단이었다. 그래서 두 종파는 상호 갈등과 대립의 관계에 놓여 있었다.

그럼에도 불구하고 두 종파 사람들은 예수를 모해하고 훼방하는 일에는 한마음이 되어 이제 예수님 앞에 나타난 것이다. 그들은 항시 예수님 주변을 맴돌며 시시때때로 딴지를 걸었다. 그들은 서늘넉거리는 어투로 비꼬듯 말한다.

"선생이여, 선생은 많은 기적을 행한다고 들었소. 그게 정말이오?

정말이라면, 지금 우리 눈앞에서 하늘로부터 임하는 초자연적인 기적 좀 보여주시오."

요나의 이적: 큰 물고기 뱃속에서 3일 만에 살아남

기적을 보고 예수님을 믿고자 하는 요구가 아니다. 어떤 꼬투리를 잡기 위한 요구였다. 예수님은 그들의 악한 의도를 아시고서 대답하신다.

"기적을 보여 달라? 보시오! 당신들은 저녁에 하늘이 붉은 것을 보면, 내일 아침에는 날씨가 좋겠다고 하지 않소. 또 아침에 하늘이 붉고 흐린 것을 보면, 그날은 종일토록 날씨가 궂을 것이라고 예측하지 않소. 이렇게 하늘을 보고 날씨는 분별할 줄 알면서도, 어째서 시대의 징조는 분별할 줄 모르는 것이오."

이런저런 자연현상을 보고서 일기의 변화는 민감하게 분별할 줄 알지만, 지금껏 예수님의 여러 행적들을 보고서도 메시아의 때를 분별할 줄 모르는 종교 지도자들의 영적 무지를 책망하는 말이다. 그러나 그들은 이 말을 이해하지 못했다.

"아니, 그게 대체 무슨 소리요? 기적을 보여 달라 했더니, 갑자기 웬 뜬금없는 날씨 얘기를 하는 거요?"

"악하고 믿음 없는 이 세대가 내게 기적을 요구하지만, 나는 요나 선지자에게 일어났던 기적 외엔 더는 보여줄 것이 없소."

요나의 이적, 그것은 구약시대에 요나 선지자가 바다에 던져져 큰 물고기 뱃속에 사흘 동안 갇혔다가 기적적으로 살아난 사건을 말한다. 그 사건은, 십자가 위에서 죽은 지 사흘 만에 다시 살아나신 예수님의 부활을 예표하는 기적, 곧 표적(表蹟)이었다.

표적(헬, 세메이온)은 '증거' 또는 '이적'이란 뜻으로, 초자연적인 방법(기적)으로써 진리를 증거하는 것을 뜻한다. 따라서 예수께서 조만간 보여주실 기적 중의 기적인 십자가 죽음과 부활의 기적 외에 무엇을 더 보여줄 수 있겠는가! 그러나 유대의 종교 지도자들은 이 같은 기적을 보고서도 끝내 예수님을 메시아(그리스도)로 인정하지 않았다. 이 말을 하신 후에 예수께서는 그들을 남겨둔 채 다른 데로 바삐 떠나가셨다.

종교 지도자들의 거짓 교훈에 대한 경계 (16:5-12; 막 8:14-21)

"앗차! 빵! 빵이 없다. 이를 어째!"

제자들은 갈릴리 바다 건너편으로 건너간 후에야 마가단 지방에서 빵을 준비해오지 않았다는 것을 알았다. 종교 지도자들과의 쓸데없는 충돌을 피하기 위해 예수께서 급히 그곳을 떠나셨기 때문이다. 빵을 준비하지 못했다며 제자들이 어쩔 줄 몰라 하며 허둥대자, 그런 모습을 보시고 예수께서 말씀하신다.

"제자들아! 너희는 정신을 바짝 차리고, 바리새파 사람들과 사두개파 사람들의 누룩을 조심하여라!"

이때 제자들은 자기들이 빵 가져오는 것을 잊어버렸기 때문에 예수께서 그런 말씀을 하시는 것이라고 생각했다. 예수님은 제자들의 그런 생각을 아시고 이어 말씀하신다.

"믿음이 적은 자들아! 너희는 왜 먹을 것이 없다고 걱정하느냐? 아직도 깨닫지 못하느냐? 내가 빵 다섯 덩어리로 오천 명이나 먹이지 않았더냐. 뿐만 아니라, 모두 배불리 먹고도 여러 광주리나 남지 않았더냐. 또 내가 사천 명을 먹였을 때도 역시 모두가 배불리 먹고 여러 광주리가 남지 않았더냐. 그런데도 지금 내가 먹을 것에 대해 말했다고 생각하느냐?"

"스승님, 그게 아니라면, 무슨 말씀이신지…?"

"바리새파와 사두개파 사람들의 그 누룩을 조심하라는 것이다!"

"아하! 그들의 누룩이라 하심은…."

그제야 제자들은 예수께서 말씀하신 '누룩'이 바리새파와 사두개파 사람들의 잘못된 가르침을 뜻한다는 것을 깨달았다. 이때 예수께서 종교 지도자들의 잘못된 가르침을 '누룩'에 비유한 것은, 누룩의 특징이 그 대상에게 빠르고도 널리 영향력을 행사하기 때문이다. 당시 바리새인들이나 사두개인들의 잘못되고 위선적인 가르침은 마치 누룩처럼 많은 사람들에게 부정적인 영향을 널리 재빠르게 미치고 있었다.

베드로의 신앙고백 (16:13-20; 막 8:27-30; 눅 9:18-21)

예수님 일행은 갈릴리 바다를 건너 가이사랴 빌립보 지방에 이르렀다. 이곳은 요단강의 주요 수원지인 헤르몬산의 서남쪽 기슭에 위치한 아름다운 성읍으로, 갈릴리 바다 북동쪽 40km 지점에 위치했다. 이곳에서 예수님은 제자들에게 한 가지 질문을 던지신다.

"제자들아, 사람들이 인자를 누구라 하더냐?"

"네, 스승님. 어떤 사람들은 세례 요한이라 하고, 어떤 사람들은 엘리야라 합니다. 또 어떤 사람들은 예레미야나 선지자들 중 한 분이라 합니다."

"흐흠… 그러면, 너희는 나를 누구라 생각하느냐?"

예수께서 알듯 모를 듯 옅은 미소를 지으시며 제자들에게 다시 물으신다. 그러자 기다렸다는 듯 시몬 베드로가 앞으로 선뜻 나서며 힘차게 대답한다.

"주님은 그리스도시요, 살아계신 하나님의 아들이십니다!"

베드로의 신앙고백: "주는 그리스도, 살아계신 하나님의 아들"

정확한 답변이다. 그리스도는 곧 기름 부음을 받은 '메시아'란 뜻으로, 본래 하나님의 아들이신 예수께서 하나님께 기름 부음을 받아 인류 구원의 사명을 띠고 이 땅에 오신 메시아라는 고백이다. 100점짜리 답변을 들으시고, 예수께서 크게 만족해하시며 베드로를 향해 말씀하신다.

"요나의 아들 시몬아, 네가 참으로 복되구나. 네가 그렇게 대답한 것은 사람의 생각에서 비롯된 것이 아니다. 하늘에 계신 내 아버지께서 네게 알려주신 것이니라. 그렇다. 너는 '베드로'다. 내가 이 반석 위에 내 교회를 세우리니, 어떤 죽음의 세력도 그것을 이기지 못할 것이다. 또 내가 천국 열쇠를 네게 주겠다. 그리하여 네가 무엇이든 땅에서 매면 하늘에서도 매일 것이고, 땅에서 풀면 하늘에서도 풀릴 것이다."

심오한 진리가 담긴 놀라운 말씀이다. 예수님은 베드로가 방금 고백하고 인정한 그것, 곧 예수님의 참된 정체성을 나타내는 '주는 그리스도시요, 살아계신 하나님의 아들'이라는, 반석처럼 견고한 그 진리의 터

위에 자신의 교회를 건설하겠다고 말씀하신 것이다. 여기에서 개신교와 로마가톨릭교가 달라진다.

로마가톨릭교는 베드로 자체에 교회를 세웠다 하여 베드로를 제1대 교황으로 내세운다. 하지만 개신교는 베드로 자신이 아니라, 베드로가 고백한 그 신앙의 터전 위에 교회를 세운 것으로 본다. 나아가 예수님의 이 말씀 속에는, 그런 신앙을 고백한 사도 베드로가 교회 건설의 든든한 반석 같은 역할을 감당할 것이라는 의미도 포함되어 있다. 실제로 예수님의 죽음과 부활 이후, 사도 베드로는 신자들의 지도자가 되어 초대교회의 초석을 탄탄하게 다졌다.

한편, 이때 예수께서 베드로에게 주신 천국 열쇠는 천국 복음을 전하고 가르칠 수 있는 권세를 의미한다. 과연 그런 권세(열쇠)로써 베드로를 비롯한 사도들은 유대인들과 이방인들 모두를 위해 천국의 문을 활짝 열수 있게 되었다.

"하지만 제자들아, 내가 '그리스도(메시아)'라는 사실을 다른 사람들에게는 아직 알리지 말아라."

예수님이 제자들에게 이처럼 당부하신 까닭은 분명하다. 아직은 인류의 죄를 짊어질 구속(救贖)의 메시아로 십자가 고난의 사역을 본격적으로 감당할 때가 이르지 않았기 때문이다. 당시 대중들은 예수님을 정치적 메시아로 알고 열성적으로 따르고 있었다. 그래서 예수님은 천국 복음의 진리에 관해 더 가르쳐야 할 것들이 많았다.

십자가 수난에 대한 첫 번째 예고(16:21-23; 막 8:31-33; 눅 9:22)

"제자들아, 그렇지만 너희는 알아야 한다. 하나님의 아들인 내가 메시아 사명을 띠고 이 땅에 온 것은, 유대 민족을 정치적으로 해방시키기 위함이 아니다. 나는 인류를 그들의 죄 가운데서 구원하려고 이 땅에 온 것이다. 그러니…."

이때부터 예수님은 자신이 십자가 사역을 감당하기 위해 예루살렘에 올라가실 일과 거기서 자신에게 일어날 여러 수난의 일들에 관해 제자들에게 말씀하기 시작하셨다.

"스승님, 그 말씀이 정말이십니까? 정말로 스승님께서 십자가에 달려 죽으셔야 한단 말입니까?"

"그렇다. 나는 유대 종교 지도자인 장로들, 대제사장들, 바리새인들, 사두개인들, 서기관들에게 많은 고난을 받은 후에 그들의 손에 붙잡혀 십자가 위에서 죽을 것이다. 그러나 두려워하지 마라. 나는 죽었다가, 사흘 만에 다시 살아날 것이니라."

그 말씀을 듣고, 베드로가 크게 당황해하며 예수님을 붙잡고 간절히 말린다.

"아, 아닙니다. 주님! 절대 그럴 리 없습니다. 주님께 어찌 그런 끔찍한 일이 일어난단 말입니까. 결코 안 됩니다. 주님, 절대로 십자가를 지셔서는 안 됩니다!"

그러자 예수께서 베드로를 돌아보시며 단호한 어조로 꾸짖으신다. 조금 전에 베드로의 신앙고백을 듣고 크게 칭찬하던 때와는 정반대 상황이다.

"사탄아, 내 뒤로 썩 물러가라! 너는 하나님의 일은 생각하지 않고, 단지 사람의 일만 생각하는구나!"

사탄이라니! 그 소리를 듣는 순간, 제자들은 모두 얼어붙었다. 특히 베드로의 얼굴은 사색이 되었다. 조금 전에 하늘로 올라갔다가, 지금은 땅바닥에 내동댕이쳐진 느낌이었다. 예수님은 왜 이리 엄하게 책망하신 것일까?

베드로의 만류는 크게 잘못된 것이었다. 그것은 인류 구원을 위한 예수님의 메시아 사명, 곧 십자가 죽음과 부활의 사명을 피하게 하는 것으로 일찍이 유대 광야에서 사탄이 예수님을 시험한 그 유혹과 다르지 않았다. 이때 예수님의 책망이 베드로에게 하신 말씀인 것은 분명하지만, 그렇다고 베드로가 곧 사탄이라는 말은 아니다. 예수님은 베드로를 통해 사탄이 책동하는 것을 보시고는, 그 사탄을 지적하여 꾸짖은 것이다. 이는 베드로 위에 교회를 세우지 않고, 베드로의 신앙 고백 위에 교회를 세울 것이라는 이치와 같은 것이다.

메시아 예수를 따르는 길(16:24-28; 막 8:34-9:1; 눅 9:23-27)

십자가 사역을 만류하는 베드로를 호되게 꾸짖은 다음, 예수께서는 다시 예전의 부드러운 음성으로 돌아가셨다. 하지만 분위기는 찬물을 끼얹은 듯 냉랭했다. 스승님의 어조는 부드러웠지만 이제 하실 말씀들이 앞날의 고난을 예고해주는 것이기에, 예수님의 어조는 진지했고 제자들은 긴장할 수밖에 없었다.

"누구든지 나를 따르려거든, 자기를 버리고 자기 십자가를 져야 한다. 누구든지 자기 목숨을 보전하려는 사람은 그 목숨을 잃을 것이고, 나를 위해 자기 목숨을 버리는 사람은 그 목숨을 얻을 것이다. 목숨은 참으로 소중하다. 온 세상을 다 얻는다고 해도 자기 목숨을 잃어버리면 무슨 소용이 있겠느냐. 목숨의 가치를 그 무엇과 비교할 수 있겠느냐."

여기 '목숨'은 인간으로 하여금 살아가게 하는 힘의 원천을 뜻하는 것으로, 육적 생명과 영적 생명을 모두 포함한다. 예수님은 이 두 가지 생명 중 하나를 얻으면 다른 하나는 잃게 마련임을 강

누구든지 자기 십자가를 지고 나를 따를 것이니라

조하셨다. 그러면서 영적 목숨은 그 무엇과도 비교할 수 없이 소중한 것이므로, 육적 목숨을 포기해서라도 기꺼이 영적 목숨을 얻어야 할 것을 가르친 것이다. 그렇다면 어떻게 해야 영적 목숨을 얻을 수 있을까?

그 비결은 바로 '자기 십자가를 지는 것'이다. 예수님 당시에 십자가는 고난과 죽음을 의미했다. 십자가는 유죄로 판결난 중죄인이 처형 장소까지 강제로 지고 가던 죽음의 형틀이었기 때문이다. 하지만 예수님은 인류 구원을 위해 자발적으로 이 고난의 십자가를 지셨고, 우리도 영적 목숨을 얻기 위해 기꺼이 그렇게 하기를 원하셨다. 자신을 따르는 길과 영적 목숨을 얻는 것에 관해 예수님은 계속해서 말씀하신다.

"장차 인자가 아버지의 영광에 둘러싸여 자기 천사들을 거느리고 올 터인데, 그때 인자는 각 사람이 행한 대로 갚아주겠다. 내가 진실로 말하노니, 지금 내 앞에 서 있는 사람들 중에는 죽기 전에 인자가 자기 나라의 왕으로 이 땅에 오는 것을 볼 사람도 있을 것이다."

예수님이 하신 말씀 중에서 전반부는 말씀 그대로 예수님의 재림과 최후 심판을 의미한다. 그때 예수님은 참 제자의 도리를 다한 자에게는 영원한 생명과 풍성한 상급으로, 그렇지 못한 자에게는 영원한 죽음과 끝없는 형벌로 갚으실 것이다.

하지만 후반부 말씀은 예수님의 재림(再臨) 때를 가리키는 말씀이 아니다. 예수님의 죽음과 부활 이후 오순절에 강림하신 성령님의 역사로 인해 십자가 복음으로 하나님의 왕국이 이 땅에 세워지고 확장되는 현상을 가리킨다. 그런 방식으로 제자들 가운데 어떤 이들은 생전에 예수님의 왕권이 이 땅에 임하는 것을 보게 된다는 뜻이다. 이런 의미에서 오늘날 예수님의 왕권이 미치는 하나님의 나라, 그 나라는 이 땅에 이미(already) 임했고, 동시에 아직(yet) 임하지 않았으므로, 장차 임하는 이중적 성격을 띠고 있다.

마태복음 17장

17
변모하신 예수님, 그리고 2차 수난 예고

베드로, 야고보, 요한을 데리고
따로 높은 산에 오르시는 예수님,
그 모습 영광스럽게 변모하는데
모세와 엘리야가 나타나 말하네

예수님의 영광스러운 변모 (17:1-13; 막 9:2-13; 눅 9:28-36)

시몬 베드로의 신앙고백, 십자가 수난에 대한 첫 번째 예고, 메시아 예수를 따르는 길 등 가이사랴 빌립보 지방에서 이런저런 가르침을 베푸신지 엿새가 지났다. 그 후, 예수께서는 12제자 중 베드로, 야고보, 야고보의 동생 요한, 이렇게 세 명을 따로 데리고 높은 산으로 올라가셨다. 얼마 전 예수님에게서 호된 책망을 들은 베드로는 기가 죽어 조금 떨어져 말없이 따라가고 있었다. 말이 없기는 야고보와 요한 형제도 마찬가지였다.

높은 산, 교회 전통은 이곳을 '다볼산'이라 하지만, 오늘날에는 일반적으로 '헬몬산'으로 본다. 헬몬산은 갈릴리 바다 북방의 안티레바논 산맥에 위치한 해발 2천850m의 높은 산으로, 산 정상은 항상 눈으로 덮여 있다. 그 높은 산에 올랐을 때, 세 제자들이 보는 앞에서 예수님의 모습이 갑자기 변했다. 놀랍게도 예수님의 얼굴이 해 같이 빛나고,

예수님의 영광스러운 변모

예수님의 옷이 빛 같이 희어졌다. 하늘의 영광스러운 모습을 띠었다.

"아앗! 스, 스승님의 모습이…!"

이처럼 예수님의 몸이 제자들 앞에서 변모된 것은, 엿새 전에 예수님의 십자가 수난과 죽음을 전해들은 제자들이 심히 근심하고 있었기 때문이다. 특히 수석 제자인 베드로가 준엄한 책망에 풀이 죽어 있었기 때문이다. 이에 스승은 제자들을 위로하고 용기를 주기 위해 하늘의 장엄한 영광을 얼핏 보여주신 것이다. 그리고 구름 속에서 들려진 하나님의 말씀을 통해 제자들이 더는 스승의 메시아 되심을 의심치 말고 분명히 확신하도록 일깨워주셨다.

"아앗! 저… 저분은 아, 모세! 그리고… 저분은 아, 엘리야!"

영광스럽게 변모된 예수님, 그분의 좌우에 홀연히 모세와 엘리야가 나타났다. 예수님은 그들과 자연스럽게 이야기를 나누고 있는 것이 아닌가! 모세와 엘리야는 유대인들의 종교적 유산(遺産)으로, 모세는 '율법'을, 엘리야는 '예언'을 대표하는 인물이다. 따라서 이들과 예수님의 만남은 구약의 율법과 예언이 예수님의 복음 안에서 마침내 완성된다는 사실을 보여준다. 그런 광경을 보고, 베드로가 감격에 벅차 크게 흥분된 어조로 말한다.

"오, 오, 주님! 여기 있으니 정말로 영광스럽고 좋습니다. 주님, 주님이 원하신다면 제가 이곳에 초막 세 채를 지어 하나는 주님께, 하나는 모세 지도자님께, 하나는 엘리야 선지자님께 드리겠습니다."

이 같은 베드로의 말이 채 끝나기도 전, 빛나는 구름이 예수님, 모세, 엘리야를 확 덮더니 구름 가운데서 하나님의 장엄한 음성이 들려온다.

"이는 내가 사랑하고 내가 기뻐하는 내 아들이다. 너희는 그의 말을 들어라."

구름 가운데서 들려오는 하나님의 장엄한 음성, 그 음성을 들은 세 제자 베드로, 야고보, 요한, 그들은 너무 두려워서 얼굴을 땅에 대고 납작 엎드렸다. 얼마쯤 지났을까? 예수께서 제자들에게 다가오셔서 손으로 그들을 부드럽게 어루만지시며 말씀하신다.

"모두 일어나라, 너희는 두려워하지 말아라."

그 말씀에 제자들이 고개를 들자, 거기엔 오직 예수님뿐이었다. 예수님과 함께 계셨던 다른 두 분, 모세와 엘리야는 어디에도 보이지 않았다.

'어? 모세와 엘리야는 어디로 가셨지…?'

제자들은 의아한 듯 고개를 갸웃거렸다.

"자, 뭣들 하느냐? 이젠 산을 내려가도록 하자."

예수님의 몸이 영광스럽게 변모된 그 높은 산에서 내려오는 길, 예수께서 제자들에게 특별히 당부하신다.

"너희는 오늘 산 위에서 영광스러운 광경을 보았다. 그러나 인자가 죽은 자 가운데서 다시 살아나기 전까지는 지금 본 것을 아무에게도 말하지 말아라."

"네, 스승님. 그런데… 왜 말하면 안 되는 것입니까? 그토록 영광스러운 광경을 모두에게 알리면 참 좋을 텐데요."

만일 예수님의 영광스러운 변모와 예수께서 모세와 엘리야를 대동하고 나타난 장면이 사람들에게 알려질 경우, 그것은 당시 로마의 압제에서 자신들을 구원해줄 정치적 메시아를 대망하고 있던 유대인들에게 열렬한 호응을 받기에 충분했다. 그렇게 되면, 죄인의 구원이라는 예수님의 메시아 사명이 오해를 받고 큰 어려움에 봉착할 수 있었다. 그래서 예수님은 인류 구원이라는 메시아 사역이 완료되는 자신의 부활 이전까지는, 그런 기적적인 사건이 사람들에게 알려지기를 원치 않으셨다.

"그런데요… 스승님, 궁금한 게 있습니다. 왜 율법 교사들은 메시아보다 엘리야가 먼저 와야 한다고 말하는 것입니까?"

그렇다. 당시 율법 교사들은 메시아보다 엘리야가 먼저 와야 한다고 가르쳤다. 그런 가르침의 근거는, 구약의 마지막 선지자인 말라기가 그렇게 예언했기 때문이다. 사실, 말라기 선지자가 말한 그 엘리야는 '세례 요한'을 가리키는 말이었다. 하지만 영적 맹인인 율법 교사들은 메시아가 임하기 전에 진짜로 엘리야 선지자가 다시 나타날 줄로 믿고 있었다. 그래서 그들은 세례 요한의 출현과 그 후에 나타난 예수님의 메시아 사역을 보고서도 끝까지 예수님을 메시아(그리스도)로 인정하지 않았다.

"율법 교사들의 말이 옳다. 정말로 메시아보다 엘리야가 먼저 와서, 메시아가 오실 모든 준비를 갖추어 놓아야 한다. 그런데 사실 엘리야는 이미 왔다. 그러나 아무도 그를 알아보지 못하고 자기들 마음대로 다루었다. 마찬가지로, 인자도 그들의 손에서 고난을 받을 것이다."

'아, 그렇다면 말라기 선지자가 말한 그분 엘리야는 바로 세례 요한을 가리키는 말이로구나.'

그제야 제자들은 예수께서 '세례 요한'을 두고 그처럼 말씀하신 줄 깨달았다. 과연 구약시대의 엘리야 같은 특성을 지닌 세례 요한은 메시아 예수보다 6개월가량 먼저 태어나, 예수님이 공생애 사역을 시작하기 전에 유대 광야에서 뭇 사람들에게 회개의 세례를 베풂으로써 메시아의 길을 착실히 닦아놓았다.

귀신 들린 아이를 고치심(17:14-21; 막 9:14-29; 눅 9:37-43)

예수께서 세 제자와 함께 산 아래 있는 사람들에게로 돌아왔을 때, 한 사람이 예수님 앞에 급히 나아와 무릎을 꿇고 간절히 말한다.

"오, 주님! 부디 제 아들을 불쌍히 여겨주십시오. 제 아들이 지금 간질병으로 심히 고생하고 있습니다. 그 아이는 가끔 불 속에 뛰어들기도 하고, 물속에 빠지기도 합니다. 그래서 제가 그 아이를 주님의 제자들에게 데려가 보았지만, 그들은 고치지 못했습니다. 그러니 주님께서 직접 그 아이를 고쳐주십시오. 제발, 제발 부탁드립니다."

간절한 호소였다. 그 말을 듣고, 예수께서 답답하신 듯 말씀하신다.

"아, 믿음 없고 완고한 세대여! 내가 언제까지 당신들과 함께 있으면서 이런 일을 다 참고 견뎌야 한단 말이오."

예수님의 이 말씀은, 직접적으로는 그 병을 고치지 못한 제자들의 믿음 부족을 꾸짖는 말씀이다. 동시에 예수님의 수많은 이적을 접하고서도 스스로 믿음을 갖지 못한 채 일일이 예수님만 바라보는 사람들, 곧 이래저래 믿음 없는 불신 세대를 향한 책망이기도 하다.

"그 아이를 내게 데려오시오."

불신 세대의 믿음 없음을 책망하셨지만, 그래도 병든 자를 불쌍히 여기시는 예수님은 아이의 아버지에게 병든 아들을 데려오라 하셨다. 그 아버지는 얼른 달려가 아들을 데려왔고, 예수께서 그 아이를 보는 순간, 그가 귀신에 사로잡혀 있는 상태란 걸 아셨다.

"이 악하고 더러운 귀신아! 너는 아이를 괴롭히지 말고, 그 아이에게서 속히 나오라!"

예수께서 귀신을 꾸짖자, 겁에 질린 귀신이 그 아이에게서 얼른 떠나갔다. 그 순간, 그 아이는 한 차례 격한 몸부림을 치더니 이내 조용해지면서 정상적인 모습을 되찾았다. 아이가 말끔히 나은 것이다. 이런 일이 있은 후, 제자들이 예수께 따로 조용히 묻는다.

"스승님, 왜 저희는 귀신을 쫓아낼 수 없었던 걸까요?"

그러자 예수께서는 아까 제자들을 꾸짖을 때와는 달리 부드러운 어조로 찬찬히 일러주신다.

"그건 너희 믿음이 작기 때문이다. 만일 너희에게 겨자씨 한 알만한 믿음이라도 있다면, 저 산을 향해 '옮겨져라!' 명령해도 그대로 될 것이다. 그런 믿음만 있다면, 너희가 행하지 못할 일이 아무것도 없을 것이다."

믿음은 결코 추상적인 어휘가 아니다. 살아 움직이는 생명체다. 따라서 믿음은 마치 식물처럼 자라난다. 예수님은 겨자씨 한 알 만큼의 믿음만 있어도 사람이 상상조차 할 수 없는 기적적인 일을 해낼 수 있다고 말씀하셨다. 성경에서 겨자씨는 '아주 작은 것'을 나타내는 상징적 비유로 사용되었다. 실제로 겨자씨는 눈에 잘 보이지 않을 정도로 아주 작기 때문이다. 하지만 그것은 성장력이 왕성한 식물로 1~2년 내에 4~5m나 될 정도로 크게 자라난다. 따라서 겨자씨 한 알 만큼의 참된 믿음만 있어도 그 무한한 가능성으로 인해 세상에서 해내지 못할 일이란 가히 없다.

수난에 대한 두 번째 예고(17:22-23; 막 9:30-32; 눅 9:43-45)

두로, 시돈, 가이사랴 빌립보 등 이방 지역에서 전도사역을 마치신 예수님은 제자들과 함께 다시 갈릴리 지역으로 돌아오셨다. 하루는 제자들이 전부 모인 자리에서 예수께서 비장한 어조로 말씀하신다.

"제자들아, 저번에도 말했지만 머잖아 인자는 사람들에게 배반당하고 그들의 손에 죽었다가, 사흘 만에 다시 살아날 것이다."

십자가 수난에 대한 예수님의 두 번째 예고다. 이처럼 예수님은 십자가 수난에 대해 제자들이 단단히 각오할 수 있도록 미리부터 그들의 마음을 훈련시키셨다. 하지만 예수님의 말씀을 듣고, 제자들은 크게 염려하고 큰 슬픔에 잠겼다.

'아, 불안하게도… 어쩌자고 스승님은 저런 말씀을 자꾸 하시는 걸까? 배반당하고 십자가에 매달려 죽다니…, 그토록 능력 많으신 분께 어찌 그런 일이 생길 수 있단 말인가.'

이때 제자들은 십자가 죽음과 부활로써 실현되는 메시아 예수의 구원 사역을 이해하지 못했다. 그들은 만일 예수님이 십자가에 매달려 죽는다면, 그것으로 모든 것이 끝날 것이라고 생각했다. 그렇게 되면, 예수님께 잔뜩 걸었던 자신들의 기대도 물거품이 되고 산산조각이 날 것이기에 크게 염려하고 상심했던 것이다.

예수께서 성전세를 내심 (17:24-27)

하루는 예수님 일행이 갈릴리 바닷가의 가버나움 지방에 이르렀을 때다. 성전세를 받으러 다니는 사람들이 예수님의 제자인 베드로에게 와서 묻는다.

"보시오, 당신네 선생님은 왜 성전세를 바치지 않는 거요?"

성전세(聖殿稅)는 성전의 유지와 관리를 위해 유대의 성인 남자들이 매년 아달 월(오늘날 태양력으론 2월 중순~3월 중순경) 15일경에 의무적으로 바쳐야 하는 종교세다. 세금 액수는 '반(1/2) 세겔'이었다. 이스라엘의 화폐 단위인 '반(半) 세겔'은 헬라의 화폐 단위로 환전하면 '두 드라크마'에 해당되는데, 당시 '한 드라크마'는 노동자의 하루치 품삯이었다. 따라서 반 세겔은 성인 노동자의 이틀 치 품삯에 해당되는 액수다. 이 같은 성전세를 바치라는 말을 듣고, 베드로가 대답한다.

"네, 물론 바쳐야지요."

베드로는 예수님의 뜻을 알아보지도 않고 성급한 마음으로 바친다고 대답했다. 그런 뒤 베드로가 집으로 들어가서 그 말을 전해 드리려 하는데, 예수께서 먼저 아시고 베드로에게 물으신다.

"베드로야, 넌 어떻게 생각하느냐? 세상 임금들은 관세와 주민세를 자기 아들에게서 받느냐, 아니면 다른 사람들에게서 받느냐?"

이는 베드로의 경솔한 실수를 깨우쳐주기 위한 예수님의 질문이다. 그런 의중을 아는지 모르는지, 베드로는 즉각 대답한다.

"세상 임금들은 다른 사람들에게서 세금을 받습니다."

"그렇다면, 임금의 아들들은 세금을 내지 않아도 되는 것이 아니냐?"

"물론, 그렇습니다."

고대 세계에서 통치권자(임금)의 아들들(왕자들)은 당연히 면세 대상이었다. 마찬가지로 성전을 유지하고 관리하기 위한 성전세의 경우에도, 하나님은 성전의 주인(임금) 되시므로 그분의 아들이신 예수님은 당연히 성전세를 낼 필요가 없었다. 이로써 예수님은 다시금 자신이 하나님의 아들이라는 메시아의 신적 권위를 깨우쳐주셨다. 그러나 당시 제자들은 예수님의 말씀이 무얼 뜻하는지 제대로 알지 못했다.

"네엣? 스승님, 그게 무슨 말씀이신지…?"

"그래, 좋다! 그럴지라도 괜히 오해를 살 필요는 없으니 성전세를 내도록 하마. 베드로야, 너는 지금 바다에 가서 낚시하여라. 그리고 맨 먼저 낚인 물고기의 입을 벌려 보아라. 그러면 그 물고기 입속에 한 세겔짜리 동전이 들어있을 것이다. 너는 그걸 꺼내어, 나와 네 몫의 성전세로 그들에게 갖다 주어라."

예수님과 베드로는 똑같이 반 세겔의 성전세를 냈지만, 본질적으로 다른 입장에서 그것을 냈다. 본질상 하나님의 아들이신 예수님은 마땅히 성전세를 낼 필요가 없었지만, 사람들의 오해를 사지 않기 위해 일부러 내셨다. 하지만 베드로는 율법의 규정에 따라 생명의 속전(贖錢)인 성전세를 마땅히 내야만 했다.

18

죄와 용서

형제가 죄 지으면 먼저 권고해라
땅에서 둘이 기도하면 이루어 주리니
내 이름으로 둘셋 모여도 내가 함께하고
형제의 죄 일흔에 일곱 번 용서해라

천국에서 가장 큰 사람 (18:1-4; 막 9:33-37; 눅 9:46-48)

예수께서 가버나움 지방의 어느 집에 머물고 계실 때, 그리고 그 지방에서 베드로를 통해 성전세를 내신 때(주후 30년 2~3월경), 이때는 예수께서 십자가에 돌아가시기 대략 한 달 전쯤으로, 갈릴리 전도사역을 모두 마치고 유대 땅으로 들어가려고 하실 무렵이었다. 그 무렵, 제자들이 예수께 나와서 무척 궁금한 듯 한 가지 질문을 한다.

"스승님, 천국에선 누가 제일 큰 사람입니까?"

제자들이 이 같은 질문을 한 데에는 그들 간에 치열한 경쟁의식을 가졌기 때문이다. 이제 머잖아 예수께서 예루살렘으로 입성하여 큰 영광을 얻으면, 그때 자신이 다른 제자들보다 높은 자리에 앉기를 바라는 마음으로 질문한 것이다. 이에 예수님은 아무 말 없이 어린아이 하나를 부르신 후 제자들 가운데 세워 놓으셨다. 그런 뒤 예수께서 말씀하신다.

"너희가 죄에서 돌이켜 어린아이같이 되지 않으면, 결코 천국에 들어

가지 못할 것이다. 누구든지 이 어린아이같이 자기를 낮추는 사람이 천국에서 가장 큰 사람이다."

예수님의 교훈은, 어린아이 같은 신앙을 가져야 한다는 것이다. 그런 신앙은, 어린아이의 특성처럼 자만심에 빠지지 않는 순수하고 겸손한 신앙, 잘 받아들이고 전적으로 따르는 신뢰성 깊은 신앙이다. 남들보다 높아지려는 교만한 마음을 갖고 은근히 자리다툼을 하던 제자들에게 참으로 적절한 답변이었다.

남을 죄짓게 하지 말고, 스스로도 죄짓지 말라(18:5-9; 막 9:42-48; 17:1-2)

예수님은 계속해서 또 다른 교훈을 주신다.

"누구든지 내 이름으로 이런 어린아이 하나를 반겨 맞아주면, 그것은 곧 나를 반겨 맞아준 것과 같다. 그러나 나를 믿는 이 작은 사람들 가운데 하나라도 죄짓게 하는 사람은, 차라리 자기 목에 연자 맷돌을 달고서 깊은 바닷속으로 자기 몸을 던지는 편이 차라리 나을 것이다. 사람들을 죄 가운데로 몰아넣는 일들 때문에 세상은 결국 화를 입을 것이다. 세상에서 그런 일이 없을 순 없겠지만, 남을 죄짓게 하는 그 사람은 큰 벌을 받을 것이다."

어린아이들, 곧 작은 사람들(세상에서 보잘것없는 존재들) 하나라도 주님의 이름으로 따뜻하게 맞아주는 일이 얼마나 귀한 일인지, 반면에 그런 자들 중 하나라도 죄짓게 하는 일이 얼마나 큰 악행인지, 예수님은 뚜렷하게 대비해서 강조하셨다. 그러면서 예수님은 남을 죄짓게 하느니 차라리 자기 목에 연자 맷돌을 매고 스스로 깊은 바닷속으로 몸을 던지는 편이 더 낫다고 말씀하셨다. 그만큼, 즉 차라리 자기 목숨을 던질지언정 결코 다른 사람을 죄짓게 하지 말라는 강조적인 표현이다.

여기서 '연자 맷돌'은 곡물을 갈 때 나귀가 끌도록 되어 있는 큰 맷돌이다. 크기는 지름이 120~150cm가량 되었고, 무게는 1톤 남짓이었다. 이처럼 목숨 걸고 남을 죄짓게 하지 말 것을 강조하신 데 이어, 예수님은 이제 목숨 걸고 스스로도 죄짓지 말라고 교훈하신다.

"네 손이나 네 발이 너로 죄짓게 만들거든, 그 손발을 잘라버려라. 두 손과 두 발을 멀쩡히 가지고 영원한 지옥 불에 들어가는 것보다는, 차라리 불구의 몸으로 영원한 생명을 누리는 천국에 들어가는 편이 훨씬 낫다. 또 네 눈이 너로 죄짓게 만들거든, 그 눈을 빼어버려라. 두 눈을 멀쩡히 가지고 지옥 불에 들어가는 것보다는, 차라리 외눈일지라도 천국에 들어가는 편이 훨씬 낫다."

참으로 살 떨리는 말씀이다. 그렇다면 정말로 우리는 죄짓게 만든 몸의 지체를 그대로 잘라내야 하는가? 그렇진 않다. 여기서 예수님은 다만 영적인 죄의 문제를 쉽게 설명하기 위해 육적인 몸에다 비유해서 말했을 뿐이다. 다소 극단적으로 보이는 이 비유의 교훈은 분명하다. 우리의 삶 속에서 죄 된 것들을 기필코 제거해야 할 뿐만 아니라, 나아가 죄짓게 만드는 것들까지도, 비록 그것이 아무리 비싸고 고통스런 대가를 지불해야 한다고 해도 철저하게 없애야 한다는 것이다.

잃어버린 작은 양의 비유 (18:10-14; 눅 15:3-7)

고대 사회에서 어린이들은 그 존재감을 인정받지 못했다. 그들은 보잘것없고 하찮은 존재들이기에 작은 자, 곧 소자(小子)라 불린다. 하지만 그들 중 하나라도 하나님께는 얼마나 소중하고 가치 있는 존재인지 예수님은 계속해서 말씀하신다.

"잘 들어라. 너희는 이런 어린아이들 가운데 하나라도 업신여기지 않도록 조심하여라. 그들의 천사들이 하늘에 계신 내 아버지를 항상 뵙고 있다는 사실을 명심하여라. 인자가 이 땅에 온 것은 잃어버린 자들을 구원하기 위함이니라."

예수님은 평범한 이야기 속에 놀라운 영적 비밀 하나를 들려준다.

수호천사에 관한 이야기다. 언제든지 하나님을 뵈올 수 있는 수호천사들이 어린아이처럼 미약한 존재라도 눈동자같이 세심하게 돌봐준다는 사실을 일러준 것이다. 그들 수호천사들은 개인뿐 아니라 교회나 국가를 또한 지키며, 성도를 위해 하나님께 간구하기도 한다. 이제 예수님은 하나의 비유를 들어 어린아이처럼 작은 자들의 소중함을 일깨워 주신다.

"어떤 목자가 양 백 마리를 기르고 있는데, 그중 한 마리가 길을 잃고 헤맨다면 어떻게 하겠느냐? 아흔아홉 마리를 그대로 두고, 잃어버린 그 한 마리 양을 찾아 온 들판을 돌아다니지 않겠느냐?"

잃어버린 한 마리 작은 양의 소중함을 강조하신 말씀이다. 그렇다고 해서 아흔아홉 마리가 아무런 돌봄을 받지 않은 채 그냥 들판에 방치되는 것은 아니다. 우리는 양떼에 한 명의 목자만 있다고 생각하는 경향이 있다. 하지만 실제로 중근동 지역에서 백 마리의 양떼를 한 명의 목자가 돌보는 경우란 없다. 따라서 만일 양떼 중 한 마리를 잃어버렸을 경우, 수석 목자는 양떼의 나머지(99마리)를 안전하게 돌보고 있고, 고용된 목자가 그 양을 찾아 나서곤 한다. 예수님은 자신의 모든 양들을 똑같이 돌보신다. 그러나 만일 잃은 양이 있다면, 그 양이 어떤 상태이건(비록 병들고 하찮은 작은 양일지라도) 절대로 포기하지 않으시고 끝까지 힘써 찾으신다. 잃어버린 한 마리 작은 양의 비유에 대해 예수님은 이제 말씀을 맺으신다.

"잃어버린 그 양을 찾게 되면, 목자는 안전하게 있는 아흔아홉 마리의 양들보다 그 한 마리의 양 때문에 더욱 기뻐할 것이다. 이와 똑같다! 하늘에 계신 너희 아버지께서는 이 작은 사람들 가운데 하나라도 잃는 것을 결코 원치 않으신다."

형제가 죄를 범했을 때 (18:15-20; 눅 17:3)

이제 예수님은 주제를 살짝 바꾸어 죄 범한 형제를 다루는 법에 관해 말씀하신다. 이 교훈의 핵심은, 최선을 다해 죄 범한 그 형제를 잘 권고하고 설득하여 그로 하여금 죄의 길에서 떠나게 하라는 것이다.

"어떤 형제가 네게 잘못한 일이 있거든, 그와 단둘이서 만나 그의 잘못을 잘 타일러 주어라. 그 형제가 네 말을 듣고 잘못을 깨닫고 돌이키면, 너는 형제 하나를 얻은 것이다. 그러나 그 형제가 네 말을 듣지 않거든, 한두 사람을 더 데리고 가서 그들로 하여금 증언케 하라. 그런데도 그 형제가 말을 듣지 않거든, 사실대로 교회에 알려 교회로 하여금 그 형제를 설득케 하라. 그렇게까지 했는데도 그 형제가 교회의 말조차 끝내 듣지 않거든, 너는 그를 이방인이나 세리처럼 여기고 더는 그와 상대하지 않도록 하라."

교회 공동체의 일원인 형제가 죄를 범했을 때, 그 형제를 죄에서 돌이키기 위해 4단계의 조치를 취하라는 가르침이다. 1단계는, 그 형제와 단독 대면하여 잘 타이르고 설득하는 것이다. 2단계는, 사실을 증언할 수 있는 다른 형제 1~2명을 대동하여 그 형제를 다함께 설득하는 것이다. 3단계는, 교회에 사실을 알린 뒤 교회가 나서서 그 형제를 설득하도록 하는 것이다. 4단계는, 최후의 조치로 그 형제를 이방인이나 세리처럼 여겨 더는 상대조차 하지 않음으로써 스스로 깨닫고 뉘우치도록 하라는 것이다. 이 같은 조치와 관련하여 예수님은 강력한 말씀을 하신다.

"너희가 땅에서 매어놓은 것은 무엇이든 하늘에서도 매일 것이고, 땅에서 풀어놓은 것은 무엇이든 하늘에서도 풀릴 것이다.

죄지은 형제를 권고한 결과, 그 형제가 죄를 뉘우치고 돌이키면 그 형제와 하나님과의 관계의 줄이 다시 매일 것이고, 그렇지 않고 그 형제가 끝내 말을 듣지 않고 돌이키지 않으면, 그 형제와 하나님과의 관계의 줄이 풀리게 될 것이라는 말씀이다. 이처럼 땅에서 매고 풀리는 그런 관계가 하늘에서도 그대로 확정된다는 말씀이다.

여기서 오해하지 말 것은, 우리가 죄 범한 형제를 그들의 죄에서 자유롭게 할 수 있다는 것이 아니란 사실이다. 사람의 모든 죄는 오직 하나님만이 사하실 수 있다. 이 말씀의 교훈은, 교회와 성도는 죄인을 하나님께로 인도하여 그로 하여금 죄 사함을 받게 하는 데 중요한 역할을 감당할 수 있다는 것이다.

이제 예수님은 죄 범한 형제를 돌이키게 하는 데서 더 나아가, 세상의 모든 죄인들에게 복음을 전하여 그들을 구원의 길로 인도하는 일에 있어, 합심 기도의 중요성과 교회 공동체의 역할이 매우 중요하다는 사실을 일깨워 주신다.

"너희 중 두 사람이 땅 위에서 마음을 합하여 무엇이든 구하면, 하늘에 계신 내 아버지께서 그들의 간구를 들어주실 것이다. 그렇다. 두세 사람이 내 이름으로 모인 그곳에 나도 언제나 그들 가운데 함께 있느니라."

용서에 관한 가르침 (18:21-35)

죄 범한 형제에 대해 최선을 다해 설득하고 용서하며 옳은 길로 인도하라는 예수님의 가르침을 듣고, 제자들은 고개를 갸웃하였다. 율법에 따르면, 죄 범한 자는 그 지은 죄만큼 대가를 치르도록 규정하고 있기 때문이다. 그런데 예수님은 최대한 타이르고 얼마든지 용서하라고 가르치고 있지 않은가! 궁금증이 있으면 참지 못하는 베드로가 제자들을 대표해서 묻는다.

"주님, 형제가 제게 죄를 범하면, 몇 번이나 그를 용서해줘야 합니까? 일곱 번까지 용서하면 충분하겠습니까?"

당시 유대 랍비들은 3번까지 용서하라고 가르쳤다. 그래서 베드로는 예수님의 자애로운 가르침을 감안하더라도 7번이면 넉넉하다고 생각하고 이렇게 말했다. 그러나 예수님의 답변은 의외였다.

"아니다. 일곱 번뿐 아니라, 일흔 번씩 일곱 번까지라도 용서해 주어라."

용서할 줄 모르는 종의 비유: "용서하고 또 용서하라."

이는 일흔 번씩 일곱 번, 곧 정확히 490번 용서해 주라는 말이 아니다. 그 수효를 헤아릴 수 없을 정도로 무제한 용서하라는 의미다. 이런 말뜻을 베드로도 알아들었다.

"아이고, 주님! 어찌 그렇게까지 용서할 수 있겠습니까? 아무래도 그건 사람으로선 감당할 수 없는 말씀입니다."

"허허, 그러하냐? 그렇다면 비유 하나를 들어주마."

예수님은 비유로 이야기 하나를 들려주신다. 이른바 '일만 달란트와 일백 데나리온'의 비유다.

"천국은 어떤 왕이 자기 종들과 셈을 맞춰보는 것에 비유할 수 있다. 그렇게 결산을 하던 중에 무려 일만 달란트나 빚진 종이 왕 앞에 끌려 나왔다. 그 종이 그처럼 막대한 빚을 갚을 돈이 없다는 사실을 알자, 왕이 그 종에게 엄히 명령하기를 '네가 가진 모든 것과 네 처자까지도 전부 팔아 빚을 갚도록 하라.' 하였다. 그러자 그 종은 왕 앞에 엎드려 싹싹 빌면서 말하기를 '오, 왕이시여! 제발 조금만 참아주십시오. 제가 곧 다 갚아 드리겠습니다. 부디 자비를 베풀어 주십시오.' 하였다. 종이 급한 김에 그렇게 말했어도, 왕은 그 종이 어떤 방법을 써도 그 막대한 빚을 다 갚을 수 없다는 사실을 잘 알고 있었다. 그래서 왕은 그 종을 가엾게 여겨 놓아주었고, 게다가 빚까지 전부 없애주었다."

"그 왕은 참으로 너그러우신 왕이로군요. 그 종은 큰 은혜를 입었군요!"

제자들은 마치 자신의 일인 양 감탄을 발하며 좋아했다. 예수님은 계속 비유의 말씀을 이어 나가신다.

"그렇게 풀려난 그 종은 아주 좋아라 하며 집으로 돌아가던 중 자기에게 100데나리온의 빚을 진 사람을 길에서 만났다. 그런데 말이다, 그 종은 그 사람의 멱살을 붙잡고 당장 자기 돈을 갚으라고 다그쳤다. 그러자 그 사람이 엎드려 간청하기를 '제발 조금만 참아주시게. 내가 곧 다 갚도록 하겠네.' 하였다. 그러나 왕에게서 일만 달란트를 탕감받은 그 종은 들은 체도 하지 않고 그 사람을 관아로 끌고 가서 자기에게 빚진 돈을 다 갚을 때까지 감옥에 갇혀 있게 하였다."

고대 사회에서, 빚진 자가 자신의 빚을 갚지 못할 경우, 채권자의 종이 되어 강제 노역을 하거나 때로는 투옥되기도 했다. 그렇게 함으로써 채권자는 빚진 자를 압박하여 혹시라도 숨겨놓은 재산을 찾아내 좀 더 빨리 빚을 받을 수 있었다. 여기까지 이야기를 듣고 있던 제자들은 하나같이 격분한다.

"못된 놈! 자기는 일만 달란트나 탕감받았으면서도, 자기에게 일백 데나리온 빚진 자를 저리도 모질게 대하다니! 천하에 몹쓸 놈!"

예수님은 제자들의 그런 반응을 보면서 계속 말씀을 이으신다.

"그러자 그 광경을 지켜본 다른 종들이 하도 기가 막혀, 왕에게로 가서 그 종이 한 짓을 낱낱이 일러바쳤다. 이에 왕은 크게 진노하여 빚을 탕감해 주었던 그 종을 다시 불러 엄히 꾸짖기를 '이 악독하고 뻔뻔한 놈아! 네가 엎드려 애걸복걸하기에 불쌍히 여겨, 내가 그토록 엄청난 빚을 탕감해 주지 않았느냐? 그러니 너도 마땅히 네게 빚진 자에게 자비를 베풀었어야 마땅하지 않느냐?' 하였다. 그런 후, 왕은 몹시 노하여 그 종을 감옥에 가두고 마지막 한 푼까지 다 갚게 하였다."

"속이 시원합니다. 그자는 마땅히 그렇게 처리하는 것이 옳습니다!"

제자들은 이구동성으로 말했다. 자, 그렇다면 예수님의 비유에서 빚진 돈의 가치는 얼마나 되는지 알아보자. 먼저 '데나리온'은 로마 제국의 은화를 가리킨다. 이 은화는 예수님 당시에 가장 널리 유통되던 동전으로, 당시 노동자의 하루치 품삯에 해당되는 가치를 지녔다.

그리고 '달란트'는 유대의 화폐 단위 중 가장 큰 단위로, 한 달란트는 대략 6천 데나리온의 가치를 지녔다. 따라서 일만 달란트의 빚을 졌다는 것은, 오늘날의 표현으로는 수백억(대략 600억)의 빚을 졌다는 말로 결고 상낭할 수 없는 엄청난 빚을 졌다는 말이다. 반면, '일백 데나리온'의 빚은 대략 천만 원을 빚졌다는 말로 충분히 갚을 수 있는 빚을 말한다.

그 악하고 지독한 종을 엄벌에 처한 왕의 처사에 고소해하던 제자들을 보면서, 이제 예수님은 비유 속에 담긴 핵심 교훈을 일깨워 주신다.

"자, 보아라! 너희가 몇 번이든 진심으로 네 형제를 용서해 주지 않으면, 하늘에 계신 내 아버지께서도 너희에게 이처럼 행하실 것이다."

그렇다! 우리 모두는 하나님께 일만 달란트의 빚을 진 자들이다. 그리고 우리에게 죄지은 형제는 우리에게 일백 데나리온의 빚을 진 자다. 그런데 하나님은 우리를 불쌍히 여겨 우리가 빚진 일만 달란트를 탕감해 주셨다. 자, 그렇다면 이제 우리는 우리에게 '일백 데나리온' 빚진 자들에게 어찌 해야 마땅한가? 이에 대한 우리의 행동 여부에 따라 우리에 대한 하나님의 처우 여부도 달라질 것이다. 제자들은 침묵했다. 자기들의 용서는 너무나 보잘것없었다. 훗날, 스승께서 십자가에 달리셔서 한쪽 강도를 용서하시는 광경을 보고 제자들은 말과 행동이 일치하는 참 스승의 모습을 보았다.

19

천국 백성의 혼인관과 재물관

모든 걸 가난한 자들에게 주어라
부자가 하늘나라에 들어가는 것은
낙타가 바늘귀 나가는 것과 같다고 하니
청년 부자는 근심하며 돌아가네

이혼에 관한 가르침 (19:1-12; 막 10:1-12)

때는 예수께서 십자가에 돌아가시기 한 달 전쯤(주후 30년 2~3월경), 예수님은 갈릴리 사역을 모두 마치고, 이제 그곳을 떠나 유대 땅으로 들어가시기 위해 요단강 건너편으로 가셨다. 요단강 건너편, 곧 요단강 동편에 있는 이 지역은 '베레아 지역'으로, 당시 헤롯 안디바의 통치하에 있었다. 당시 유대인들은 갈릴리 지방에서 유대 땅으로 들어갈 때 팔레스타인 중부 지역에 있는 사마리아 땅을 지나가지 않기 위해 요단강을 건너 베레아 지방을 경유하여 유대 땅으로 들어갔다.

그 무렵, 유대 민족의 큰 절기인 유월절을 앞두고 수많은 사람들이 이 같은 경로를 통해 유대 땅으로 향하고 있었는데, 그들 무리 가운데 예수님 일행도 섞여 있었다. 이때 예수님은 예루살렘에서 십자가 사역을 수행하기 위해 갈릴리 지방을 떠나 유대 땅으로 향했다. 그리고 그 여정 도중에도 부지런히 '베레아 전도사역'을 감당하셨다.

예수께서 움직이시면 언제나 그렇듯 수많은 사람들이 그 뒤를 따랐다. 또 각양각색의 병자들을 예수께로 데려왔다. 그러면 예수님은 피곤한 여정 가운데서도 병자들을 물리치지 않으시고 그들의 병을 일일이 고쳐주셨다. 그렇게 예수께서 베레아 전도사역을 열심히 감당하고 있던 때, 바리새파 사람들 몇 명이 예수께로 와서 예수님을 함정에 빠뜨리려고 한 가지 어려운 질문을 던진다. 이혼 문제다.

예루살렘으로 향하시는 예수님

"선생이여! 어떤 이유가 있다면, 남편이 아내를 버려도 상관없지요?"

당시 바리새인들 중에서도 이혼의 사유가 되는 '어떤 이유'가 제각각이었다. 바리새인들 중 삼마이 학파는 간음 외에는 이혼을 금한 보수파였고, 힐렐 학파는 사소한 이유로도 이혼을 허용한 자유파였다. 예수께서 무슨 답변을 내놓아도 이혼 논쟁에 휘말려 들어 곤경에 빠질 수밖에 없었다. 바리새인들은 그 점을 노렸다.

"당신들은 성경을 읽어보지 못하였소? 성경을 보면, 하나님은 처음부터 사람을 남자와 여자로 지으셨다고 되어 있소. 또 성경에는 '남자는 부모를 떠나 제 아내와 결합하여 한 몸이 될 것이다.'라고 되어 있소. 이처럼 결혼한 두 사람은 더는 둘이 아니라 한 몸이오. 이처럼 하나님께서 짝지어 주신 것을 사람이 나누어선 안 되오."

예수님은 이혼의 문제를 처음 결혼을 제정하신 하나님의 본래 뜻에 따라 해석하셨다. 그 뜻은, 결혼한 부부는 둘이 아니라 이미 하나 된 몸으로 더는 둘로 나누어져선 안 된다는 것이다. 말하자면 하나님이 '하나' 되도록 맺어주신 것을 사람이 '둘'로 나누어선 안 된다는 말로, 본질상 이혼을 해선 안 된다는 말씀이다. 이것이 결혼의 근본 원리인바, 이혼은 결코 하나님의 뜻이 아님을 분명히 가르치셨다.

'흐흐- 그래, 잘 걸려들었다.'

예수님의 대답을 듣고, 바리새파 사람들은 기다렸다는 듯 즉시 다시 묻는다.

"좋소, 그렇다면 왜 모세는 말하기를 '이혼증서를 써주고 아내를 버리라.' 했을까요?"

과연 신명기 24장 1절에서 모세는 그렇게 말했다. 바리새인들에게 있어 모든 권위는 모세 율법에서 비롯되었다. 그래서 그들은 이번에도 모세의 권위를 내세워 예수를 몰아붙였다. 그러자 예수께서 모세보다 더욱 권위 있게 대답하신다.

"모세가 그렇게 말한 것은 사실이오. 그러나 모세는 당신들의 마음이 완고하고 악하다는 것을 잘 알고 있었기 때문에 부득이 그런 말을 한 것이지, 본래 하나님이 그렇게 정하신 것이 아니라오."

"아니, 그게 대체 무슨 말이오? 선생이 뭔데 하나님의 본래 뜻을 알 수 있단 말이오. 그렇다면 선생은 어떤 경우에도 이혼을 해선 안 된다는 입장이오?"

"당신들에게 분명히 말하겠소. 정히 이혼해야 한다면, 아내가 음행을 저지른 경우에는 가능하오. 그런 경우가 아니고선, 누구든지 제 아내를 버리고 다른 여자와 결혼하면 그것은 그자가 음행을 행하는 것이오."

음행은 한 몸 되기로 굳게 맹세한 결혼 언약을 스스로 깨뜨리는 행위이기에 이혼의 사유가 될 수 있다는 말이다. 하지만 아내가 음행을 저지른 확실한 증거 없이 자기 아내와 쉽게 이혼하고 다른 여자를 취하는 자는 자신이 도리어 음행을 자행하는 것과 같다고 경고하셨다.

그러므로 예수님은 누구든지 결코 쉽사리 이혼을 결정하지 말라고 가르치신 것이다. 그렇다면 배우자가 부정(음행)을 저지르면, 반드시 이혼해야 하는가?

이혼의 사유는 될 수 있어도, 이혼의 철칙은 될 수 없다. 배우자가 부정을 자행했을 경우, 예수님은 이혼하는 것을 허락하셨지만 이혼할 것을 명하지는 않으셨다. 성경의 비유를 보면, 남편 되신 하나님은 이방 우상들과 계속해서 부정을 저지른 아내 된 이스라엘을 끝까지 버리지 않으시고, 그들을 거듭 용서하시고 다시 품으셨다. 호세아 선지자와 그의 아내 된 음녀(淫女) 고멜에 관한 이야기가 대표적인 경우다. 그때 이혼에 관한 예수님의 답변을 듣고서, 제자들이 따로 예수께 묻는다. 목소리에 불만이 잔뜩 섞여 있다.

"스승님! 남편과 아내의 관계가 꼭 그런 것이라면, 차라리 결혼하지 않는 편이 더 낫지 않을까요?"

전통적으로 가부장적인 유대 사회에서 아내는 남편의 종속물로 여겨졌다. 그래서 남편들은 모세의 이혼증서를 근거로, 여러 이유를 들어 아내를 쉽게 내보내고 다시 장가들 수 있었다. 하지만 예수님은 모세의 본래 의도를 지적하시면서, 오직 음행의 사유 외엔 아내를 버려서는 안 된다고 가르치셨다. 이에 제자들은 그럴 바엔 결혼해서 아내에게 얽매이느니 차라리 결혼하지 않는 편이 더 좋겠다고 불평한 것이다. 이처럼 제자들도 잘못된 유대 전통에 깊이 물들어 있었다. 제자들의 질문에 예수께서 말씀하신다.

"결혼하지 않거나 혹은 결혼하지 못하는 것도 아무나 할 수 있는 일이 아니다. 하나님이 허락하신 사람만이 그렇게 될 수 있다. 처음부터 결혼하지 못할 몸으로 태어난 사람도 있고, 사람의 손으로 고자가 된 사람도 있고, 더러는 천국을 위해 스스로 결혼하지 않는 사람도 있다. 이 말을 받아들일 수 있는 사람은 받아들여라."

예수님은 결혼하지 않거나 결혼하지 못하는 고자(鼓子)와 관련하여 세 종류를 말씀하셨다. 하나는 선천적인 성불구자이고, 또 하나는 인위적으로 거세를 당한 자이며, 마지막 하나는 하나님 나라의 일을 위해 스스로 영적 고자의 삶을 사는 자다. 예수님은 이들 고자들 역시 일반 사람들과 마찬가지로 모두 하나님의 섭리와 경륜하에 그렇게 된 것임을 일깨워주셨다.

따라서 여기 예수님의 말씀은, 모든 사람에게 적용되는 보편적인 규범이 아니라, 소수의 사람들에게 적용되는 특수한 규범임을 알 수 있다. 훗날 사도 바울은 천국을 위해 영적 고자의 삶을 살려는 자들을 만류하면서 스스로 욕정을 절제할 수 없으면 차라리 결혼하는 편이 낫다고 권고했다.

예수께서 어린아이들을 축복하심 (19:13-15; 막 10:13-16; 눅 18:15-17)

때에 사람들이 어린아이들을 예수께 데려와서는, 자기 아이들의 머리에 손을 얹어 기도해 달라고 요청했다. 그러자 제자들이 그들을 말리며 꾸짖는다.

"그만! 우리 선생님은 그렇게 한가한 분이 아니오! 이런 일로 괴롭히지 마시오!"

고대 사회에서 어린아이들은 노동력과 전투력을 갖추지 못했기에 온전한 인격체로 대우받지 못하고 종종 무시당하거나 배척당하곤 했다. 제자들이 손을 휘휘 내저으며 어린아이들을 멀리 물리치는 것을 보신 예수님은 도리어 제자들을 나무라신다.

"그만두어라! 어린아이들이 내게 오는 것을 허락하고 그들을 막지 말아라. 천국은 바로 이런 어린아이들의 것이다."

어린아이에겐 세 가지 뚜렷한 성품이 있다. 꾸밈없는 순수성, 자신을 낮추는 겸손성, 그리고 전적으로 믿고 따르는 신뢰성이다. 천국을 소망하는 자들은 하나님 앞에서 이 같은 성품을 반드시 갖추어야 한다는 교훈이다. 이런 말씀을 하신 뒤, 예수께서는 어린아이들의 머리 위에 일일이 손을 얹어 축복 기도를 해주시고는 그곳을 떠나셨다.

부자 청년과 천국에 관한 교훈(19:16-30; 막 10:17-31; 눅 18:18-30)

예수께서 요단강 동편의 베레아 지방을 여행하고 계실 때, 하루는 어떤 부자 청년이 예수께로 와서 사뭇 진지한 표정으로 묻는다.

"선생님, 저… 영생을 얻으려면 제가 어떤 선한 일을 행해야 합니까?"

"청년이여, 선한 일에 관해서라면 내게 묻지 않는 것이 좋을 뻔했소. 선한 분은 오직 하나님 한 분뿐이시오. 그러니 당신이 생명의 길로 들어가 영생 얻기를 원한다면, 먼저 하나님께서 말씀하신 그분의 계명들을 잘 지키도록 하시오."

여기서 예수님은, 사람이 하나님의 계명들을 잘 지키면 영생을 얻을 수 있다고 말씀하신 것이 아니다. 도리어 사람이 여러 계명들을 잘 지키는 선한 일로써는 영생을 얻을 수 없다는 사실을 깨우쳐주려고 이처럼 말씀하신 것이다. 그렇다. 영생은 선한 행위의 산물이 아니다. 오직 믿음으로 영생을 얻은 자라야 비로소 하나님의 계명들을 마음으로 온전히 지켜 신실한 삶의 열매를 맺을 수 있는 것이다. 예수님의 의중을 알지 못한 채 그 부자 청년은 다시 묻는다.

"하나님의 여러 계명들 가운데 어느 계명을 잘 지켜야 합니까?"

"그 계명은 '살인하지 말라. 간음하지 말라. 도둑질하지 말라. 거짓 증언을 하지 말라. 네 부모를 공경하라. 그리고 특히 네 이웃을 네 몸같이 사랑하라'는 것들이오."

이때 예수님이 특별히 '이웃 사랑'을 강조하신 까닭은, 그 청년이 율법의 외형적인 것들만 지킴으로써 외적 선행의 자만심에 빠져 있는 상태를 지적하기 위해서였다. 그런 줄도 모르고, 그 부자 청년은 자신만

만하게 대답한다.

"선생님! 전 어려서부터 그런 계명들을 잘 지켰습니다. 그런데도 아직 부족한 것이 또 있습니까?"

이 부자 청년은 언제나 행실이 반듯하여 모든 계명들을 잘 지켰던 것 같다. 그런데도 그는 영생에 대한 확신이 없어 자신이 더 지켜야 할 새로운 율법 조항을 찾는 무지와 어리석음을 보여주고 있었다. 예수님은 그런 청년을 가엾게 보시고 부드럽게 말씀하신다.

"만일 당신이 완전하게 되어 영생을 얻으려거든, 지금 가서 당신이 가진 것들을 다 팔아 가난한 사람들에게 나눠주시오. 그러면 당신은 하늘에서 보화를 얻게 될 것이오. 그런 다음에, 나를 따르도록 하시오."

지금 예수님은 영생을 얻으려면 모든 재물을 포기함으로써 가난해져야 한다고 말씀하신 것이 아니다. 다만, 부자 청년의 경우에는 영생을 얻는 데 재물이 크나큰 걸림돌이 되었기에 그것을 극복해야 한다고 말씀하셨을 뿐이다. 다른 사람의 경우에는 명예나 권세, 혹은 지식이나 평판 등이 영생으로 향하는 길에 걸림돌이 될 수 있다. 그러나 이 부자 청년은 예수님이 의도하신 진정한 뜻을 헤아리지 못했다.

부자 청년: "가진 것을 팔아 가난한 자들에게 나눠주라"

"모든 재산을 다 팔아 가난한 사람들에게 나누어 주라고요? 너무 가혹하신 말씀입니다."

예수님의 말씀을 듣고서 크게 당황한 그 부자 청년, 처음의 자신만만한 태도는 어디론가 사라지고 어깨를 축 늘어뜨린 채 침울한 표정을 지으며 돌아갔다. 자신이 가진 그 많은 재산을 전부 포기할 수는 없는 노릇이라고 생각했기 때문이다. 부자 청년이 심히 근심하며 돌아가자, 예수께서 제자들을 향해 말씀하신다.

"보아라, 부자는 천국에 들어가기가 무척 어렵다. 그게 얼마나 어려운지, 차라리 낙타가 바늘귀로 빠져나가는 것이 더 쉬울 정도다."

낙타가 바늘귀로 빠져나갈 순 없다. 그만큼 사람이 재물이나 돈을 초월하기가 어렵다는 것을 강조하신 것이다. 예수님의 말씀을 들은 제자들은 크게 놀라 되묻는다.

"스승님! 낙타가 바늘귀로 빠져 나가는 것이 더 쉽다니요? 아, 그렇다면 세상에서 구원을 받고 영생을 얻을 사람이 대체 누가 있겠습니까?"

예수께서는 절망한 표정으로 되묻는 제자들을 똑바로 바라보시며 말씀하신다.

"그렇다. 구원받고 영생을 얻는 일, 그것은 사람으로선 불가능한 일이다. 그러나 하나님으로선 그 모든 것이 충분히 가능하니라."

구원과 영생은 사람의 일이 아니라 전적으로 하나님의 일임을 선언하신 말씀이다. 요컨대 구원과 영생은 사람의 노력이나 선행으로써는 불가능하며, 오직 믿는 자에게 주어지는 하나님의 은혜로써만 가능한 것이다.

'아, 사람으로선 구원과 영생을 얻는 일이 불가능하다고…?'

그때, 제자들 중 베드로가 불쑥 나서며 예수께 여쭙는다.

"주님, 주님께서도 아시다시피 저희는 모든 것을 버리고 주님을 따랐습니다. 그러니 저희는 무엇을 얻을 수 있습니까?"

"진정 그렇다면 새 세상이 와서 인자가 영광스러운 보좌에 앉을 때, 나를 따르는 너희도 열두 보좌에 앉아 이스라엘 열두 지파를 심판하게 될 것이다."

메시아(그리스도) 예수의 영광스러운 나라가 도래하는 최후 심판의 날, 예수님의 12제자들이 이스라엘 12지파를 심판할 것이라는 말씀이다. 여기서 '예수님의 12제자'는 당시 신실한 12제자를 포함하여 하나님께 선택받고 구원받은 모든 신자를 대표하는 말이고, '이스라엘 12지파'는 당시의 완악한 유대인들을 포함하여 메시아 예수를 거부하고 배척한 모든 불신자를 대표한다. 예수님은 이어 말씀하신다.

"그렇다. 누구든지 나를 따르기 위해 집이나 형제나 자매, 아버지나 어머니나 아내, 자식이나 재산 등을 버린 사람은 장차 백배의 상급을 받을 것이고 또 영생을 얻을 것이다."

가정이나 친척, 재물 등은 인간으로서 가장 포기하기 어려운 것들이다. 그러나 예수님의 신실한 제자가 되기 위해서는 모든 인간적인 애정과 세상적인 욕심을 내려놓아야 한다. 이제 예수님은 천국에서 상급을 얻고 또 영생을 얻는 일과 관련해서 마지막으로 놀라운 말씀을 하시고는 마무리를 지으신다.

"그러나 너희가 알아야 할 것이 있다. 그런 일에는 먼저 된 사람들이 나중 되고, 나중 된 사람들이 먼저 되는 일이 많을 것이다."

바리새인, 사두개인, 서기관처럼 자신들은 이미 천국에 도달해 있다고 믿으면서, 교만과 자만에 빠져 복음을 배척하는 자들은, 실제로 천국 여정에서 뒤로 밀리거나 심지어 들어가지 못할 수도 있다. 반면, 도리어 자신들을 죄인이라 여기며 스스로 천국에서 멀다고 생각하는 가운데 기꺼이 복음을 받아들이는 세리, 창기, 죄인 같은 자들은 실제로 천국 여정에서 앞서가고, 마침내 그런 자들이 먼저 천국에 들어갈 수 있다는 말씀이다. 스스로를 살펴보자.

20
예수님의 수난과 부활 예고

포도원 일꾼 하루 품삯 1데나리온
9시, 12시, 오후 3시, 5시에 온 일꾼저녁에
관리인이 품삯을 주는데
똑같이 1데나리온씩이네

포도원 일꾼과 품삯 (20:1-16)

'먼저 된 사람이 나중 되고, 나중 된 사람이 먼저 된다'니 도대체 무슨 뜻으로 그런 말씀을 하시는가? 제자들의 의아한 표정을 보신 예수님은 비유를 들어 말씀하신다. 이른바 '포도원 일꾼과 품삯 비유'다.

"천국은 비유하자면… 어느 이른 아침, 그러니까 오전 6시쯤에 포도원 주인이 자기 포도원에서 일할 일꾼을 구하려고 장터로 나갔지. 그래서 포도원 주인은 하루 품삯을 한 데나리온으로 정하고, 일꾼들을 구해 포도원으로 들여보냈다."

장터는 헬라어로 '아고라(Agora)'인데, 광장이나 회합 장소를 말한다. 일감이 없거나 일거리를 구하는 사람들이 아침 일찍이 이곳에 나와 자신의 노동력을 살 사람을 기다렸다. 오늘날의 새벽 인력시장 개념이다. 그래서 포도원 주인은 품꾼을 구하려고 새벽 인력시장인 장터로 나갔고, 하루 품삯은 한 데나리온으로 정해졌다.

데나리온은 은화로 된 로마 제국의 기본적인 화폐 단위다. 이 은화는 예수님 당시에 가장 널리 유통되던 동전으로, 1데나리온은 당시 성인 노동자의 하루치 품삯에 해당되는 가치를 지녔다. 이 동전은 무게가 4g 정도 나가는 은으로 만들어졌는데, 보통 로마 황제의 초상이 새겨져 있었다. 헬라의 화폐 단위인 '드라크마'와 동일한 가치를 지녔다.

"포도원 주인이 또 오전 9시쯤에 장터에 나가보니, 몇 사람이 일거리를 얻으려고 서성거리고 있었지. 그걸 보고, 포도원 주인은 그 사람들도 포도원으로 들여보내면서 말하기를 '당신들도 내 포도원으로 가서 일하시오. 끝날 때 적당히 품삯을 계산해 주겠소.' 하였다. 또 정오와 오후 3시쯤에도 포도원 주인은 일꾼들을 구해 똑같은 말을 하면서 자기 포도원으로 들여보냈다."

"주님, 그러니까 포도원 주인은 오전 6시, 오전 9시, 정오(오전 12시), 오후 3시, 이렇게 일꾼들을 구해 포도원에 들여보내신 겁니까?"

"그렇지! 뿐만 아니니라. 그날 오후 5시쯤에도 포도원 주인이 다시 장터에 나갔다가 몇몇 사람들이 서 있는 것을 보았다. 그래서 포도원 주인이 묻기를 '왜 당신들은 하루종일 빈둥거리며 서 있소?' 하였다. 그들이 대답하기를 '우리에게 일거리를 주는 사람이 있어야 말이죠.' 하였다. 그 말을 듣고, 포도원 주인이 말하기를 '그러면, 당신들도 내 포도원으로 가서 일하시오. 일이 끝나면 품삯을 계산해 주리다' 하였다."

"아니, 그 사람들은 하루해가 거의 저물 때 가서는 무슨 일을 얼마나 한다고…?"

"내 비유를 계속 들어보아라. 날이 저물어 저녁이 되자, 포도원 주인은 관리인을 불러 맨 나중에 온 사람부터 처음 온 사람까지 모두에게 품삯을 주라고 지시했지. 그래서 오후 5시쯤에 온 사람들이 한 데나리온씩을 받았다. 그러자 아침 일찍부터 온 사람들은 그보다 더 많이 받을 것으로 기대하였다. 그러나 그들 역시 똑같이 한 데나리온씩 받았다."

"오전 6시에 온 사람들이 오후 5시에 온 사람들과 똑같은 품삯을 받았다고요? 주님, 그건 불공평하잖아요."

"응당 그렇게 생각할 수 있겠지. 그래서 일찍부터 온 사람들이 포도원 주인에게 투덜거리며 말하기를 '아니, 대체 이게 뭡니까? 온종일 뙤약볕에서 일한 우리를 어째서 한 시간밖에 일하지 않은 저 사람들과 똑같이 대우하는 겁니까?' 하였다. 그러자 포도원 주인이 말하기를 '이보시오, 나는 당신들에게 잘못한 것이 아무것도 없소. 하루 품삯으로 한 데나리온을 받기로 애초에 나와 약조하지 않았소? 그러니 당신들 품삯이나 가지고 돌아가시오. 나중에 온 사람들에게도 똑같은 품삯을 주기로 한 것은 어디까지나 내 마음에 달린 것이오. 내 돈을 가지고 내 뜻대로 하는 것이 뭐가 문제란 말이오?' 하였다."

"하긴…. 포도원 주인이 자기 돈으로 늦게 온 사람들에게 인심을 베푼 것이니, 일찍 온 사람들이 뭐라 할 말은 없겠네요."

"그렇다. 이와 같이 나중 된 사람들이 먼저 되고, 먼저 된 사람들이 나중 될 것이니라."

모든 일꾼들이 똑같이 한 데나리온을 품삯으로 받았다고 해도, 그 일한 시간으로 따지면 나중에 포도원에서 일한 사람들이 먼저 된 것이고, 먼저 포도원에 들어간 사람들이 나중 된 셈이다.

포도원 주인에게서 똑같이 품삯을 받는 포도원 일꾼들

예수님이 '포도원 일군과 품삯'의 비유를 통해 제자들에게 가르치고자 하신 교훈의 핵심은 이것이다. 천국에 들어가는 것, 곧 구원은 사람의 공로에 근거해서 주어지는 것이 아니고, 오직 하나님의 주권적인 뜻에 의해 주어진다는 사실이다. "내 것을 가지고 내 뜻대로 할 것이 아니냐!"란 말씀이 바로 그것이다. 이처럼 구원은 결코 사람의 것이 아니라 하나님의 것이다.

예수님이 가르치신 천국관(구원관)은 이러하다. 세상에서 먼저 된 자 곧 부자나 세도가, 귀족이나 종교 지도자 등이 천국(구원) 여정에서는 얼마든지 나중 될 수 있고, 세상에서는 나중 된 자 곧 가난한 자나 소외된 자, 약한 자, 세리, 창기 등이 천국(구원) 여정에서는 얼마든지 먼저 될 수 있다는 가르침이다.

이런 예수님의 가르침은 당시 사람들에게 손가락질 받던 세리, 창기, 죄인 등은 천국에서 멀거나 아예 상관없고, 반면에 사람들에게서 경건한 자들로 존경받던 종교 지도자들(바리새인, 사두개인, 서기관 등)은 마치 천국을 이미 소유했거나 천국에서 높은 자리에 앉는다고 생각한 기존 관념을 뿌리째 뒤흔드는 아주 획기적인 가르침이었다.

수난에 대한 세 번째 예고(20:17-19; 막 10:32-34; 눅 18:31-34)

예수님 일행은 갈릴리 지방을 떠나 요단강 건너 베레아 지방을 경유하여 유대 땅 예루살렘으로 올라가고 있었다. 때는 예수께서 십자가에 매달려 돌아가시기 한 달 전쯤(주후 30년 2-3월 경). 이처럼 예루살렘으로 올라가는 길에, 하루는 예수께서 열두 제자를 가까이 따로 부르셨다. 그런 뒤 머잖아 예루살렘에서 자신에게 일어날 일들에 관해 사뭇 엄숙한 표정으로 진지하게 말씀하신다.

"보아라, 이제 난 대제사장들과 율법 교사들의 손에 넘겨질 것이다. 그들은 나를 로마 정부 손에 넘겨줄 것인데, 그 이방 사람들은 나를 조롱하고 채찍으로 때리고 마침내 십자가에 못박아 죽일 것이다. 그러나 두려워하지 마라. 인자는 사흘째 되는 날에 다시 살아날 것이다."

성경 기록상, 십자가 수난에 대한 예수님의 세 번째 예고다. 당시 제자들은 능력 많으신 예수님이 예루살렘에 입성하여 높은 자리에 오르시면, 모든 걸 희생하고 스승을 따른 자신들도 한 자리씩 차지할 줄 잔뜩 기대하고 있었다. 예수님도 그런 사실을 익히 아시고서, 자신의 예루살렘 입성이 영광을 받기 위함이 아니라, 십자가 수난을 받기 위함이라는 사실을 점진적으로 누차 일깨워주셨다. 그렇게 해서 제자들의 들뜬 마음가짐을 다잡아 주시고 각오를 단단히 다지도록 훈련시키셨다.

으뜸이 되려거든 섬기는 자가 되라 (20:20-28; 막 10:35-45)

당시 예수님 일행의 예루살렘 여행에는 수많은 사람들이 뒤따랐다. 그들 중엔 제자들의 가족이나 친척들도 섞여 있었다. 하루는 세베대의 두 아들인 야고보와 요한이 자신들의 어머니와 함께 예수께 나아왔다. 세베대의 두 아들은 베드로와 함께 예수께서 특별히 아끼시는 주요 제자들이었다. 세배대의 아내이며 야고보와 요한의 어머니는 자신의 두 아들과 함께 예수께 엎드려 큰절을 했다. 그리고는 무슨 할 말이 있는지 잠시 머뭇거렸다. 그런 모습을 보고, 예수께서 먼저 물으신다.

"무슨 할 말이 있으시오? 내게 무엇을 원하시오?"

"저… 이제 머잖아 주님의 나라가 세워지면, 저의 두 아들 중 하나는 주님의 오른편에, 하나는 왼편에 앉게 해주십시오."

예수님이 갈릴리를 떠나 예루살렘 도성으로 올라가시자, 그녀는 마침내 예수께서 왕이 되어 그의 메시아 왕국을 세울 줄로 생각했다. 그래서 그 메시아 왕국에서 자신의 두 아들인 야고보와 요한을 이른바 우의정과 좌의정으로 삼아달라고 은밀히 청탁한 것이다. 하지만 그것은 예수님을 정치적 메시아로 오해한 착각이었다. 이처럼 예수님의 제자들을 비롯하여 당시 사람들은 예수님을 로마 정부의 식민 지배에서 유대를 해방시킬 정치적 메시아로 오해하고 있었다. 그 부인의 청탁을 들으시고, 예수께서 되물으신다.

"부인, 당신이 청하는 것이 무엇인지 알고서 하는 말이오?"

그런 다음, 예수님은 어머니와 함께 그 자리에 있는 야고보와 요한을 향해 물으신다.

"야고보와 요한아, 너희는 내가 마시게 될 잔을 마실 수 있겠느냐?"

이때 예수께서 말씀하신 잔은 '십자가 고난의 잔'이었다. 그러나 두 제자는 '메시아의 영광과 승리의 잔'으로 이해했다. 그들은 '잔'을 '관'으로 기대했던 것이다. 그들은 조금도 망설임 없이 선뜻 대답한다.

"네, 주님! 얼마든지 마실 수 있습니다!"

선뜻 대답하는 야고보와 요한을 보시고서, 예수께서는 씁쓸한 표정으로, 또 한편으론 연민의 표정을 지으며 다시금 말씀하신다.

"그래, 너희도 정녕 내 잔을 마시게 되겠지. 그러나 내 오른편과 왼편 자리에 누가 앉게 될 것인가를 정하는 것은 내 권한이 아니다. 그 자리는 내 아버지께서 정해놓으신 사람들에게 돌아갈 것이니라."

영광의 잔을 마시겠다는 그들의 지금 생각과는 달리, 결국엔 야고보와 요한도 고난의 잔을 마셨다. 예수님의 죽음과 부활 승천 후, 초대교회의 어려운 시기에 야고보는 제자들 중 가장 먼저 순교를 당했다. 요한은 제자들 중 가장 오래 살았지만 밧모 섬에 유배를 당하는 등 그만큼 많은 고난을 겪었다. 따라서 그들은 그런 희생과 고난에 따른 천국 상급을 받게 될 터인데, 그것은 전적으로 하나님의 주권적인 결정에 따라 주어질 것이었다.

"뭐라고? 지금 야고보와 요한이 어머니를 대동해서 스승님께 요직을 청탁하고 있다고? 그럴 수가, 약삭빠르게 선수를 치다니…!"

야고보와 요한의 행동을 보고, 다른 열 제자들이 저마다 분통을 터뜨렸다. 그런 모습을 보시고, 예수께서 참으로 답답한 심정으로 제자들을 모두 불러 점잖게 타이르신다.

"너희가 아는 대로 세상의 통치자들은 백성들을 강제로 지배하고, 고관들은 백성들에게 세도를 부린다. 그러나 너희는 절대로 그렇게 해선 안 된다. 너희 가운데 누구든지 높은 사람이 되기를 원하는 자는 먼저 너희를 섬기는 사람이 되어야 한다. 또 너희 중에 으뜸이 되기를 원하는 자는 먼저 너희의 종이 되어야 한다. 진실로 그렇다. 인자도 섬김을 받으러 이 땅에 온 것이 아니다. 도리어 섬기러 왔고, 많은 사람의 죗값을 치르기 위해 내 목숨을 내어주려고 온 것이다."

예수님을 본받는 참된 지도자는 예수님이 그랬던 것처럼 종과 같은 섬김과 겸손의 자세를 가져야 한다. 그런 지도자는 자신이 높임 받고자 하는 이기적 욕망으로서가 아니라, 백성들을 잘 섬기겠다는 불타는 열정으로 일할 것이다. 이처럼 남에게 높임 받겠다는 교만한 마음이 아니라, 남을 섬기겠다는 겸손한 종의 마음을 지닐 때, 그는 비로소 참된 지도자가 되어 올바른 지도력을 발휘할 수 있다.

두 맹인을 고치심 (20:29-34; 막 10:46-52; 눅 18:35-43)

유대 땅 예루살렘으로 가기 위해 갈릴리 지역을 떠난 예수님 일행, 요단강 동편의 베레아 지방을 경유한 뒤, 다시 요단강을 건너 서편의 유대 땅으로 들어갔다. 그때 맨 먼저 마주친 성읍은 여리고였다. 고대의 가장 오래된 성읍들 중 하나인 여리고는 요단 계곡의 서쪽 끝에 위치한 성읍으로, 예루살렘으로 들어가는 관문 역할을 했다.

예수님과 제자들이 여리고 성읍을 지나갈 때 수많은 사람들이 그들의 뒤를 따랐다. 때는 유대인 최대 절기인 유월절을 한 달가량 앞두고 있었기에, 각처에서 수많은 인파들이 예루살렘으로 속속 모여들고 있었다. 그런 와중에 예수님도 예루살렘으로 향한다는 소문이 널리 퍼져, 예수님 주변으로 구름 떼 같은 수많은 군중이 몰려들었다.

그 무렵, 여리고 성읍에 살던 맹인 두 사람도 그런 소문을 들었다. 그들은 평소처럼 동냥을 얻으려고 길가에 자리를 깔고 앉아 있었다. 그러던 중 예수께서 그 길로 지나가고 있다는 말을 전해 듣고는 큰소리로 부르짖는다.

"주여! 다윗의 자손이여! 저희에게 자비를 베풀어주십시오!"

이때 맹인들이 예수님을 향해 '다윗의 자손이여!'하고 부른 것은, 예수님을 구약에서 예언된 '메시아'로 인식하고 있었기 때문이다. 구약의 선지자들은 장차 메시아가 '다윗의 자손'으로 오실 것이라고 분명히 예언했다. 이처럼 보지 못하는 맹인들이 보는 눈을 가진 자들이 보지 못한 예수님을 올바로 보았다는 것은 아이로니컬한 일이다.

"아, 거참! 되게 시끄럽네! 정신 사나워 죽겠네! 이제, 그만 조용히 좀 하지!"

예수님을 뒤따르던 사람들이 두 맹인을 향해 조용히 하라고 꾸짖었다. 그러나 그들은 입을 다물기는커녕 더욱 큰 목소리로 계속 부르짖는다.

"다윗의 자손이여! 저희를 불쌍히 여겨주소서!"

그때였다! 예수께서 두 맹인의 부르짖는 소리를 들으시고, 그들이 있는 곳에서 걸음을 멈추셨다. 그리고는 그들을 향해 물으신다.

"내가 당신들에게 무얼 해주기를 원하시오?"

"네, 주님! 저희가 눈 뜨기를 원합니다."

맹인에게 있어 눈을 뜨는 것보다 더 간절한 소원이 어디 있으랴! 그들은 애절한 마음으로 간청했다.

"그래, 너희 소원을 들어주마."

예수님은 두 맹인을 측은히 여기시고, 그들의 눈에 부드럽게 손을 갖다 대셨다. 머잖아 십자가에 매달려 못박히고 피 흘릴 손이었다. 그러자 기적이 일어났다! 그들의 눈이 즉시 뜨여 앞을 볼 수 있게 되었다. 그들은 기쁨에 겨워하며 군중들 속에 섞여 예수를 따라갔다.

21

예수님의 예루살렘 입성

예수와 제자들이 벳바게에 이르러
성전 뜰에서 장사꾼들 내쫓으시네
내 집은 기도하는 집이니
강도의 소굴로 만들지 마라

예루살렘에 입성하심 (21:1-11; 막 11:1-11; 눅 19:28-38; 요 12:12-19)

예수님 일행은 여리고 성읍을 지나 예루살렘에서 멀지 않은 올리브산(감람산) 부근의 벳바게 마을에 이르렀다. 그때 예수께서 두 명의 제사를 보내시며 말씀하신다

"저 동네로 들어가면, 나귀 한 마리가 그 새끼와 같이 매여 있을 것이다. 그 나귀들을 풀어 내게로 끌고 오너라."

"네, 주님! 그런데 주인의 허락을 받지 않아도 되는 것입니까? 나귀를 풀어서 그냥 끌고 오면 되는 것입니까?"

"그렇다. 혹시 나귀 주인이 왜 끌고 가는지 묻거든, 그에게 대답하기를 '주께서 쓰시겠답니다.' 하여라. 그러면, 그가 아무 말 않고 나귀를 내어줄 것이다."

올리브산에서 예루살렘 성읍까지의 거리는 불과 2-3km 정도였다. 그러한데도 예수님은 굳이 나귀, 그것도 나귀 새끼를 타고 예루살렘으로 입성하시려 하셨다. 왜일까? 이 시점에서 예수님은 자신이 구약에서 예언된 그 메시아임을 공개적으로 드러내시려 하셨다. 그래서 나귀 새끼를 타고 예루살렘으로 입성함으로써 스가랴 선지자의 예언을 성취시키려 하셨던 것이다. 그렇다면 아주 오래 전, 주전 520년경에 활동한 스가랴는 무엇이라고 예언했는가?

> "시온(예루살렘)의 딸들에게 일러라. 보라, 너희 왕이 너희에게 오시리라. 그분은 온유하고 겸손하셔서 나귀를 타시리니, 어린 나귀 곧 멍에 메는 짐승의 새끼를 타고 오시리라"(슥 9:9).

예수께서 일러주신 대로, 두 제자는 벳바게 마을로 들어가 어미 나귀와 나귀 새끼를 끌고 왔다. 이때 제자들은 나귀 새끼의 등 위에 자기들의 겉옷을 벗어 얹어놓았다. 그러자 예수께서 나귀 새끼의 등 위에 올라타셨다.

구약시대의 왕들은 전쟁 때 말을 타고 다녔고, 특히 정복자들은 위풍당당한 말을 타고 성으로 들어왔다. 하지만 이 땅에 오신 유대인의 왕이요 온 인류의 왕이신 메시아 예수는 나귀, 그것도 나귀 새끼를 타셨다. 그 까닭은, 메시아 예수는 정치적인 세상의 왕들과는 전혀 다른 왕으로, 인류에게 참된 평강과 영원한 구원을 가져다주는 겸손과 온유의 왕이시기 때문이다.

예수께서 나귀 새끼를 타고 예루살렘 도성으로 들어가시자, 예수님을 뒤따르는 무리들 가운데 많은 사람들이 서로서로 앞다투어 자기 겉옷을 벗어 길 위에 길게 펼쳤고, 어떤 사람들은 나뭇가지를 꺾어다가 길바닥에 깔기도 했다. 당시에 이 같은 행위는 성 밖으로 나간 왕이 다시 성 안으로 들어올 때 기쁘게 환영한다는 영접의 표시였다. 이때 사람들은 마침내 예수님이 유대인의 왕이 되어 로마의 식민지 지배하에서 나라를 해방시키고 자신들을 구원해 줄 정치적 메시아로 생각하고 있었다. 군중들은 나귀 새끼를 타신 예수님을 앞뒤에서 에워싼 채 예루살렘 도성 안으로 행진하면서 크게 환호한다.

"호산나! 다윗의 자손이여! 주님의 이름으로 오시는 분이여!"

"호산나! 지극히 높은 곳에서, 호산나!"

호산나는 '이제 구원하소서'란 뜻의 히브리어 '호쉬아 나'를 헬라어로 음역한 말이다. 처음에는 기원과 호소의 뜻으로 쓰였지만, 점차 축하와 찬양의 뜻으로 사용되었다. 이처럼 예수께서 군중들의 크나큰 환호 속에 나귀 새끼를 타고 예루살렘 도성 안으로 들어가시자, 온 성읍이 벌집 쑤신 듯 들끓었다.

당시 예루살렘 도성은 유대인 최대 절기인 유월절을 지키려고 각처에서 모여든 유대인 순례자들로 인해 대단히 혼잡한 상황이었다. 먼 나라에서 온 순례자들은 그런 광경을 보고 궁금해서 "대체 저 나귀 새끼에 타고 있는 분이 누구요?"하고 묻기도 했다. 그러면 사람들은 "아, 그것도 모르시오? 그분은 예수님이오. 갈릴리 나사렛 출신의 선지자랍니다."하고 대답했다.

예루살렘 입성 때 예수께서 가두 행진을 펼치신 까닭은, 공생애 사역의 막바지에 이르러 이제는 더 이상 숨기지 않고 자신이 누구인지 밝히려 하셨기 때문이다. 따라서 이때 펼친 호산나 퍼레이드는, 예수님이 자신을 다윗의 자손으로 이 땅에 오신 메시아(그리스도) 곧 유대인의 왕이요, 온 인류의 왕임을 군중들 앞에서 공개적으로 밝힌 행사였다. 한편, 이 같은 예수님의 예루살렘 입성은 십자가를 지시기 닷새 전인 일요일에 있었다. 예수님은 그 주간의 금요일에 십자가를 지셨다.

성전을 정화하심 (21:12-17; 막 11:15-19; 눅 19:45-48; 요 2:13-22)

군중들의 '호산나!' 환호 속에 나귀 새끼를 타고 예루살렘 도성 안으로 들어오신 예수님, 나귀에서 내리신 뒤 곧장 예루살렘 성전 내의 뜰(이방인의 뜰) 안으로 들어가셨다. 이방인의 뜰은 지성소에서 가장 멀리 떨어진 곳으로, 특별히 먼 곳에서 예배를 드리러 온 순례자들을 대상으로 희생제사를 드리는 데 필요한 짐승, 나무, 포도주, 소금, 기름 등이 매매되는 곳이었다.

그곳은 마치 어지러운 시장 바닥 같았다. 돈을 바꾸어주는 환전상들, 여러 희생 제물을 파는 사람들, 물건값을 깎아 달라, 더는 못 깎아 준다고 큰소리로 흥정하는 사람들, 양이나 염소나 비둘기 등 각종 동물들의 울음소리….

이 같은 광경에 예수님은 크게 분노하셨다. 채찍을 휘둘러 성전 뜰에 있던 장사꾼들을 모조리 쫓아내셨다. 그리고 성전에서 돈 바꾸어주는 환전상들의 탁자와 제사 짐승을 파는 사람들의 의자를 둘러 엎으셨다. 그러면서 큰소리로 꾸짖으신다.

성전에서 장사꾼들을 내쫓으시는 예수님

"이 못된 자들아, 성경에 보면 '내 집은 기도하는 집이라 불릴 것이다.'라고 기록되어 있는 것을 알지 못하느냐! 그런데도 너희는 이 집을 '강도의 소굴'로 만들었다! 썩 물러가라! 속히 여기서 나가라!"

평소에 예수님은 한쪽 뺨을 맞으면 다른 쪽의 뺨까지도 돌려대라고 가르치셨다. 하지만 여기 성전 뜰에서 보인 예수님의 모습은 때로는 정당한 분노, 곧 의분(義憤)이 옳은 반응일 수 있음을 보여준다. 주의할 것은, 여기 예수님의 분노는 심히 잘못된 상황에 대한 의롭고 거룩한 분노이지, 이성을 잃은 짜증이나 혈기가 아니라는 점이다.

“오, 다윗의 자손이여! 저희를 불쌍히 여기소서!”

당시 성전 뜰 안에는 맹인들과 절름발이들도 있었다. 그들은 예수님을 보고 크게 기뻐하면서, 치유를 바라고 예수님께로 가까이 나아와 부르짖었다. 예수님은 성전을 정화하는 와중에서도 그들을 불쌍히 여기시고 모두 고쳐주셨다. 이를 지켜보던 대제사장들과 율법 교사들은 심사가 뒤틀렸다. 게다가 성전 안에서 어린아이들까지 “호산나, 다윗의 자손이여!”하고, 크게 외치는 것이 아닌가! 그래서 그들은 부아가 확 치밀어 예수께 따지듯 묻는다.

“선생, 당신은 아무것도 모르는 이 아이들이 뭐라고 떠들어대는지 듣고 있는 것이오? 그래, 당신은 그게 합당하다고 생각하시오?”

“다 듣고 있소. 당신들은 ‘어린이들과 젖먹이들의 입까지도 주님을 찬송할 것이다.’라고 기록한 성경 말씀을 읽어보지 못하였소? 지금 그 성경 말씀대로 이루어지고 있는 것이오.”

“뭐라고요? 그렇다면 선생이 메시아란 말이오? 어찌 그런 말을…!”

예수께서는 더는 그들의 말에 대꾸하지 않으셨다. 마음이 닫힌 완악한 자들과 논쟁하는 일은 시간만 소모할 뿐 아무런 유익도 없기 때문이다.

성전 뜰에서 나온 뒤, 예수께서는 예루살렘 도성 밖에 있는 베다니 마을로 가셨다. 거기서 일요일 밤을 보내셨다. 예루살렘에는 순례객들이 너무 많아 예수님 일행이 머물 숙소가 마땅하지 않았고, 또 사방에 위험이 도사리고 있어 베다니로 숙소를 정한 것이다.

베다니! 올리브산(감람산)의 남동쪽에 자리 잡은 작은 마을로, 예루살렘 동쪽 약 6km 지점에 위치하였다. 당시 그 마을에는 예수님과 친분이 두터운 세 남매(마르다, 마리아, 나사로)가 살고 있었다. 그래서 오늘날에도 '나사로 마을'로 불린다.

예수님께 저주받은 무화과나무 (21:18-22; 막 11:12-14, 20-24)

이튿날 이른 아침, 그러니까 예수께서 나귀 새끼를 타고 예루살렘 도성에 입성하신 다음 날 아침으로, 이른바 수난 주간의 월요일 이른 아침(주후 30년 3-4월경). 지난밤을 보낸 베다니 마을에서 예루살렘으로 되돌아오시던 중 예수님은 무척 시장하셨다. 근본은 하나님이시지만, 육신의 몸을 입으신 예수님은 사람들과 똑같이 배고픔을 느끼셨다.

'흐흠, 배가 무척 고픈데 먹을 게 무어 없을까….'

때마침 길가에 잎사귀가 무성한 무화과나무 한 그루가 눈에 띄었다. 예수께서는 무화과 열매를 기대하고 그리로 가까이 가셨다. 그러나 웬걸? 그 무화과나무는 잎사귀만 무성할 뿐 아무런 열매도 맺지 않았다. 적잖게 실망하신 예수님은 그 나무를 향해 준엄하게 선포하신다.

"이 열매 없는 무화과나무야, 이제부턴 다시는 열매 맺지 못할 것이다!"

그 무화과나무는 즉시 말라버렸다. 무화과나무가 열매를 맺는 시기는 대개 6-7월경이다. 하지만 예수께서 그 열매를 구한 때는 유월절 절기인 4월경으로 그 시기가 빨랐다. 무화과나무가 열매를 맺지 못한 것은 어쩌면 당연하다. 그런데도 왜 예수님은 열매 없는 그 무화과나무를 저주하셨을까? 그 무화과나무가 풍성한 잎사귀를 가졌음에 주목하라.

비록 무화과 열매가 맺힐 계절은 아니었다 할지라도, 그 무화과나무는 잎사귀가 풍성했기 때문에 무언가를 줄 수 있을 것처럼 보였다. 말하자면 풍성한 잎사귀는 사람을 현혹하는 위선적인 치장 같은 것이었다. 마치 잎사귀만 무성할 뿐 열매 없는 그 무화과나무처럼, 외식주의와 형식주의에 빠져 겉모습만 그럴듯하고 신실한 삶의 실천이 없는 당대의 유대인들에게 생생하게 경고하신 것이다. 나아가 삶의 열매가 있는 듯 보이지만,

실제로는 아무 열매가 없는 모든 시대의 사람들에게 장차 하나님의 심판이 있으리라는 것을 경고하신 것이다.

예수님이 저주하시자 금방 말라버린 무화과나무를 보고, 제자들이 크게 놀라 예수께 묻는다.

"주님, 어떻게 해서 무화과나무가 이처럼 금방 말라버렸습니까?"

"너희가 믿고 의심치 않으면, 너희는 이런 일뿐 아니라 더 큰 일도 능히 감당할 수 있다. 심지어 저 산더러 명하기를 '땅에서 들려 바다로 옮겨가라!' 해도, 그대로 될 것이다. 너희가 기도할 때 믿고 구하면, 구하는 것은 무엇이든 다 얻을 수 있다."

의심치 않고 믿고 구하는 기도! 그런 기도의 큰 능력에 관한 교훈이다. 열매는 없고 잎사귀만 무성한 나무처럼, 삶의 실천에 따른 착함과 의로움과 진실함의 열매 없이 거주장스러운 외식과 형식만 요란한 당시의 바리새인들처럼 이기적이고 불의한 욕심만 채우는 그런 기도가 아닌, 참된 믿음에서 우러나온 기도는 무엇이든 응답받는다는 가르침이다.

예수님의 권위에 대한 논란 (21:23-27; 막 11:27-33; 눅 20:1-8)

무화과나무를 저주한 뒤, 예수께서는 예루살렘 성전에 들어가셔서 사람들을 가르치셨다. 한참 열심히 가르치고 계실 때, 성전에서 수인 노릇을 하는 대제사장들과 유대의 종교 지도자들이 추궁하듯 따진다.

"아니, 선생! 당신은 무슨 권한으로 이렇게 성전에서 사람들을 가르치는 거요? 누가 선생에게 그런 권한을 주었단 말이오?"

"좋소. 먼저 내 질문에 대답하면, 내가 무슨 권한으로 이런 일을 하는지 알려주겠소."

"그게 무슨 질문이오?"

"세례 요한은 무슨 권한으로 사람들에게 세례를 베풀었던 것이오? 하나님으로부터 받은 권한이오, 아니면 사람에게서 받은 권한이오?"

이 질문은 예수님의 권위가 누구에게부터 온 것인지를 그들 스스로 깨닫게 하려는 질문이었다. 예수님의 갑작스런 질문에, 그들은 크게 당황해하는 기색이 역력했다.

"잠시만 기다려 주시오. 우리끼리 의논해 보고 대답하도록 하겠소."

그리고선 자기들끼리 머리를 맞대고 의논하기 시작한다.

"거참, 예수한테 뭐라 대답하면 좋겠소. 세례 요한의 권한이 하나님으로부터 온 것이라 대답한다면, 저자가 우리에게 추궁하기를 '그렇다면 왜 세례 요한을 믿지 않았느냐?'하고 다시 물을 게 빤하지 않소. 그렇다고 사람에게서 받은 것이라고 대답하자니, 군중들이 가만히 있겠소? 지금 군중들은 세례 요한을 하나님의 선지자로 받아들이고 있지 않소. 거참, 대답하기 참으로 곤란하구려."

결국, 그들은 인상을 찌푸리며 예수께 대답한다.

"우린 선생의 질문이 부당하다는 결론을 내렸소. 그래서 대답해 줄 수 없소."

"그렇다면 나도 당신들의 질문에 대답하지 않겠소."

사실, 유대의 종교 지도자들은 세례 요한의 권한이 하나님에게서 비롯된 것임을 잘 알고 있었고, 또한 예수님의 질문 의도가 무엇인지도 알고 있었다. 그러나 그들은 그런 사실을 인정하기 싫어, 그냥 모르겠다고 대답했다. 결국 그들은 자기들 꾀에 스스로 속아 넘어가 예수에게 신성모독의 죄를 덮어씌우려던 계획을 포기하고 말았다.

두 아들의 비유 (21:28-32)

대제사장들과 유대의 종교 지도자들이 예수님의 질문에 모른다고 대답하며 어물쩍 넘어가려 하자, 예수께서 하나의 비유를 들어 그들의 죄악을 지적하신다.

"내가 비유 하나를 들겠소. 당신들은 이 비유를 듣고 잘 생각해 보시오."

"무슨 비유인데 그러시오?"

"어떤 사람이 두 아들을 두었소. 하루는 아버지가 큰아들에게 말하기를 '얘야, 오늘 포도원에 가서 일하여라.' 하였소. 그러자 큰아들은 대답하기를 '네, 가겠습니다!' 하고는, 정작 포도원에 일하러 가지 않았소. 아버지는 작은아들에게도 똑같이 말했소. 그러자 작은아들은 대답하기를 '싫어요, 아버지!'라고 했지만, 얼마 뒤에 뉘우치고는 아버지의 말에 순종하여 포도원에 가서 일했소. 당신들은 두 아들 중 아버지에게 순종한 아들은 어느 쪽이라 생각하시오?"

"물론, 작은아들이오."

"그렇소. 그러므로 세리들과 창녀들이 당신들보다 먼저 하나님 나라에 들어갈 것이오. 세례 요한이 와서 당신들에게 옳은 길을 보여주었을 때 세리들과 창녀들은 그의 말을 들었지만, 당신들은 듣지 않았기 때문이오. 당신들은 옳은 길이 무엇인지 알면서도, 끝내 뉘우치지 않고 그를 믿지 않았던 것이오."

이 비유의 가르침은 분명하다. 천국에 들어가는 것은 우리의 '말'에 의해서가 아니라, 아버지 하나님께 어떻게 '행동'으로 응답했는지에 따라 결정된다는 교훈이다. 예수님의 비유에서 '큰아들'은 선민의식으로 가득 찬 교만한 유대인들, 그중에서도 특히 말만 번지르르한 위선적인 종교 지도자들을 가리킨다. 반면에 '작은아들'은 하나님께 버림받은 자들 같으나 복음을 받아들여 회개하고 돌이킨 자들, 곧 유대 사회에서 죄인 취급받는 세리, 창기 같은 자들을 가리킨다.

포도원 주인과 악한 소작인의 비유(21:33-46; 막 12:1-12; 눅 20:9-19)

예수의 비유를 듣고 떨떠름한 표정을 짓고 있는 유대의 종교 지도자들,

그들을 향해 예수님은 또 다른 비유를 드신다.

"내가 또 다른 비유를 하나 들겠소. 잘 들어 보시오."

예수님은 천국 복음의 진리를 전하실 때 이런저런 비유를 참 많이 드셨다. 그래서 성경은 심지어 기록하기를 '예수께서는 비유가 아니면 말씀하시지 않으셨다'라고까지 했다. 이제 예수님은 '포도원 주인과 악한 소작인의 비유'를 드신다.

"큰 포도원을 가진 어떤 주인이 있었소. 그 주인이 자기 포도원을 일구고 울타리를 둘러쳤소. 포도즙을 짤 큰 구덩이도 팠고 망대도 세웠소. 그런 후에 그 포도원을 소작인들에게 맡기고 멀리 여행을 떠났소. 시간이 흘러 수확할 때가 되자, 주인은 종들을 보내 소출을 받아오라 했소. 그런데 소작인들은 주인이 보낸 종들을 붙잡아 하나는 때리고, 하나는 죽이고, 하나는 돌로 쳤소. 그래서 주인은 다시 더 많은 종들을 보냈소. 하지만 결과는 마찬가지였소."

"저런! 아주 나쁜 소작인들이로구먼!"

성전 교권자들인 유대의 종교 지도자들은 마치 남의 얘기하듯 혀를 끌끌 차며 대꾸했다. 예수님은 아랑곳하지 않고 계속 말씀하신다.

"그러자 포도원 주인은 생각하기를 '아무리 악한 소작인들이라 해도 설마 내 아들은 함부로 대하지 않겠지.' 하면서, 마지막엔 자기 아들을 보냈소. 그런데 소작인들은 주인의 아들이 오는 것을 보고는 수군거리기를 '저자는 포도원을

주인이 보낸 종을 붙잡아 때리는 악한 소작인들

상속받을 아들이다. 잘됐다! 아예 저놈을 죽여 버리고 이 포도원을 우리가 차지하자.' 하면서, 주인의 아들을 붙잡아 포도원 밖으로 끌고 가서 죽여 버렸소."

"아니, 저리도 악할 수가! 주인의 아들까지도 죽이다니!"

"자, 일이 이 지경까지 된다면, 포도원 주인이 돌아와 그 소작인들을 어찌할 것 같소?"

비유를 마친 뒤, 예수께서 유대의 종교 지도자들에게 물었다. 그들이 선뜻 대답한다. 비유 속의 악한 소작인들에 대해 무척 노기 띤 목소리다.

"그야 물론, 악한 소작인들을 모조리 죽인 뒤 소출을 제대로 바칠 만한 다른 소작인들에게 그 포도원을 맡길 것이오."

"잘 대답하였소! 포도원 주인은 응당 그리할 것이오. 그렇다면 당신들은 이 비유가 무얼 뜻하는지 잘 생각해 보시오."

그제야 유대 종교 지도자들의 얼굴이 일그러지기 시작했다. 생각해 보니, 그 비유는 자신들을 빗댄 것이었기 때문이다. 그렇다. 이 비유는 조금만 생각해 보면, 대제사장들과 바리새인들도 그 의미를 쉽게 알아들을 정도로 명료하게 제시되었다. 각각이 가리키는 바는 이러하다. 포도원 주인은 하나님, 포도원은 이스라엘, 악한 농부는 유대의 종교 지도자들, 주인의 종들은 하나님의 선지자들, 주인의 아들은 예수 그리스도.

성경은 하나님의 백성 된 이스라엘을 '포도나무' 혹은 '포도원'에 종종 비유한다. 이유는 이렇다. 여러 나무들 가운데 포도나무는 특히 열매가 많음뿐더러, 오직 열매만 요구되는 나무로, 바로 그 열매가 주인에게 기쁨을 주기 때문이다. 또 이스라엘 백성들에게 포도 재배는 일찍부터 시작된 밭농사로, 누구에게나 친근한 나무였기 때문이다. 이제 비유의 의미를 알아채고 얼굴이 일그러진 유대의 종교 지도자들을 향해 예수께서 말씀하신다.

"당신들은 성경에서 이런 말씀을 읽지 못하였소?"

"집 짓는 이가 버린 돌이 이제는 모퉁이를 받치는 머릿돌이 되었도다. 주께서 이루신 이 일, 우리 눈에 참으로 신기하고 놀랍도다"(시 118:22-23).

모퉁이의 머릿돌은 말 그대로 건물의 밑바닥 모퉁이의 머릿돌, 곧 '주춧돌'을 가리킨다. 이 돌은 건물을 지탱하기 위해서는 필수적으로 요구되는 가장 중심되는 돌이다. 예수님은 자기 백성 이스라엘을 올바로 세우기 위해 모퉁이의 머릿돌로 왔지만, 교만하고 어리석은 그 땅의 건축자들(이스라엘의 정치, 종교 지도자들)은 그 돌을 하찮게 여겨 무시하고 내던졌다. 그 결과, 예수님은 이방 교회의 모퉁이 머릿돌이 되어 교회를 든든히 세우셨다.

"물론, 읽어보았소. 시편 말씀이 아니오? 그 말씀이 대체 어쨌단 말이오?"

"잘 들으시오. 하나님은 당신들에게서 하나님 나라를 빼앗아, 그 나라의 소출을 제대로 바칠 신실한 백성들에게 맡기실 것이오. 누구든지 이 모퉁이 돌 위에 넘어진 사람은 모두 다칠 것이고, 이 모퉁이 돌 밑에 깔리는 사람은 가루처럼 으깨어질 것이오."

그렇다. 모퉁이의 머릿돌이신 예수님은 자신을 믿지 않는 불신자에게는 거침돌이 되므로, 그들 스스로 그 돌에 걸려서 다치거나 깨질 것이다.

'이자가 감히 우리를 무시하고 우리에게 도전하는 것인가! 괘씸한….'

대제사장들과 바리새파 지도자들은 이 비유가 자기들을 두고 하는 말인 것을 알아차리고는 예수를 체포하려 했다. 하지만 예수님을 큰 선지자로 믿고 있는 군중들이 두려워 감히 그렇게 하지 못하고 속으로만 분을 삭였다. 예루살렘 성전에서 나오는 긴장된 분위기가 성읍 전역으로 퍼져나갔다. 꼭 무슨 일이 터질 것만 같았다. 로마 총독은 평소보다 더 많은 군사들을 배치했다.

22

혼인 잔치의 비유

바리새파가 세금에 대해 묻네
데나리온의 이 글자가 누구 것이냐
황제 것은 황제, 하나님 것은 하나님께
예수의 답변에 그들은 말문이 막히네

왕이 베푼 결혼 잔치의 비유 (22:1-14; 눅 14:15-24)

앞서 '포도원 주인과 악한 소작인의 비유'를 드신 예수님, 계속해서 유대의 종교 지도자들을 향해 또 다른 비유를 들어 말씀하신다.

"내가 비유로 또 말할 테니 잘 들어보시오."

"대체 또 무슨 비유를…."

유대 교권자들은 벌써 심기가 편치 않다. 아랑곳없이 예수님은 말씀하신다.

"천국은 자기 아들의 결혼 잔치를 베푸는 어떤 왕과 같소. 왕은 신하들을 보내 결혼 잔치에 초대한 사람들을 모셔오라 했소. 하지만 초대받은 사람들이 모두 오려고 하지 않았소. 왕은 다시금 다른 신하들을 보내 전하게 하기를 '우리 왕께서 아들의 결혼 잔치를 위해 황소와 살진 송아지를 잡아 음식을 푸짐하게 준비해 놓았으니, 어서들 잔치에 참석하세요.' 하게 했소. 그러나 초대받은 손님들은 그 신하들의 말도들은 척하지 않았소."

유대의 종교 지도자들은 이 결혼 잔치의 비유 역시 자신들을 빗댄 이야기인 줄 알아채고 불편한 기색을 감추지 못했다. 그저 자리가 불편한 듯 헛기침만 해댈 뿐이다. 예수님은 계속 말씀하신다.

"왕이 아들의 결혼 잔치에 초대했는데도, 어떤 사람은 밭에 일하러 가고, 어떤 사람은 장사하러 갔소. 심지어 어떤 사람은 결혼 잔치를 알리는 왕의 신하들을 붙잡아 때리고 죽이기까지 했소. 왕은 크게 진노했소. 군대를 보내 그 살인자들을 잡아 죽이고 동네를 불살라 버렸소. 그런 다음, 왕이 신하들에게 명하기를 '내가 애초에 결혼 잔치에 초대한 사람들은 자격이 없는 자들이었다. 그러니 이젠 길거리에 나가 누구든지 결혼 잔치에 오라고 초대하여라.' 하였소. 왕명을 받들어 신하들은 즉시 길거리에 나가, 좋은 사람이든 나쁜 사람이든 가리지 않고 눈에 보이는 대로 아무나 데려왔소. 그래서 잔칫집은 손님들로 가득 찼소."

"계속 말해 보시오. 그래서 대체 뭐가 어찌 되었다는 거요?"

유대의 종교 지도자들이 아니꼬운 태도로 삐딱하게 되물었다.

"마침내 왕이 손님들을 보려고 잔칫집에 들어왔소. 그런데 손님들 가운데 어떤 사람이 예복도 입지 않은 채 앉아 있는 것을 보았소. 왕이 묻기를 '이 사람아, 그대는 왜 예복도 입지 않고 여기에 들어왔는가?' 하였소. 왕의 물음에 그 사람은 아무런 대답도 하지 못하고 우물쭈물하였소. 그때 왕은 신하들에게 명하기를 '이 사람의 손발을 묶어 바깥으로 내쫓아라. 거기서 가슴을 치고 슬피 울면서 이를 갈 것이다.' 하였소."

왜 왕은 예복을 입지 않은 그 손님에게 이토록 화를 냈을까? 왕이 베푼 결혼 잔치는 권위와 품격이 있었다. 그래서 만일 초대받은 손님이 결혼식에 입을 적합한 예복을 준비할 수 없다면, 왕이 직접 적합한 예복을 제공해 주었다(실제로 고대 중근동 지방에서는 주인이 예복을 준비해놓고 손님이 골라 입도록 하는 풍습이 있었다. 이는 부자들이 자신의 재력을 은근히 과시하기 위한 방편이기도 했다). 그렇다면 이때 예복을 입지 않은 이 손님은 분명히 게으름이나 부주의, 혹은 건방진 태도로 왕이 제공한 예복을 입지 않았음이 틀림없다. 결국, 그것은 왕을 무시하거나 경솔히 여긴 큰 죄에 해당하였다. 이제 예수님은 비유를 마무리하신다.

"보시오! 이와 같이 초대받은 사람은 많지만, 선택받은 사람은 적소. 지금껏 내가 말한 비유를 알아들을 만한 귀가 있으면 알아들으시오."

왕이 베푼 결혼 잔치의 비유에 등장하는 각각의 인물들이 가리키는 바는 이러하다. ① 아들의 결혼 잔치를 베풀고 사람을 초대한 왕: 하나님 ② 왕의 아들: 예수 그리스도 ③ 초청받은 대상자: 처음 대상자는 유대인, 그다음 대상자는 모든 인류 ④ 왕이 보낸 종들: 구약의 선지자들과 신약의 복음 사역자들 ⑤ 초청된 손님들 중 예복을 입지 않은 사람들: 의롭다 함을 받지 못한 불신자들 ⑥ 예복을 입은 사람들: 믿음으로 의롭다 함을 받은 신자들.

로마 황제에게 세금 바치는 문제 (22:15-22; 막 12:13-17; 눅 20:20-26)

"여보게들, 예수란 자가 도대체 걸려들지를 않네그려. 어찌하면 그자를 옭아매어 옴짝달싹하지 못하게 할 수 있을까?"

바리새파 사람들을 비롯한 유대의 종교 지도자들은 어떻게 하면 트집을 잡아 예수를 함정에 빠뜨릴 수 있을 것인지를 놓고 서로 머리를 맞대고 열심히 궁리했다. 그러다가 한 가지 묘수를 찾아냈다! 그들은 자기들의 제자들과 헤롯 당원들을 예수께 보냈다. 헤롯 당원들은 로마 황제가 팔레스타인 땅에 세운 분봉왕 헤롯을 지지하는 친(親)로마파 정치 집단을 가리킨다. 이들은 유대인들에 대한 로마 정부의 세금 징수를 적극 찬성하였다.

"선생님, 우리는 선생님이 진실하시고, 진리를 참되게 가르치시는 선한 분으로 알고 있습니다. 선생님은 누가 두려워서 말을 못 하거나, 또는 사람의 겉모양만 보고 판단하시는 일이 없는 분인 줄로 알고 있습니다."

"내게 하고 싶은 말이 무엇이오?"

예수님은 마음에도 없는 그들의 허울 좋은 칭찬을 즉시 중단시키고, 자신에게 나아온 목적을 곧장 묻는다. 그러자 그들은 머쓱한 표정으로 유대의 종교 지도자들이 사주한 대로 예수께 묻는다.

"그러면 단도직입적으로 묻겠습니다. 로마 황제에게 세금을 바치는 것이 옳습니까, 아니면 옳지 않습니까?"

여기 로마 황제는 당시의 가이사인 티베리우스(Tiberius, 주후 12-37년)를 가리키고, 세금은 남자 나이 14세부터, 여자 나이 12세부터 65세에 이르기까지 로마 정부에 납부하던 인두세(주민세)를 말한다. 그들의 질문은 간단했지만, 그 속에는 아주 교묘한 덫이 놓여 있었다.

이 질문에, 만일 예수께서 '옳다'하고 말하면, 이방 정부에 세금 바치는 것을 꺼리거나 반대하는 유대의 열심당원들과 바리새인들, 그리고 일반 백성들로부터 외면을 당하게 될 터였다. 반대로, 세금 바치는 것이 '옳지 않다'하고 말하면, 로마 정부에 세금을 바쳐야 한다고 주장하던 로마 총독, 헤롯 왕과 헤롯 당원들, 사두개인들로부터 로마 정부에 반기를 드는 정치범으로 몰리게 될 터였다. 바로 이런 점을 노리고 질문한 것이다. 예수님은 그들의 사악한 속셈을 다 아셨다.

"위선자들이여, 어찌하여 나를 시험하는 것이오? 이제 당신들이 로마 정부에 세금으로 내는 돈을 내게 보여주시오."

"네에? 돈을 보여 달라고요? 그게… 여기, 여기 있소."

바리새파 지도자들의 제자들과 헤롯 당원들은 의아하게 생각하면서도 데나리온 한 닢을 가져다가 예수께 보였다. '데나리온'은 로마 황제가 발행하는 은화(銀貨)로, 신약시대에 가장 널리 통용된 로마 정부의 동전이었다. 세금은 바로 이 은화로 바쳐야 했다.

예수님 당시에 통용되던 데나리온 동전

이 데나리온 은화의 앞면에는 당시의 로마 황제인 티베리우스의 흉상과 함께 '신성한 아우구스투스의 아들 티베리우스 가이사'란 글귀가 새겨져 있었다. 뒷면에는 평화의 여신이 보좌에 앉은 채 양손에 각각 지팡이와 올리브나무의 가지를 든 형상과 함께 '지극히 존귀한 사제'란 글귀가 새겨져 있었다. 이제 예수께서는 그들이 보여주는 데나리온 은화를 보며 되물으신다.

"그 초상과 글자가 누구의 것이오?"

"로마 황제(가이사)의 것입니다."

그들이 조금도 망설이지 않고 자신 있게 대답했다. 그러자 예수께서 말씀하신다.

"좋소! 로마 황제의 것은 로마 황제에게, 하나님의 것은 하나님께 바치시오."

예수님의 답변을 듣고, 그들은 말문이 턱 막혔다. 이번에 예수를 기필코 함정에 빠뜨릴 수 있을 것이라고 굳게 믿었는데, 예상이 완전히 빗나갔던 것이다. 그들은 더는 무어라 말하지도 못한 채 예수를 남겨두고 황망한 얼굴로 그 자리를 총총 떠나갔다.

자, 그렇다면 로마 황제(가이사)의 것은 무엇이고, 또 하나님의 것은 무엇인가? 사실, 모든 것은 본래 하나님의 것이다. 다만 하나님은 자신의 것들 가운데 어떤 것을 사람에게 위탁하셨다. 그렇게 하나님에게서 위탁받은 로마 황제(가이사, Caesar)의 것은 정부의 권세다. 로마 황제는 그 권세로 사회 질서를 유지하고, 악인을 징벌하며, 가난한 자들을 보호하는 등 정부의 책임을 성실히 감당해야 했다. 그리고 그런 일을 수행하기 위해 세금을 거둘 권세를 가졌다.

그러므로 예수님은 '로마 황제의 것'이라는 말로 이 같은 정부의 역할 및 기능을 인정하셨고, 이후에 사도들도 세상 정부에 대해 같은 입장을 취했다. 하지만 궁극적으로 충성을 바쳐야 할 대상은 세상 정부가 아니라, 그보다 위에 있는 하나님의 나라다. 그래서 만일 세상 정부와 하나님의 나라가 충돌할 때는 세상 정부의 권세보다 더 높은 절대적 권세, 곧 만왕의 왕이신 하나님께서 통치하는 하나님의 나라에 우선 순종해야 한다.

부활에 대한 논쟁(22:23-33; 막 12:18-27; 눅 20:27-40)

바리새인들과 헤롯 당원들이 세금 문제로 예수를 함정에 빠뜨리려 했지만, 예수님에게서 아무런 꼬투리를 잡지 못하고 황망하게 떠나간 바로 그날, 평소에 부활이 없다고 주장하는 사두개파 사람들 몇 명이 예수께로 와서 묻는다. 예의는 갖추었지만 속셈은 다르다.

"선생님! 모세는 가르치기를, 남자가 자식 없이 죽으면 그의 동생이 형수와 결혼하여 죽은 형의 대를 이을 자식을 낳게 해주어야 한다고 했습니다."

이스라엘 사회에 그런 율법이 있었다. 모세의 신명기 율법은 형제가 후사(後嗣) 없이 죽은 경우, 남은 형제가 과부 된 죽은 형제의 아내와 결혼하는 풍습, 이른바 계대 결혼(繼代結婚)을 인정하였다. 이유는 분명했다. 죽은 형제의 대를 이을 자식을 낳아줌으로써 후사 없이 죽은 형제의 가문을 일으켜 세워 그의 기업이 계승되도록 하기 위함이었다. 따라서 계대 결혼을 통해 낳은 첫아들은 죽은 형제의 이름을 이어 나갔다. 사두개인들은 이런 율법에 근거하여 예수께 질문한 것이다.

"그런데 선생님, 우리 중에 일곱 형제가 있는 가정이 있었습니다.

예수께서 사두개인들에게 부활에 관한 참된 진리를 가르치다

형제들 중 첫째가 결혼해 살다가 죽었는데, 아들이 없었습니다. 그래서 둘째가 형수와 결혼했습니다. 그런데 둘째도 아들 없이 그냥 죽었고, 셋째가 형수와 결혼했습니다. 이런 일이 되풀이되어, 그 여자는 일곱 형제 모두와 결혼하게 되었습니다. 참으로 기구한 운명이지요! 그런 후에 그 여자도 결국 죽었습니다. 이런 경우에, 부활 때에 그 여자는 일곱 형제 중 누구의 아내입니까?"

부활의 불합리성을 인정하도록 예수님을 유도하기 위한 사두개인들의 비유적인 질문이다. 당시 이 비유는 바리새인들과 사두개인들 사이에 큰 논쟁거리였다. 바리새인들은 그 여자가 첫 남편의 아내가 된다고 주장했고, 사두개인들은 그 불합리성을 들어 부활을 부정했다. 그러기에 애매한 상황이다. 말 한마디로 바리새파나 사두개파 중의 어느 한 편을 드는 오해를 받을 수 있었다.

"당신들이 성경도 모르고, 하나님의 능력도 모르기 때문에 잘못 생각하고 있소. 부활 후에는, 사람들이 장가도 가지 않고 시집도 가지 않소. 그때엔 사람들이 하늘에 있는 천사들처럼 되는 것이라오."

결국 사두개인들의 질문은 내세를 현세와 똑같이 생각한 데서 비롯된 어리석은 질문이었다. 예수님의 답변인즉슨, 천국에서는 모든 결혼관계가 해소되고, 더 이상의 결혼이 필요 없게 된다는 것이다. 하나님이 결혼제도를 만드신 주요 목적은 인류의 번식이었다. 그런데 천국에서는 인류의 번식이 필요치 않으므로 출산이 필요 없고, 그래서 결혼도 설 자리를 잃게 되는 것이다. 무엇보다 부활의 몸은 천사처럼 신령한 존재이므로, 성적 만족을 추구하는 인간의 본능도 없어진다. 예수님은 계속 말씀하신다.

"죽은 자의 부활을 두고 하나님께서 하신 말씀을 아직도 읽어보지 못하였소? 하나님께서 '나는 아브라함의 하나님이고, 이삭의 하나님이며, 야곱의 하나님이니라.' 하시지 않았소? 진실로 그렇소. 하나님은 죽은 자들의 하나님이 아니라, 살아있는 자들의 하나님이오."

아브라함, 이삭, 야곱은 비록 세상에서는 죽었지만, 하늘나라에서는 여전히 살아있다. 또 장차 신령한 부활의 몸으로 영원히 살아간다. 그래서 영원토록 살아계시는 하나님은 모든 시공간을 초월하여 죽은 자들의 하나님이 아니라, 살아있는 자들의 하나님이신 것이다.

"아니, 이 젊은 랍비는 누구기에 죽음 이후의 세계에 대해서 저리 잘 알까?"

사두개인들은 말문이 턱 막혔다. 그리고 거기 모인 사람들은 예수님의 가르침에 크게 놀라며 깊은 감명을 받았다.

가장 으뜸 되는 계명 (22:34-40; 막 12:28-34; 눅 10:25-28)

사두개파 사람들이 예수님의 대답에 말문이 막혔다는 소문을 듣고, 바리새파 사람들이 모여들었다. 그런 뒤, 그들 가운데 율법에 능통한 한 랍비가 예수를 시험하려고 묻는다.

"선생, 모세의 율법 중에서 어느 것이 가장 크고 중요한 계명이오?"

이는 모세의 모든 율법을 크고 작은 율법으로 세밀하게 구분하여 준수했던 바리새인들의 관습에서 비롯된 질문이다. 그 랍비의 질문에, 예수님은 망설임 없이 대답하신다.

"가장 크고 중요한 계명이라 했소? 그것은 '네 마음을 다하고, 네 목숨을 다하고, 네 뜻을 다하여 주 너의 하나님을 사랑하라.' 하는 것이오. 이것이 가장 중요하고 으뜸가는 계명이라오."

이는 십계명 중 하나님께 대한 계명, 곧 대신(對神) 계명인 제1계명부터 제4계명까지를 요약한 내용이다. 이어 예수님은 계속 말씀하신다.

"둘째가는 계명도 이와 같은 종류의 것인데, 곧 '네 이웃을 네 몸과 같이 사랑하라.' 하는 것이오."

이는 십계명 중 사람에 대한 계명 곧 대인(對人) 계명인 제5계명부터 제10계명까지를 요약한 것이다. 랍비의 질문에 대해, 이제 예수님은 마무리를 지으신다.

"율법과 선지자들의 모든 가르침은 이 두 계명으로 요약될 수 있소."

그 두 계명은 곧 '하나님 사랑'과 '이웃 사랑'이다. 당시 율법과 선지자들의 가르침을 수백, 수천 가지로 세분하여 힘들고도 까다롭게 지키면서, 일반 백성들에게 무거운 율법의 짐을 얹혀주던 바리새인들, 그들은 예수님의 간단명료한 요약과 가르침에 너무 놀라 벌린 입을 다물지 못했다.

예수님의 그리스도 신분 (22:41-46; 막 12:35-37; 눅 20:41-44)

한번은 바리새파 사람들이 모여 있을 때, 예수께서 그들에게 먼저 물으셨다.

"당신들은 그리스도(메시아)를 어떻게 생각하시오? 그리스도는 누구의 자손이오?"

바리새인들은 아주 쉬운 질문이라는 듯 선뜻 대답한다.

"다윗의 자손이오!"

그 대답을 받아, 예수께서 다시 물으신다.

"맞소. 그렇다면 다윗이 성령의 감동을 받아 그리스도를 '주'라고 부른 것은 어찌 된 일이오? 다윗은 자기 입으로 말하기를 '주님께서 나의 주 그리스도께 이르시기를 여기 내 오른편에 앉아라. 내가 네 원수들을 네 발아래 굴복시킬 때까지 여기 앉아 있어라. 하였소'라고 하지 않았소?"

시편 110편 1절의 말씀이다. 바리새인들은 마땅히 할 말을 찾지 못하고 얼굴이 붉어진 채 우물쭈물했다. 그러자 예수께서 채근하듯 그들에게 또 물으신다.

"보시오, 이처럼 다윗이 그리스도를 향해 '나의 주'라고 불렀는데, 어떻게 그리스도가 다윗의 자손이 된단 말이오? 어디, 대답 좀 해보시오."

예수님의 채근에도 바리새인들은 당황한 채 우물쭈물할 뿐 아무런 대답을 하지 못했다. 그러면서 하나둘 그 자리를 피했다. 이후로는 도무지 예수를 당해낼 재간이 없다고 생각하여, 바리새인이든 사두개인이든 아무도 예수께 감히 묻는 사람이 없었다.

예수님의 질문에 바리새인들이 한 마디도 답변하지 못한 이유가 있었다. 예수님은, 다윗이 쓴 글을 직접 인용함으로써 다윗이 친히 그리스도(메시아)를 향해 깊은 경외와 영예의 칭호인 '주(主)'로 칭한 사실을 입증하였다. 바리새인들은 아버지가 아들에 대하여, 혹은 조상이 자손에 대하여 '주'로 칭하는 법이 결단코 없다는 사실을 잘 알고 있었기에, 예수님의 이 질문에 당황하여 한 마디도 답변하지 못했던 것이다.

이처럼 다윗의 글을 인용함으로써 예수님은, 그리스도가 단순히 인간 지도자 이상의 지극히 높은 존재, 곧 인간의 몸을 입으신 하나님이라는 사실을 분명히 증거하였다. 실은, 옛적에 다윗이 '주'라고 칭한 그분 하나님, 곧 그리스도는 예수님 자신이었던 것이다.

23
위선자들에 대한 예수님의 경고

율법 교사들과 바리새파 사람들이
모세의 자리에 앉아 있구나
그들의 말 들어도 행실 본받지 말고
선생이나 지도자 호칭도 받지 마라

위선자들을 책망하심(23:1-36; 막 12:38-40; 눅 11:37-52; 20:45-47)

유대의 종교 지도자들, 곧 바리새인들과 사두개인들과의 질문과 답변을 모두 마친 후, 이제 예수님은 제자들과 무리를 향해 말씀하신다. 유대 종교 지도자들의 교만하고 위선적인 삶에 대해 엄중히 경고하고 책망하는 가운데 모쪼록 하나님의 백성은 하나님 앞에서 진실하고 겸손한 삶을 살아가야 한다고 가르치신다.

"바리새인들과 율법 교사들은 모세의 자리에 앉아 모세의 가르침을 베풀고 있습니다. 그러므로 그들이 여러분에게 말하고 가르치는 것은 다 지키십시오. 하지만 그들의 행실은 본받지 마십시오. 그들은 말뿐이고, 실천하지 않기 때문입니다. 그들은 무거운 짐을 다른 사람들의 어깨에는 잘도 지우지만, 정작 자기들은 손가락 하나 까딱하려 하지 않습니다."

당시 유대의 종교 지도자들은 율법에 근거하여 각양 까다로운 규례들을 만들어 다른 사람들에게 그것들을 지키라고 강요했다. 하지만 자신들은 그런 귀찮고 까다로운 규례를 회피하기 위해 각종 궤변을 지어내 자신들이 만든 규례조차 지키려 하지 않았다. 그런 유대 종교 지도자들의 위선적인 삶에 대해 예수님은 계속 책망하신다.

"그들은 또 무슨 일이든 남에게 잘 보이려고 행합니다. 경문을 크게 만들어 달고 다니며, 옷 술을 길게 늘어뜨려 거룩한 사람인 양 꾸미고 다닙니다."

경문(經文)이란 유대인들이 기도할 때에 팔목과 이마에 매달았던 작은 가죽 상자다. 이 상자 안에는 율법의 특정 성구들(출 13:2-10; 13:11-16; 신 6:4-9; 11:13-21)이 쓰인 양피지가 담겨 있었다. 예로부터 정통 유대인들은 손과 이마에 율법의 말씀을 매라는 하나님의 명령을 문자적으로 해석하여 실제로 팔목과 이마에 경문을 맸다. 그런 과정에서, 예수님 당시의 바리새인들과 서기관들(율법 교사들)은 자신들이 다른 이들보다 더욱 경건한 자임을 내세우기 위해 경문을 더 크게 만들었다.

'옷 술'은 모세 율법에 규정된바 겉옷의 네 모서리에 매단 술(tassel)을 가리킨다. 본래 이것은 하나님의 계명을 기억하여 실천하기 위한 상징물이었다. 그런데 유대의 종교 지도자들은 이것을 되도록 크게 만들고 길게 늘어뜨려 자신의 거룩함과 경건함을 자랑하고 과시할 목적으로 이용하였다. 예수님의 책망은 계속된다.

"뿐만 아닙니다. 그들은 잔치에 가면 윗자리에 앉으려 하고, 회당에서는 높은 자리만 찾습니다. 장터에 나가 인사받기를 좋아하고, 사람들에게 '랍비'라 불리기를 좋아합니다. 그러나 여러분은 '랍비'로 불려선 안 됩니다. 오직 하나님만이 여러분의 '랍비'이시고, 여러분은 모두가 형제들이기 때문입니다."

랍비(Rabbi)는 '나의 선생'이란 뜻으로, 유대 사회에서 율법에 능통한 스승을 지칭할 때 쓰였다. 예수님의 가르침은, 사람들에게 존경을 받고 영예를 얻으려고 스스로 권위를 내세우고 과시해선 안 된다는 것이다.

"여러분은 또 이 세상에 있는 누구도 '아버지'라 부르지 마십시오. 여러분의 아버지는 하늘에 계신 하나님 한 분뿐입니다. 여러분은 또 '지도자'로 불려서도 안 됩니다. 여러분의 지도자는 그리스도 한 분뿐입니다. 여러분 가운데 가장 큰 자는 자신을 낮추어 남을 섬기는 사람입니다. 누구든지 자신을 높이는 사람은 낮아지고, 자신을 낮추는 사람은 높아질 것입니다."

영적 지도자를 '아버지'라 부른다든지, 인생의 올바른 인도자가 되어 다른 이들에게 '지도자'로 불리는 것 자체가 잘못된 것이란 뜻은 아니다. 그런 호칭이 단순히 높임과 존경과 존중의 표현일 때는 아무런 문제가 되지 않는다. 여기서 예수님의 가르침은 이것이다.

우리의 궁극적인 경외와 절대 존중의 내상이 땅 위의 사람이 되어선 안 되고, 오직 하늘에 계신 '하나님'이 되어야 한다는 것이다. 마찬가지로 우리를 참된 구원과 영생의 길로 인도하는 지도자는 오직 '그리스도' 밖에는 세상에 아무도 없다는 것이다. 그러므로 모든 사람은 하나님과 그리스도 앞에서, 그리고 다른 사람들 앞에서도 절대로 교만해서는 안 되고 오직 겸손해야 한다는 것이 가르침의 요점이다.

이처럼 예수님은 스스로 높아지려는 유대 종교 지도자들의 교만과 명예욕을 엄히 책망하는 가운데, 그들을 반면교사 삼아 자신을 낮추고 다른 이들을 높이며 섬기는 겸손의 삶을 살아갈 것을 무리에게 가르치셨다.

이제 예수님은 목소리를 한층 높여 당시 종교 지도자들의 교만하고 위선적인 삶을 준엄하게 질타하신다. "너희에게 화가 있으리라!"란 말이 7번 선포되기 때문에, 이른바 예수님의 '7화(禍) 선언'이라 한다. 예수님의 7화 선언은 당시 종교 지도자들의 교만과 위선과 죄악에 대한 엄중한 질책임과 동시에, 그들의 반성과 회개를 촉구하는 최후통첩 같은 메시지로서 그리스도(메시아)의 권위에 찬 선언이다. 오늘날 우리 역시 자숙하

외식하는 서기관들과 바리새인들, 너희에게 화가 있으리라!

고 근신하는 마음으로 귀 기울여 들어보자.

① "너희에게 화가 있으리라! 바리새인들과 율법 교사들아, 이 위선자들아! 너희는 천국 문을 가로막고 서서, 너희 자신들도 들어가지 않고 다른 사람들도 못 들어가게 하고 있구나. 이 위선자들아! 너희는 과부의 재산을 빼앗고, 사람들에게 거룩하게 보이려고 길게 기도하는구나. 그러므로 너희는 더욱 무거운 심판을 받게 되리라."

율법의 해석과 교육의 책임을 맡고 있는 종교 지도자들, 당시 그들은 복음에 배치되는 그릇된 가르침과 겉과 속이 다른 위선적인 삶으로 자신들은 물론이고, 다른 사람들까지도 구원의 길에 들어서지 못하도록 떡하니 가로막고 있었다.

② "너희에게 화가 있으리라! 바리새인들과 율법 교사들아, 이 위선자들아! 너희는 개종자 한 사람을 만들려고 바다와 육지를 두루 돌아다니다가 정작 한 사람의 개종자가 생기면, 그를 너희보다 배나 더 못된 지옥의 자식으로 만들어 버리는구나."

당시 종교 지도자들은 힘들게 개종한 자들을 '지옥의 자식'으로 만들었다. 즉, 천국에 이르는 옳은 길로 이끌지 못하고, 지옥에 떨어지게 하는 그릇된 길로 이끌었다. 바리새인들과 율법 교사들은 자신들 스스로가 뻔뻔한 죄인들이며 위선자들임에도 불구하고 스스로를 의롭다고 여겼다. 그런 자세로 다른 이들에게 하나님의 참된 계명이 아닌 허탄한 사람의 계명과 장로들의 전통을 가르침으로써 결국 그들을 죄짓게 하여 지옥으로 이끌었다.

③ "너희에게 화가 있으리라! 바리새인들과 율법 교사들아, 이 눈먼 인도자들아! 너희는 가르치기를 '성전을 두고 한 맹세는 지키지 않아도 그만이지만, 성전의 황금을 두고 한 맹세는 반드시 지켜야 한다.' 하는구나. 이 눈먼 어리석은 자들아! 어느 것이 더 소중하냐? 황금이냐, 황금을 거룩하게 하는 성전이냐? 또 너희는 가르치기를 '제단을 두고 한 맹세는 지키지 않아도 그만이지만, 제단에 있는 예물을 두고 한 맹세는 반드시 지켜야 한다.' 하는구나. 이 눈먼 자들아! 어느 것이 더 소중하냐? 예물이냐, 예물을 거룩하게 하는 제단이냐? '제단을 두고' 하는 맹세는 제단뿐 아니라 그 위에 있는 모든 것을 두고 하는 맹세이고, '성전을 두고' 하는 맹세는 성전뿐 아니라, 그 안에 사시는 분을 두고 하는 맹세가 아니더냐! 또 너희가 '하늘을 두고' 한 맹세는 하나님의 보좌와 그 위에 앉으신 분을 두고 한 맹세가 아니더냐!"

맹세에 관한 종교 지도자들의 가르침이 단단히 잘못되었다고 질책하는 말씀이다. 당시 그들은 사람의 말은 맹세에 의해 확고하게 되고, 또한 값있는 재물이나 예물에 의해 더욱 무게를 지닌다고 가르쳤다. 그래서 맹세를 할 땐 성전이 아니라 '성전의 황금'을, 제단이 아니라 '제단 위의 예물'을 두고 맹세한 것이 더 효력 있다고 가르쳤다. 그렇게 함으로써 그들은 하나님보다는 황금(재물)에, 제사보다는 예물에 더욱 관심을 보였다. 그것은 맹세의 참된 의미와 가치를 왜곡시킨 거짓된 가르침이었다.

④ "너희에게 화가 있으리라! 바리새인들과 율법 교사들아, 이 위선자들아! 너희는 박하와 회향과 근채의 십일조는 알뜰히 챙겨 바치면서도, 정의와 자비와 믿음 같은 율법의 더 중요한 요소들은 그냥 무시하는구나. 물론 십일조도 바쳐야 한다. 그러나 그보다 더 중요한 일에 신경 써야 한다. 이 눈먼 인도자들아! 그러므로 너희가 하루살이는 걸러내면서도 낙타는 통째로 꿀컥 삼키는구나."

박하와 회향과 근채의 십일조는 '하루살이'에, 정의와 자비와 믿음은 '낙타'에 비유되었다. 그러니까 그것들(하루살이, 낙타)의 크기 차이만큼이나 덜 중요하거나 더 중요하다는 가르침이다. 여기 언급된 세 식물(박하, 회향, 근채)의 열매는 향수, 조미료, 약품의 재료로 사용되었는데, 그 소출은 다른 식물들에 비해 아주 미미했다.

물론, 하나님의 율법은 모두 중요하다. 하지만 그중 어떤 율법은 나머지 다른 율법들을 한 데 묶는 근본적인 원칙이 될 수 있기에 더욱 중요하게 간주되었다. 그래서 예수님은 모든 율법과 선지자의 가르침을 두 가지 으뜸 되는 핵심 계명, 곧 '하나님 사랑'과 '이웃 사랑'으로 요약했다. 그런데 바리새인들은 사소한 계명들에는 집착하면서도, 더 중요한 계명들에는 소홀히 하고 무관심한 위선적인 삶을 살고 있었다. 그러했기에 예수님의 준엄한 책망을 면할 길 없었다.

⑤ "너희에게 화가 있으리라! 바리새인들과 율법 교사들아, 이 위선자들아! 너희가 잔과 접시의 겉은 깨끗이 닦아놓지만, 그 속엔 방탕과 탐욕으로 온통 더럽혀져 있구나. 눈먼 바리새파 사람들아! 먼저 잔 속부터 깨끗이 닦아라. 그래야 겉도 깨끗해질 것이다."

겉과 속이 다른 종교 지도자들의 표리부동(表裏不同)을 지적한 말씀이다. 당시에 그들은 겉모양은 깨끗했지만, 속마음이 더러웠기에, 예수님은 그들을 향해 '위선자들'이라고 책망했다. 헬라어로 '위선자'는

'휘포크리테스'다. 이 말은 '가면을 쓰다' 또는 '…인 체하다'란 뜻의 헬라어 '휘포크리노마이'에서 유래한 말로 '타인의 흉내를 내는 사람' 곧 '배우'를 가리킨다. 위선자는 자신의 진솔한 모습이 아니라, 다른 사람인 양 연기하는 자다. 당시 종교 지도자들이 마치 배우처럼 거룩하고 경건한 사람인 양 연기하고 있었다.

⑥ "너희에게 화가 있으리라! 바리새인들과 율법 교사들아, 이 위선자들아! 너희는 회칠하여 아름답게 꾸며 놓은 무덤 같도다. 겉은 좋아 보이지만, 그 속엔 죽은 사람의 뼈와 썩은 것으로 가득 차 있구나. 이처럼 너희도 겉으론 거룩한 사람처럼 보이지만, 속에는 온갖 위선과 죄가 가득 차 있다."

유대인들은 일 년에 한 번씩 무덤을 하얗게 회칠했다. 무덤을 눈에 잘 띄게 하여 행인들로 하여금 무덤과 접촉하지 않도록 하기 위해서였다. 모세 율법에 따르면, 시체나 무덤을 만진 자는 7일 동안 부정하게 되기 때문이다. 하얗게 회칠한 무덤이 빛을 받으면 반짝거리며 아름답게 보인다. 그렇지만 무덤 안은 죽은 사람의 살과 뼈가 썩어가는 심히 부패한 곳이다. 겉으론 깨끗하고 옳게 보이지만, 안에는 외식과 불법으로 가득한 당시의 바리새인들과 율법 교사들이 이와 같았다.

⑦ "너희에게 화가 있으리라! 바리새인들과 율법 교사들아, 이 위선자들아! 너희는 선지자들의 무덤을 단장하고 의인들의 기념비를 세워놓고는 말하기를 '만일 우리가 조상들의 시대에 살았더라면, 선지자들에게 피 흘리게 했던 조상들처럼 행동하진 않았을 텐데….' 하는구나. 그러나 결국 그 말이 너희 스스로가 선지자들을 죽인 자들의 자손임을 증거하고 있는 셈이 아니더냐! 그러니 너희는 아예 조상들이 저지른 악한 일의 분량을 마저 채워라!"

형 가인에 의해 죽임당한 의인 아벨의 피

선지자들과 의인들을 죽인 조상들의 죄악에, 이제는 그들의 후손된 자들이 이 땅에 오신 메시아까지 배척하고 죽이는 죄악을 더함으로써 마침내 죄악의 그릇을 꽉 채웠다는 말이다.

"이 뱀들아, 독사의 새끼들아! 너희가 어떻게 지옥의 심판을 피할 수 있으랴! 이제 내가 선지자들과 지혜 있는 교사들과 율법 교사들을 너희에게 보낼 것이다. 그러나 너희는 그들 가운데 어떤 이들은 죽이거나 십자가에 못박고, 또 어떤 이들은 회당에서 채찍질하면서 이 마을 저 마을로 잡으러 다닐 것이다. 그리하여 의인 아벨의 피로부터 성소와 제단 사이에서 쳐죽인 선지자 사가랴의 피에 이르기까지, 너희는 땅 위에서 흘린 모든 의로운 자들의 핏값을 치러야 할 것이다. 진실로 그렇다. 지나간 세대의 모든 죄에 대한 심판이 이 세대에 임하리라."

여기서 예수님은 세 가지 사실을 밝히 말씀하셨다.

① 예수님은 선지자들(복음 전도자들)과 지혜 있는 교사들(성령 충만한 자들)과 율법 교사들(복음을 가르치는 선생들)을 세상 가운데로 보낼 것이다. 과연 신약시대에도 이 같은 복음의 사역자들이 꾸준히 보내졌다.

② 그러면 구약시대의 악한 조상들이 의인 아벨로부터 선지자 사가랴

에 이르기까지 하나님의 종들을 쳐죽인 것처럼, 신약시대에도 복음의 배척자들이 교회의 일꾼들을 때리거나 죽임으로써 핍박할 것이다. 과연 신약시대에도 복음의 사역자들이 무수하게 핍박당하고 순교를 당했다.

여기서 아담의 아들 아벨(Abel)은 형 가인에 의해 인류 최초로 죽임당한 의인이고, '스가랴'로도 불리는 바라갸의 아들 사가랴(Zechariah)는 유다 왕 요아스 시대에 백성들에게 우상숭배 죄악을 지적하다가 성전 뜰 안에서 돌에 맞아 죽은 선지자다. 아벨은 성경 첫 권인 창세기의 인물이고, 사가랴는 히브리인 방식의 성경 분류상 역사서의 마지막 권인 역대하의 인물이다. 많은 순교자들 가운데 예수께서 특별히 이 두 사람을 언급하신 이유는, 그들이 성경 역사상 모든 순교자들을 대표하기 때문이다.

③ 결국 복음의 배척자들은 신 · 구약시대를 거쳐 저지른 모든 죄악에 대해 핏값을 치르게 될 것이다. 이 말을 유대인들에게만 적용하면, 가깝게는 로마 군대에 의한 예루살렘의 멸망(주후 70년)이 그러했고, 좀 더 멀게는 제2차 세계대전 때(주후 1939~1945년) 독일 총통 히틀러에 의한 유대인 핍박과 학살이 그러했다. 그리고 궁극적으로는 마지막 날에 있을 최후 심판 때, 불신 유대인들을 포함하여 모든 복음의 배척자들(불신자들)이 그 죗값으로 영원한 불못, 곧 지옥에 던져지게 되는 것이다.

이처럼 죄를 저지르면 반드시 죗값을 치르게 될 것이라는 예수님의 준엄한 경고는, 다른 한편으로 유대 종교 지도자들의 각성과 회개를 촉구한 메시지였다. 하지만 유대 종교 지도자들은 건성으로 들을 뿐이었다. 도리어 자신들의 죄를 지적하는 예수를 당장이라도 죽이고 싶은 생각뿐이었다.

예수께서 예루살렘을 보시고 한탄하심 (23:37-39; 눅 13:34-35)

유대 종교 지도자들의 위선과 불법과 죄악에 대해 준엄하게 책망하신 예수님, 그러니까 그들을 향해 '7화(禍) 선언'을 하신 예수님은 그들과 그들의 조상들과 그들이 살고 있는 예루살렘 도성의 크나큰 죄악이 눈앞에 어른거려 의분에 차올랐고 감정이 격해지셨다. 그리하여 피를 토하는 심정으로 예루살렘을 향해 깊은 탄식을 발하신다.

"예루살렘아, 예루살렘아! 선지자들을 죽이고 하나님이 보내신 자들을 돌로 치는 자여! 암탉이 병아리를 날개 아래 품듯, 내가 몇 번이나 네 자녀를 모아 내 품안에 품으려 무던히도 애썼던가! 그러나 너희가 응하지 않았구나. 그러므로 보아라, 머잖아 너희 집은 버림받아 황폐해질 것이다. 이젠 너희가 장래에 찬양하기를 '오, 복되도다! 주의 이름으로 오시는 이여!' 할 그때까지, 너희가 다시는 나를 보지 못할 것이다."

천국 복음을 끝까지 거부하고 배척하는 예루살렘의 타락을 크게 슬퍼하고 탄식하면서 예수님은 두 가지를 말씀하셨다.

① 머잖아 예루살렘은 버림받아 황폐해질 것이다. 이 말씀은, 예수님의 죽음과 부활과 승천이 있은 지 40년 뒤에 로마 군대에 의해 예루살렘이 철저히 파괴되고 함락됨으로써 성취되었다(주후 70년). 이처럼 복음을 배척한 모든 도시는 궁극적으로 주님께 버림받아 황폐해질 것이다.

② 장차 예수님의 오심을 찬양할 때까지 다시는 예수님을 보지 못할 것이다. 이 말씀은, 예수님의 죽음과 부활과 승천이 있고서 다시 예수께서 이 땅에 오실 때까지, 즉 재림 때까지는 예수님을 더는 볼 수 없을 것이라는 말이다. 사실, 예수님을 찬양하는 일은 앞서 예루살렘 입성 때에 예루살렘 시민들에 의해 일차적으로 이루어졌다. 그러나 장차 예수님의 재림 때에는 그 규모가 전 세계적으로 확대되어, 모든 믿는 자들이 그분의 오심을 소리 높여 찬양하는 일이 일어날 것이다.

24
말세의 환난과 재림

종말에 유대 땅 사람은 산으로 달아나라
지붕 위에 있든 밭에 있든 달아나라
말세에는 해, 달, 별도 어두워져 떨어지고
나팔소리 울려 택한 자들을 모으리라

예루살렘 성전 파괴에 대한 예언 (24:1-2; 막 13:1-2; 눅 21:5-6)

때는 주후 30년 봄, 예수께서 십자가를 지시기 전의 마지막 한 주간, 곧 수난(受難) 주간의 화요일 혹은 수요일쯤. 그날, 예수님은 무리에게 가르치는 것을 마치시고 예루살렘 성전을 막 떠나려 하셨다. 바로 그때, 제자들이 예수께 다가와서 성전 건물을 가리켜 보이며 감탄 섞인 목소리로 말한다.

"주님, 보십시오. 이 예루살렘 성전은 정말 대단하지 않습니까? 웅장하고 아름다운 건물들 하며, 바닥에 깔린 오리오리한 돌들 하며…."

예수께서는 얼핏 동조하면서도 엄숙한 어조로 의외의 말씀을 하신다.

"그래, 너희가 보고 있는 그대로 대단하구나. 하지만 너희는 저 성전의 모든 건물을 잘 보아두어라. 그 모든 건물이 다 무너져 돌 하나도 돌 위에 얹혀 있지 못할 날이 이를 것이다."

"네엣? 그, 그게 무슨 말씀이신지? 이 성전이… 무, 무너진다니요?"

제자들이 자랑스럽게 가리킨 성전 건물, 그것은 당시 웅장한 규모를 자랑하던 '헤롯 성전'이다. 이 성전은 헤롯 대왕 통치 때인 주전 20년에 착공하여 헤롯 아그립바 2세 때인 주후 63년에 완공된 거대한 규모의 성전이다. 그런데 이 성전은, 예수께서 말씀하신 때로부터 40년쯤 후에, 그러니까 성전이 최종 완공된 때로부터는 7년 후에 로마 장군 디도(Titus)가 이끄는 로마 군대에 의해 '돌 하나도 돌 위에 남아 있지 않을 만큼' 아주 철저하게 파괴되었다(주후 70년).

종말과 관련된 재난의 시작 (24:3-14; 막 13:3-13; 눅 21:7-19)

성전 뜰에서 나오신 예수님은 근처 올리브산에 올라 자리 잡고 앉으셨다. 올리브산은 예루살렘 동편에 있는 해발 814m가량의 산으로, 예루살렘 시내 전체를 조망할 수 있다. 올리브산, 곧 '감람산'이란 명칭은 산 전체에 널리 퍼져 있는 올리브나무(감람나무) 숲에서 유래된 이름이다. 때에 제자들이 예수께 나와 조용히 묻는다. 방금 예수께서 하신 말씀, 곧 예루살렘 성전이 철저하게 무너질 것이라는 말씀이 머릿속을 계속 맴돌았기 때문이다.

"주님, 언제 그런 일이 일어나겠습니까? 그리고… 주님께서 다시 오시는 때와 세상 마지막 날에는 어떤 징조가 나타나겠습니까?"

제자들의 질문을 받고, 예수님은 자세를 고쳐 잡으며 진지하게 말씀하신다.

"너희는 누구에게도 속지 않도록 조심하여라. 세상 마지막 날엔 많은 이들이 나타나, 자기가 '그리스도'라 주장하며 뭇사람을 그릇된 길로 이끌 것이다."

"세상에! 그리스도를 참칭하는 사악한 자들이 나타난단 말입니까?"

"그렇다. 또 너희는 전쟁에 관한 소식과 소문을 자주 듣게 될 것이다. 그러나 두려워하지 마라. 그런 일이 반드시 일어나겠지만, 그것이 최종적으로 마지막 때는 아니다. 세상 종말엔 민족과 민족이, 나라와 나라가 대항해서 서로 싸울 것이다. 또 세상 곳곳에 기근이 있겠고, 여기저기에서 지진이 일어날 것이다. 그러나 이 모든 일은 단지 세상 끝 날에 닥쳐올 큰 재난의 시작일 뿐이다."

원어(헬라어)의 의미로 살펴볼 때, 재난의 시작은 '출산 고통의 시작'이란 뜻이다. 말하자면 '예수님의 재림'이란 소망 찬 출산을 앞두고 반드시 겪어야 할 진통이란 의미다. 세상 종말에 관한 예수님의 말씀은 계속된다.

"제자들아, 그때 너희는 내 사람이라는 이유로 고통을 겪고 죽임당할 것이며, 온 세상이 나로 인해 너희를 크게 미워할 것이다. 그리하여 너희 가운데 많은 이들이 그런 세상의 핍박을 견디지 못하고 죄 가운데 빠져 서로 배반하고 미워할 것이다. 그뿐 아니다. 또한 거짓 선지자들이 곳곳에 나타나 많은 사람을 미혹할 것이고, 세상에는 불법이 날로 더 많아져 많은 사람들의 사랑이 급속도로 식어갈 것이다."

세상 마지막 날의 때와 징조를 묻는 제자들의 질문에, 예수님은 '때'에 대해선 침묵하셨다. 하지만 '징조'에 대해선 말씀하셨다. 세상 마지막 날의 징조에 관한 예수님의 말씀을 요약하면 이러하다. ① 적그리스도와 거짓 선지자들이 도처에서 출현하여 뭇사람을 미혹함. ② 세상 곳곳에서 잦은 전쟁과 기근, 지진이 일어남. ③ 예수 그리스도 때문에 성도와 교회가 크게 핍박받음. ⑤ 세상 종말이 깊어갈수록 불법이 횡행하고 사랑이 식어감.

"주님! 그야말로 큰일입니다. 어떻게 그런 시대를 겪어야 할는지…."

예수님의 말씀을 듣고, 제자들이 어두운 표정을 지으며 크게 근심스러운 얼굴로 탄식하듯 말했다. 그러자 예수께서 제자들을 격려하신다.

"두려워하지 마라. 어떡하든 참고 견뎌야 한다. 끝까지 참는 사람은 구원을 받을 것이다. 언제 이 모든 재난이 끝나고 세상 마지막 때가 될 것인지 궁금하느냐? 천국 복음이 세상 땅끝까지 전파되어 모든 민족이 그 복음을 전해 듣게 되는 날이 이를 터인데, 바로 그때가 세상 끝 날이 임하는 때이니라."

그래서 예수님은 부활하신 후에 제자들에게 지상(至上) 대명령, 곧 지극히 크고 고귀한 명령을 주셨다.

"그러므로 너희는 가서 세상 모든 민족의 사람들을 제자 삼아, 아버지와 아들과 성령의 이름으로 세례를 베풀고, 내가 너희에게 명한 모든 것을 그들에게 가르쳐 지키게 하라!"(마 28:19-20).

또한 예수님은 승천 바로 직전에, 곧 이 땅을 마지막으로 떠나가시면서 지금 이 말씀을 베푸신 올리브산(감람산)에서 마지막으로 제자들에게 말씀하셨다.

"성령이 너희에게 임하시면 너희가 권능을 받게 될 것이고, 그러면 너희는 예루살렘에서부터 시작하여 유대와 사마리아 전 지역을 거쳐 땅끝까지 이르러 나의 증인이 될 것이다"(행 1:8).

종말에 있을 가장 큰 재난(24:15-28; 막 13:14-23; 눅 21:20-24)

"다들 왜 그리 얼굴 표정이 어두운 것이냐? 지금 내가 말한 것들은 재난의 시작일 뿐, 세상 종말의 날이 다가올수록 이 땅엔 더욱 큰 재난이 임할 것이다."

"주님! 그것들은 또 어떤 재난입니까? 참으로 감당하기 어렵겠습니다."

제자들은 더욱 어둡고 근심스러운 표정을 지으며 조심스레 물었다. 예수님은 장차 세상 종말의 때에 사람들이 겪을 가장 큰 재난에 관해 말씀하신다.

“옛적 선지자 다니엘이 말한 대로 ‘멸망의 가증한 것’이 거룩한 곳에서 있는 것을 보거든, 그때에 너희는 만사 제쳐두고 얼른 도망가거라.”

“주님, 다니엘 선지자가 말한 ‘멸망의 가증한 것’은 무엇입니까?”

“그 말이 무슨 말인지, 그 의미를 깨닫도록 애써 보아라.”

무슨 뜻일까? 다니엘의 예언에 언급된 ‘멸망의 가증한 것’은, 일차적으로 유대교의 가혹한 박해자 안티오쿠스 에피파네스 4세가 하나님의 성전에 세운 ‘제우스 신상’을 말한다. 이런 맥락에서 고려해볼 때, 여기서 예수님이 말한 ‘멸망의 가증한 것’도 구체적으로는 그것이 무엇인지 알 수 없지만, 분명 세상 종말에 거룩한 하나님의 성전 곧 믿는 자들의 거룩한 모임인 ‘교회 공동체’(헬라어, 에클레시아)를 지독히도 모독하는 그 무엇임에는 분명하다. 예수님은 계속해서 말씀하신다.

“그때, 유대 땅에 있는 사람들은 근처 산으로 도망하고, 지붕 위에 있는 사람들은 집 안에 있는 물건을 꺼내려 내려가지 말고, 밭에 있는 사람들은 겉옷을 가지러 집으로 돌아가지 마라. 아, 그날엔 임신한 여자들과 젖먹이를 둔 여자들이 화를 입을 것이다.”

재난의 급박함을 알려주는 말씀이다. 팔레스타인 가옥의 지붕은 평평하기 때문에 모임을 위한 공간으로도 사용했다. 또 누구나 편하게 왕래할 수 있도록 바깥 계단을 통해 올라가도록 했다. 따라서 큰 재난이 막 닥치려 할 때, 만일 지붕 위에 있다면 집안 물건을 가지러 집 안으로 들어가

팔레스타인 가옥의 평평한 지붕과 계단

지 말고, 지붕에서 바깥 계단을 통해 바로 집 밖으로 도망쳐야 한다는 말씀이다. 하지만 이때 얼른 도망갈 수 없는 임산부들이나 젖먹이를 둔 여자들은 화를 당하게 될 것이라는 말씀이다. 예수님의 말씀을 듣는 제자들의 표정이 점점 더 일그러진다.

"그처럼 도망가는 일이 겨울이나 안식일에 발생하지 않도록 기도하라. 그때 아주 큰 재난이 너희에게 닥칠 것인데, 세상 처음부터 지금까지 없었고, 앞으로도 없을 아주 큰 고통을 겪게 될 것이기 때문이다. 하나님이 그 고통 기간을 단축시켜 주지 않으신다면, 아무도 목숨을 건지지 못할 것이다. 그러나 하나님은 택하신 자들을 위해 그 기간을 단축시켜 주실 것이다."

예수님이 말씀하신 전무후무한 큰 재난은 무엇일까? 일차적으로는, 주후 70년에 예루살렘에 임한 끔찍한 재앙을 가리킨다. 그때, 로마 군대는 예루살렘 주민들을 무자비하게 살육했고, 예루살렘의 왕궁과 성전을 비롯한 모든 건물과 가옥을 철저하게 파괴하고 불살랐다. 이런 끔찍한 재난이 본보기가 되어 궁극적으로는 예수님의 재림 직전에 교회와 성도가 적그리스도의 세력으로 인해 겪게 될 세상 종말의 큰 환난을 가리킨다.

한편, 예수님은 그런 큰 재난이 겨울이나 안식일에 발생하지 않도록 기도하라고 하셨다. 그 까닭은, 추운 겨울은 도망가기 힘들 뿐 아니라 의식주 조달도 어렵기 때문이다. 또 안식일에는 일정 거리(대략 1.8km) 이상 이동하는 것을 율법으로 금하고 있기 때문이다. 하지만 그때의 재난이 아무리 크고 끔찍할지라도 소망은 있었다. 하나님께서 택한 자들을 구원하시기 위해 그 재난의 기간을 단축하실 것이기 때문이다. 이로 볼 때, 종말에 있을 대재난 역시 하나님의 주관하에 전개되고 있음을 분명히 알 수 있다.

"그때 누군가 너희에게 말하기를 '보라, 이분이 그리스도다!' 혹은 '저분이 그리스도다!' 하여도, 그 말을 믿지 마라. 세상 종말의 때에는 거짓 그리스도들과 거짓 선지자들이 많이 나타나서, 이러저런 놀라운 기적을 행하며 하나님께서 택하신 사람들까지도 미혹할 것이다."

"주님, 그렇다면 거짓 그리스도들과 거짓 선지자들도 기적을 행할 수 있습니까? 그게 정말 가능합니까?"

"그렇다. 하지만 그런 자들의 기적은 하나님의 능력에서 비롯되는 것이 결코 아니다. 사탄(마귀)과 귀신들의 능력에 힘입어 그렇게 행하는 것이다. 사탄과 귀신들은 본디 악령(惡靈)인 만큼, 제한적이나마 나름대로 기적을 행할 수도 있다. 하지만 그들의 기적은 어설프고 악한 것으로 단지 사람을 홀리기 위한 것이니라."

"아, 네, 주님…. 그렇군요."

"보아라, 그러므로 내가 너희에게 미리 단단히 일러둔다. 그때에 누가 너희에게 말하기를 '그리스도가 광야에 계신다!' 하여도 나가지 말고, '그리스도가 골방에 계신다!' 하여도 절대로 믿지 마라. 번개가 동쪽에서 치면 순식간에 서쪽까지 번쩍이듯, 인자가 이 땅에 오는 것도 그럴 것이다. 보라, 시체가 있는 곳엔 독수리들이 모여들게 마련이다."

세상 종말에 지금껏 말한 모든 징조들이 일어나면(시체가 있으면), 그때 예수님의 재림이 반드시 임할 것(독수리들이 모여들게 마련)이라는 말씀이다. 아울러 예수님의 재림은 번개가 동쪽에서 치면 순식간에 서쪽까지 번쩍이듯, 그렇게 순식간에 전 우주적으로 선명하게 일어날 것이라는 뜻이다. 따라서 주님께서 어느 특정 장소나 국가에만 임했다는 말은 전혀 터무니없는 헛소문으로 취급해버리라

주검이 있는 곳에는 독수리들이 모일 것이니라

는 것이다.

재림의 징조 (24:29-35; 막 13:24-31; 눅 21:25-33)

이제 예수님은 세상 마지막 때의 징조들인 이런저런 큰 재난들이 종료되고, 마침내 예수님 자신이 하늘로부터 지상으로 재림하는 엄청난 광경에 관해 말씀하신다. 그 재림의 날에는 과연 어떤 일들이 일어날까?

"보아라, 세상 마지막 때의 큰 고통과 재난의 기간이 지나면, 하늘의 태양이 갑자기 어두워지게 될 것이다. 그때 달은 빛을 내지 못하고, 별들은 하늘에서 우수수 떨어지며, 천체마저 크게 흔들릴 것이다."

"아, 주님. 상상만으로도 두렵습니다!"

예수님의 이 말씀은 비유인가, 아니면 실제인가? 예수님이 십자가에서 운명하셨을 때에도 해가 빛을 잃고 온 땅에 어둠이 임하는 놀라운 기상 이변이 실제로 있었다. 또 후일 사도 바울과 베드로 역시 교회에 써 보낸 편지에서 예수님의 재림 때에 있을 드라마틱한 장면과 그때 펼쳐질 전우주적인 대파괴 현상에 대해 언급하였다. 그렇다면 계속해서 예수님의 재림 때에 펼쳐질 놀라운 광경에 대해 들어보자.

"태양과 달이 빛을 내지 못해 어두워지고 별들이 떨어지며 천체가 크게 흔들리는 그때가 되면, 그제야 비로소 인자의 재림 모습이 하늘에 나타날 것이다. 그렇게 되면, 세상 모든 나라와 민족의 불신자들이 후회로 가슴을 치며 크게 통곡할 것이다. 그렇게 통곡하면서 그들은 인자가 하늘에서 구름 타고 큰 권능과 영광으로 임하는 것을 똑똑히 보게 될 것이다."

예수님의 재림 때, 그제야 예수님을 십자가에 못박은 자들과 천국 복음을 배척하고 메시아를 거부한 모든 불신자가 처절하고 절박한 후회의 심정으로 자기 가슴을 치며 크게 울부짖게 될 것이란 말씀이다. 그런 자들과 세상 모든 이들이 보는 가운데, 예수님은 마치 개선장군이 말을 타고 당당하게 입성하듯 구름을 타고 큰 권능과 영광으로 지상에 임할 것이라는 말씀이다.

"주님! 정말 놀라운 광경입니다! 그런 날이 빨리 왔으면 좋겠습니다."

"그렇다. 인자가 재림할 때는 천사들의 나팔소리가 크게 울려 퍼지는 가운데, 인자가 보낸 천사들이 하늘 이 끝에서부터 저 끝까지 온 사방에서 택한 자기 백성들을 모을 것이다."

여기 천사들의 나팔소리는 그리스도(메시아)의 최후 승리를 선포하고 축하하는 대찬가라 할 수 있다. 따라서 그 나팔소리는 신자들에게는 기쁨과 복됨의 소리인 반면, 불신자들에게는 고통과 통곡의 소리가 될 것이다.

"그러므로 너희는 무화과나무로부터 교훈을 배우라. 그 가지가 더 연해지고 잎이 돋아나면, 여름이 가까이 온 줄을 알지 않느냐."

무화과나무는 뽕나무 과의 낙엽관목으로, 팔레스타인 지방에서 널리 재배되는 과수다. 이 나무의 열매는 주로 식용이나 약용으로 쓰인다. 이 나무는 봄철 곧 유월절 시기(3~4월)를 맞게 되면 생기를 얻고, 6월이면 그 가지가 연해지면서 잎사귀가 무성하게 돋고 열매가 점차 익어간다. 사람들은 이런 모습을 보고 여름이 가까이 이르렀음을 알았다.

"이와 같이 너희도 세상 종말에 내가 말한 여러 징조를 보거든, 인자가 문 앞에 가까이 이른 줄로 알라. 분명히 말하노니, 이 세대가 다 지나가기 전에 이 모든 일이 일어날 것이다. 하늘과 땅은 없어질지라도, 내가 한 말은 결단코 없어지지 않을 것이다."

"네에? 우리 세대가 다 지나가기 전에 주님께서 말씀하신 그 모든 일이 다 일어날 것이라고요? 그게 정말입니까?"

여기서 예수님이 말씀하신 '이 세대'는 예수님 당시의 사람들을 가리키고, '이 모든 일'은 방금 전에 언급하신 큰 환난, 곧 예루살렘의 멸망을 가리킨다. 따라서 이 말씀은, 예수님 당시의 사람들이 다 죽기 전에 예루살렘의 멸망이라는 큰 환난을 겪게 될 것이라는 말이다. 실제로 그랬다. 예수님의 이 말씀이 선포된 때는 주후 30년이었고, 예루살렘 멸망은 그로부터 40년 뒤인 주후 70년에 있었다. 그러므로 그 세대의 사람들 중 상당수는 살아있는 동안에 '예루살렘의 멸망'이라는 큰 환난을 목격했을 것이다.

재림의 때는 아무도 모름(24:36-44; 막 13:32-37; 눅 17:26-37)

"주님, 그렇다면 주님은 언제 이 땅에 다시 오십니까?"

제자들은 아무래도 주님의 재림 일시가 궁금한 모양이다. 그러나 재림의 일시에 관한 예수님의 답변은 아주 명료했다.

"모른다! 재림의 그 날과 그 시각은 아무도 모른다. 하늘의 천사도 모르고, 하나님의 아들조차도 모른다. 오직 하늘 아버지만이 아신다."

이 말씀은 메시아(그리스도) 곧 성자 예수님의 전지성을 부정하는 말이 아니다. 다만 성부 하나님과 성자 예수님의 역할 구분, 또는 성부에 대한 성자의 겸양의 말씀이다. 어쨌든 예수님은, 재림의 구체적 일시는 전적으로 하나님의 주권하에 놓인 일임을 강조하셨다. 따라서 성경의 모든 곳에서 예수님의 재림 일시를 구체적으로 말하고 있는 데는 없다. 누군가 구체적인 일시를 말한다면, 그자는 곧 이단이다.

그러므로 예수님은 우리가 재림의 일시에 관심을 기울이기보다는, 언제라도 재림을 맞이할 만반의 준비를 갖추는 것이 더욱 바람직하다고 가르치신다. 이런 맥락에서 이제 예수님은 재림의 불시성(不時性)에 관해 말씀하신다.

"노아 때를 생각해 보아라. 인자가 다시 올 때는 노아의 때와 비슷할 것이다. 노아의 때에 사람들은 노아가 방주 안에 들어가던 그 날까지도 장가가고 시집가면서 흥겨운 잔치를 벌였다. 마침내 큰 홍수가 나서 모든 것을 쓸어갈 때까지도, 사람들은 무슨 일이 일어나고 있는지 전혀 알지 못했다. 인자가 이 땅에 다시 올 때도 역시 그럴 것이다."

노아 당대의 사람들은 세속적이며 육체적인 일에 모든 관심과 정력을 쏟느라, 홍수 심판이 임한 당일까지도, 곧 죽음의 순간까지도 전혀 깨닫지 못했다. 노아 시대의 사람들이 그렇게 불시에 홍수 심판을 당했듯, 세상 종말의 시대에도 사람들이 그렇게 세상일에 온통 관심을 쏟고 있을 때 불시에 예수님의 재림을 맞이하게 될 것이라는 교훈이다.

그러므로 예수님은 언제 어느 때에 임할지 모르는 재림에 대비하여 항상 영적으로 깨어 있어야 한다고 강조하신다. 그래서 믿음으로 재림을 대비한 자의 구원과 불신으로 대비하지 못한 자의 멸망이 어떠할 것인지 극명한 대비를 통해 보여주신다.

"자, 보아라. 그때 두 사람이 밭에서 함께 일해도, 한 사람은 데려감을 당하고 다른 한 사람은 버려둠을 당할 것이다. 또 두 여자가 함께 맷돌을 갈아도, 한 사람은 데려감을 당하고 다른 한 사람은 버려둠을 당할 것이다."

예수님의 재림은 어느 날, 어느 때에 불시에 있을 것인데, 그때 세상 모든 사람들은 각자의 자리에서 구원 혹은 멸망으로 그 운명이 극명하게 갈릴 것이다. 믿음으로 준비된 자는 구원을, 불신으로 준비되지 못한 자는 멸망을 겪게 될 것이다. 그러므로 불시에 있을 재림의 날을 대비하여, 영적으로 항상 깨어 믿음을 준비해

맷돌질을 하는 두 여인

놓고 있어야 한다고 거듭 강조하신다. 그때 구원받지 못하고 버림당한 사람의 처지는 어떠할까? 제자들은 숙연해진다.

"그러므로 항상 깨어 있어라. 언제 인자가 다시 올는지 너희가 알지 못하기 때문이다. 명심하여라. 밤중에 도둑이 언제 들지를 안다면, 집주인은 깨어 있으면서 도둑이 들지 못하도록 집을 단단히 지키고 있을 것이다. 마찬가지다. 너희도 그렇게 준비하고 있어야 한다. 너희가 생각지도 않은 때에, 인자가 이 땅에 다시 올 것이기 때문이다."

예수님은 자신의 재림이 불시에 이루어질 것임을 더욱 강조하기 위해 도둑의 예까지 드셨다. 세상에 그 어떤 도둑도 언제 어느 때에 도적질해 갈 것이라고 집주인에게 미리 알려주지 않는다. 항상 예상치 못한 때 불쑥 침입하여 도적질한다. 그래서 집주인은 언제 침입할지 모르는 도둑에 대비하여 항상 깨어 집을 단단히 지키고 있어야 한다. 마찬가지다. 그렇게 사람들은 예수님의 재림에 대비하여 자기 심령의 집을 단단히 지키고 있어야 한다.

충성된 종과 불충한 종 (24:45-51; 눅 12:35-48)

지금껏 예수님은 자신의 재림이 불시에, 곧 아무도 예상치 못한 날과 때에 갑자기 일어나리라는 것을 강조하셨다. 이제는 한 걸음 더 나아가 불시에 이루어진 재림의 날에, 각각의 사람에 대해 그들의 행위대로 공정한 심판이 있으리라는 것을 가르치신다.

"지혜롭고 충성스러운 종은 어떤 사람이냐? 주인이 맡긴 집을 잘 관리하고 집안사람들에게 때맞춰 음식을 공급해주는 사람이 아니냐. 종이 그렇게 자신에게 맡겨진 일을 충실하게 잘 감당하고 있을 때 주인이 돌아와서 그런 모습을 보게 되면, 그 종은 응당 칭찬을 받지 않겠느냐. 주인은 이처럼 지혜롭고 충성된 종에게는 그를 믿고 자신의 모든 재산을 맡길 것이다."

예수님의 재림이 언제 어느 때에 있을 것인지에 상관없이, 평소에 항상 깨어 자신에게 주어진 직무를 잘 감당하는 자는 주의 재림 때에 그에 상응하는 칭찬과 상급을 받게 될 것이란 가르침이다. 이어 예수님은 이와 반대되는 경우도 말씀하신다. 주의 재림 때에 전혀 준비되지 못한 상태에 있는 악하고 어리석은 종의 이야기다.

"그러나 어떤 종이 악한 마음을 품고 생각하기를 '주인이 돌아오려면 아직 멀었다' 하면서, 동료 종들을 때리고 술친구들과 어울려 흥청망청 먹고 마신다고 하자. 그런데 어느 날 생각지도 않은 때에 집주인이 갑자기 돌아와서 그런 종의 모습을 본다면 어찌하겠느냐? '이 위선자야!' 하고 크게 질책하면서 그 종에게 엄한 벌을 내리고 감옥에 가두지 않겠느냐? 그러면 그 종은 거기서 가슴을 치며 슬피 울면서 이를 갈 것이다."

자, 그렇다면 우리는 주님 앞에 어떤 종인가? 아니, 어떤 종이 되어야 마땅한가? 지혜롭고 충성된 종인가, 아니면 악하고 어리석은 종인가? 주님의 재림 때가 가까이 이르렀음을 보여주는 각양의 징조들이 도처에 가득한 이 시대에, 매일 스스로 성찰해보자.

25
비유와 심판

슬기로운 처녀는 등잔과 기름 준비하여
기쁘게 신랑을 맞이하네
1달란트 받았다고 땅에 묻은 종은
이자도 챙기지 못한다고 내쫓기네

열 처녀의 비유 (25:1-13)

때는 예수님의 공생애 마지막 해(주후 30년), 마지막 달(3~4월경), 마지막 주간 곧 수난 주간의 화요일 혹은 수요일, 예수님은 제자들을 대상으로 여러 교훈을 베푸신다. 예수님은 이제 곧 십자가를 지신 뒤 부활 승천함으로써 이 세상을 떠나가실 터인데, 아직 제자들은 모르는 게 너무나 많았다. 그래서 마음이 급하다. 방금 전에도 예수님은 세상 종말의 여러 징조들과 재림과 최후 심판 등에 관해 말씀하셨지만, 이제도 계속해서 비슷한 주제를 가지고 교훈을 베푸신다.

예수님은 천국 복음의 진리를 가르치실 때 자주 비유를 사용하셨다. 이번에도 역시 제자들의 삶에서 익숙한 쉽고도 적절한 비유를 들어 천국 복음의 진리를 제자들에게 일깨워주신다. 먼저 '열 처녀 비유'부터 들어보자. 예수님은 당시 이스라엘 사회의 결혼식 풍습에 빗대어 이야기하신다.

"인자가 이 땅에 다시 오는 재림의 때에, 천국은 마치 열 처녀가 등불을 들고 신랑을 맞으러 나간 것에 비유할 수 있다."

이스라엘 사회에서 혼인 잔치는 보통 일주일 동안 지속되었다. 축제가 밤새도록 이어졌기 때문에 밤에는 집 안팎을 밝힐 등불이 필요했다. 이 등불이 꺼지지 않기 위해서는 계속 기름에 적셔야 했다. 그러므로 여분의 기름은 필수적이었다. 잔치는 신랑 집에서 이루어졌고, 그 사이에 신부와 그녀의 친구들은 신부의 집에서 신랑을 맞을 준비를 했다. 이때 신랑과 그의 친구들은 미리 알리지 않고 갑자기 신부의 집으로 찾아가, 신부와 그녀의 친구들을 데리고 한창 잔치가 벌어지고 있는 신랑 집으로 축하행렬을 지어 돌아갔다. 제자들은 이 같은 결혼 풍습을 익히 알고 있었다.

"열 처녀 가운데 나섯은 어리석고 다섯은 슬기로웠다. 어리석은 다섯 처녀는 등잔을 가지고 있으면서도 기름 채우는 것을 잊어버렸다. 하지만 슬기로운 다섯 처녀는 등잔에 기름을 가득 채워 가지고 있었다. 그런데 밤이 늦도록 신랑이 오지 않았다. 그러자 처녀들은 모두 꾸벅꾸벅 졸다가 잠이 들었다."

제자들은 이야기가 어찌 전개될는지 무척 궁금한 듯 모두가 귀를 쫑긋 세우고 집중해서 듣는다.

"그렇게 밤이 깊어갔다. 그런데 한밤중에 갑자기 '자, 이제 신랑 일행이 온다! 모두들 어서 나와 신랑을 맞이하라!'하고 외치는 소리가 들려왔다. 그러자 잠에서 깬 열 처녀는 부랴부랴 자리에서 일어나 각자 자기 등불을 챙겼다."

당시 이스라엘 사회의 결혼식 특징을 보여준다. 이렇게 신랑 일행은 깜짝 이벤트처럼 신부 측이 방심한 틈을 타서 한밤중에 갑자기 신부의 집에 들이닥치곤 했다.

"이때 기름을 채워놓지 않은 어리석은 다섯 처녀는 기름을 가득

열 처녀 비유: 슬기로운 다섯 처녀와 어리석은 다섯 처녀

채워놓은 다른 슬기로운 다섯 처녀에게 청하기를 '우리의 등잔불이 꺼져가니 기름을 좀 나누어다오!' 하였다. 그러자 다른 슬기로운 다섯 처녀가 대답하기를 '안 돼, 우리 것을 나누어주면, 우리마저 모자라게 돼. 그러니 너희가 쓸 기름은 기름 장수에게로 가서 얼른 사오는 게 좋겠어.' 하였다. 그러자 어리석은 다섯 처녀는 할 수 없이 기름을 사러 기름 장수에게로 갔다. 하지만 그들이 기름을 사러 간 사이에 신랑 일행이 신부의 집에 도착하여 신부와 슬기로운 다섯 처녀만 데리고 신랑 집의 결혼 잔치에 들어갔다. 그리곤 문을 잠갔다."

"아, 그러면… 기름을 사러 간 다섯 처녀는 어찌 되는 겁니까?"

제자들이 무척 안타깝다는 듯 예수께 물었다. 예수님은 가볍게 미소 지으며 계속해서 이야기를 들려주신다.

"한참 후에 기름을 사서 돌아온 어리석은 다섯 처녀는 결혼 잔치가 베풀어지고 있는 신랑 집의 문이 굳게 잠긴 것을 알고는 크게 당황했다. 그래서 문밖에 서서 큰소리로 외치기를 '주님! 주님! 제발 문 좀 열어주십시오! 우리가 이제야 왔습니다!' 하였다. 그러나 문 안에 있는 신랑의 대답은 단호했다. '난 너희를 알지 못한다!' 대답하였다."

"쯧쯧! 거참, 다섯 처녀가 참 안 됐네요."

제자들의 말에는 신랑의 잔칫집 문 안으로 들어가지 못한 다섯 처녀에 대한 동정심이 잔뜩 배여 있었다. 그런 제자들을 향해 예수님은 열 처녀의 비유를 통해 깨우쳐주고자 했던 핵심 교훈을 밝히 말씀하신다.

"그러므로 항상 깨어 있어라! 너희는 인자가 언제 어느 때에 다시 올는지, 그날과 그 시각을 알지 못하지 않느냐!"

예수님이 들려주신 '열 처녀의 비유'를 묵상해 보자. 각각은 누구를 가리키며, 또 가르치고자 하는 교훈은 무엇일까? 먼저, 각각이 가리키는 바는 이러하다. ① 결혼식 잔치: 천국 잔치 ② 신랑: 예수님 ③ 등잔과 기름을 준비한 슬기로운 다섯 처녀: 믿음으로 예수님의 재림을 준비한 참된 신자들 ③ 기름을 준비하지 못한 미련한 다섯 처녀: 게으름, 방심, 불신 등으로 예수님의 재림을 준비하지 못한 거짓 신자들.

그리고 '열 처녀의 비유'가 가르치는 교훈은 이러하다. ① 주님의 재림은 우리의 예상보다 지연될 수 있다. ② 예수님의 재림은 우리가 전혀 예상치 못한 때에 불시에 이루어진다. ③ 언제든지 기름(믿음)을 준비해 놓지 않으면 천국 잔치에 들어갈 수 없다. 요약하면, 신자들은 오래 참고 견디는 가운데 언제든지 심령 속에 믿음을 가득 채워놓고 예수님의 재림을 맞을 준비를 항상 갖추고 있어야 한다.

달란트의 비유 (25:14-30; 눅 19:11-27)

주후 30년, 당시 유대는 티베리우스(AD 12-37년)가 로마 황제로 있던 로마 제국의 식민지 지배하에 놓여 있었다. 이런 상황에서, 팔레스타인에는 로마 사람들이 넓은 경작지를 소유한 채 유대인들을 소작농으로 부리는 경우가 많았다. 그래서 로마인들은 본국으로 여행을 떠날 때 소작농들을 불러모아 각자의 역량에 맞게 일을 맡기고 책임을 주어 차질 없는 경작을 당부하곤 했다.

예수님은 이 같은 당시의 소작농 제도에 근거하여 쉽고도 적절한 비유를 들려주신다. 예수님의 재림을 앞둔 성도가 갖추어야 할 바람직한 자세에 관한 것이다.

"천국은 멀리 여행을 떠나려는 주인이 자기 종들을 불러모아 돈을 맡긴 것에 비유할 수 있다. 그 주인은 종들의 능력에 따라 각각 다섯 달란트, 두 달란트, 한 달란트를 맡기고는 먼 여행을 떠났다."

달란트는 성경시대에 통용되던 가장 큰 화폐 단위다. 1달란트의 가치는 6천 데나리온에 해당되는데, 1데나리온(혹은 1드라크마)은 당시 어른 노동자의 하루치 품삯이었다. 오늘날 우리 시대의 가치로 환산해보면(하루치 일당을 10만 원으로 잡으면), 1달란트는 무려 6억에 해당하는 아주 큰 돈이다.

"주님, 그래서… 어찌 되었나요?"

"다섯 달란트를 받은 종은 그 돈으로 장사하여 다섯 달란트를 더 벌었다. 두 달란트를 받은 종도 역시 그 돈을 잘 활용해서 두 달란트를 더 벌었다. 그런데 한 달란트를 받은 종은 땅을 판 뒤에 그 돈을 그대로 땅에 묻어두었다."

"주님, 한 달란트 받은 종은 왜 그 돈을 땅에 묻었나요? 장사하라고 맡겼는데…. 달란트를 땅에 묻어두다니, 그건 어리석은 짓입니다."

여기서 '달란트'는 주님이 우리에게 주신 은사로서, 곧 재능이나 재주나 솜씨 등을 가리킨다. 그래서 영어 탤런트(talent)도 그런 뜻을 지닌다. 우리 각자는 우리의 주인 되시는 주님께로부터 각자의 역량에 맞는 일정량의 달란트를 받았다. 이야기는 이어진다.

달란트 비유: 다섯 달란트, 두 달란트, 한 달란트 맡은 종들

"세월이 흘렀다. 오랜 후에, 먼 여행에

서 돌아온 주인이 결산을 하려고 종들을 모두 불러모았다. 먼저, 다섯 달란트를 받은 첫 번째 종이 열 달란트를 가지고 와서 주인에게 말하기를 '주인님은 제게 다섯 달란트를 맡기셨는데, 여기 보십시오! 제가 다섯 달란트를 더 벌었습니다.' 하였다. 그러자 주인은 크게 만족하면서 그 종을 칭찬하기를 '아주 잘했다! 착하고 신실한 종아, 네가 작은 일에 충성을 다했으니, 이제는 네게 더 큰 일을 맡기겠다. 자, 나와 함께 기쁨을 누리자꾸나.' 하였다."

결산 때, 보고하는 종이나 보고받은 주인이나 모두 기쁨이 넘쳤다. 보고하는 종은 최선을 다해 일한 좋은 결과를 내보이니 자신감이 묻어났고, 보고를 받는 주인은 두 배의 결실을 보고 크게 만족하여 즐거워했다.

"다음에는 두 달란트를 받은 두 번째 종이 주인께 나왔다. 그는 보고하기를 '주인님이 제게 두 달란트를 맡기셨는데, 여기 보십시오! 제가 두 달란트를 더 벌었습니다.' 하였다. 그러자 주인은 웃으면서 그 종에게도 첫번째 종에게 해주었던 칭찬을 아낌없이 해주었다."

주인께 받은 달란트 곧 은사의 많고 적음이 중요한 게 아니었다. 비록 두 달란트를 받았어도, 그것으로써 최선을 다해 일하여 두 달란트를 더 남긴 종의 노력이 더욱 중요했고 가상했다. 그다음으로 한 달란트를 받은 세 번째 종이 주인 앞으로 나왔다. 뭔가 심기가 불편한 얼굴이다. 그는 한 달란트를 내놓았다. 주인은 미간을 찌푸린다.

"세 번째 종이 주인께 보고하기를 '저는 주인님이 씨를 뿌리지도 않은 곳에서 거두어들이고 무얼 심지도 않은 데서 모아들이는, 그런 분인 줄 알고 있습니다. 그래서 저는 주인님이 두려워 행여 이익을 내지 못할까 봐 그 돈을 땅속에 그대로 묻어두었습니다. 보십시오, 여기에 제게 주신 한 달란트가 그대로 있습니다.' 하였다."

한 달란트 받은 세 번째 종은 주인을 인색한 수전노로 보았다. 그래서 주인께 받은 달란트(재물)로 장사하다가 행여 이윤을 남기지 못하면 어쩌나 하고 무척 두려워했다. 그래서 머리를 짜내 생각해낸 것이, 받은 재물을 땅속에 그대로 묻어둠으로써 본전이라도 간수하자는 것이었다. 참으로 게으르고 안이한 생각이었다.

"그 세 번째 종의 보고를 받고, 주인은 크게 화를 냈다. 얼굴을 붉히며 그 종을 향해 호통치기를 '이 악하고 게으른 종아! 네가 나를 그렇게 인색한 사람인 줄 알았더냐! 그렇다면, 적어도 내 돈을 돈놀이하는 사람에게라도 맡겨두어야 했을 것이 아니냐! 그래야 내가 내 돈에다 이자라도 붙여서 받을 수 있었을 것이 아니더냐!' 하였다."

주인이 그만큼 화를 내는 것을 본 것은 그날이 처음이다. 종들은 모두 입을 다물었고, 한 달란트를 내놓았던 종은 주인의 불호령에 부들부들 떨었다. 세 번째 종은 무엇보다도 주인이 어떠한 분인지 알지 못했다. 인색한 수전노로 오해했다. 그래서 주인의 뜻과는 전혀 다르게 행동했다. 그런 사실에 주인은 분노를 발했던 것이다.

진실로 주님은 자신이 주신 은사를 가지고 우리가 적극적으로 활용하기를 원하신다. 어떤 의미에서, 한 달란트 받은 세 번째 종은 나름대로 영악했다. 그는 남의 것을 도적질하지도, 자신의 것을 낭비하거나 잃지도 않았다. 그는 자신의 것을 그대로 지키고 보존했다. 그럼에도 불구하고 그는 주인께 엄중한 심판을 받았다. 그 까닭은, 그는 생산적인 일이라곤 아무것도 하지 않은 불신실한 인물이었기 때문이다. 우리는 주님이 주신 달란트 곧 은사와 재능을 잘 활용하여 무언가 생산적인 열매를 맺도록 힘써야 한다. 부들부들 떨고 있는 세 번째 종의 귀에 성난 주인의 음성이 들려왔다.

"여봐라, 저 악한 종에게서 한 달란트를 빼앗아 열 달란트를 가진 종에게 주도록 하여라. 무릇 가진 것을 잘 활용하는 사람은 더 많이 받아 더욱 풍족하게 될 것이고, 가진 것을 활용할 줄 모르는 사람은 가지고 있는 것마저도 모조리 빼앗길 것이다. 그리고 저 아무짝에도 쓸모없는 종을 바깥 어두운 곳으로 내쫓아라. 그자는 거기서 가슴 치며 슬피 이를 갈게 될 것이다."

'가슴 치며 슬피 이를 간다'는 표현은 극한 슬픔과 완전한 절망을 나타내는 유대인들의 관용적인 표현이다. 여기서는 더 이상 구원의 소망이 없는 완전한 멸망의 구덩이, 곧 지옥에 떨어진 자가 회한의 슬픔과 절망적인 분노를 표출하고 있는 모습이다.

'달란트의 비유'를 통해 주님은, 우리가 주님께 받은 달란트 곧 우리의 은사나 재능이 많든 적든 상관없이, 그것을 소중히 여겨 땀 흘려 성실하고도 신실하게 활용함으로써 열매 맺는 알찬 신앙의 삶을 살아갈 것을 주문하신 것이다.

최후 심판의 장면 (25:31-46)

이제 예수님은 자신의 재림 때 있을 최후 심판의 장면에 관해 말씀하신다. 이 말씀도 제자들이 알아듣기 쉽도록 비유를 들어 이야기하신다. '양과 염소의 비유'다. 양과 염소는 생김새는 비슷하지만, 그 성질과 습성이 판이하게 달라 자연스럽게 분리된다.

당시 팔레스타인의 목자들은 양과 염소를 한 우리 안에 가둬놓고 기르지는 않았을지라도, 가끔 같은 들판에 양과 염소를 풀어놓고 풀 뜯게 했다. 하지만 목자가 자기 양 떼를 불러모을 때, 양 떼는 염소 떼로부터 쉽게 분리되었다. 양 떼는 자기 목자의 독특한 목소리를 알아들었기 때문이다. 이런 배경하에서 예수님은 장차 자신의 재림 때에 펼쳐질 최후 심판의 놀라운 광경에 대해 이야기하신다.

"보아라, 장차 인자가 모든 천사를 거느리고 와서 영광스러운 보좌에 앉을 때, 세상의 모든 민족이 내 앞에 모일 것이다. 그러면 목자가 양과 염소를 구분하듯, 인자는 모든 사람을 둘로 나눠 양은 오른편에, 염소는 왼편에 둘 것이다."

성경의 일반 용례로 볼 때, 오른편(혹은 오른팔)은 권능, 존귀, 영광, 생명 등을 나타내고, 왼편(혹은 왼팔)은 저주, 사망, 어리석음, 미약함 등을 나타낸다. 그래서 이스라엘 백성들이 가나안 땅에 들어와 율법을 낭독할 때도 오른편에 있는 그리심산에서는 축복의 말씀을 선포했고, 왼편에 있는 에발산에서는 저주의 말씀을 선포했다.

이런 맥락에서 최후 심판 때에 주님은 양을 '오른편'에 두고, 염소를 '왼편'에 둘 것이라 하셨다. 그 까닭은, 예로부터 이스라엘 사람들은 하나님을 '목자'로 보고, 그분의 백성을 '양 떼'로 보는 유목민의 사고를 하였기 때문이다.

여기서 주목해야 할 것이 있다. 최후 심판 때에 양들이 자리 잡을 오른편과 염소들이 자리 잡을 왼편만 있을 뿐, 그 중간 자리는 없다는 사실이다. 이는 심판의 명료성을 보여준다. 이처럼 최후 심판의 순간에 세상 모든 사람은 오직 두 부류로 나뉜다. 한 부류는 오른편에 자리 잡은 양처럼 하나님의 뜻을 따른 하나님의 백성들이고, 다른 한 부류는 왼편에 자리 잡은 염소처럼 하나님을 떠나 제멋대로 살아간 사탄(마귀)의 자식들이다.

최후 심판 때, 심판주가 되시는 예수님은 모든 사람을 두 부류로 나누어 오른편과 왼편에 두신 후에 각각을 향하여 심판을 진행하실 것이다. 이때의 주님은 더는 대적자들에게 조롱받고 채찍질 당하던 나약한 모습이 아니다. 절대 주권을 지닌 엄위한 재판장의 모습이다. 예수님은 성부 하나님에게서 그런 재판장의 권한을 위임받은 것이다.

"그때, 나는 오른편에 있는 자들에게 말하기를 '내 아버지께 복 받을 자들아, 천지창조 때부터 너희를 위해 예비해둔 나라에 들어가라. 내가 배고플 때 너희는 먹을 것을 주었고, 내가 목말랐을 때 마실 것을 주었으며, 내가 나그네 되었을 때 너희 집으로 따뜻하게 맞아들였다. 또 내가 헐벗었을 때 입을 것을 주었고, 내가 병들었을 때와 감옥에 갇혔을 때 나를 찾아와 주었다.' 하겠노라."

예수님은 지금 오른편에 자리 잡은 자들에게 그들의 선한 행위로 인해 구원을 얻어 천국에 들어갈 수 있게 되었다고 말씀하고 계신 것인가? 성경의 전체적인 가르침을 살펴보면 그렇지 않다. 예수님은 구원의 조건으로 선한 일을 요구하지 않으셨다. 성경은 언제나 가르치기를, 구원이란 우리의 행위로써 얻어지는 것이 아니라, 오직 하나님의 은총으로 주어지는 선물이라는 것이다.

그렇지만 하나님은 구원받은 자들에게서 선한 열매를 기대하셨다. 그리고 구원받은 자들은 자신이 하나님께 받은 구원의 크신 은혜에 감격해서 다른 사람들에 대한 깊은 자비를 갖게 된다. 그 결과로, 구원받은 자들은 하나님의 사랑과 은혜를 자신의 삶 속에서 자연스럽게 드러내게 되어, 이웃에 대한 봉사와 희생과 선행의 삶을 살게 되는 것이다. 예수님은 계속 최후 심판의 광경을 보여주신다.

"그러면, 오른편에 자리 잡은 자들 곧 내 아버지께 복 받은 의로운 자들은 내게 대답하기를 '주님, 저희가 언제 주님이 배고프신 것을 보고 음식을 드렸으며, 언제 주님이 목마르신 것을 보고 마실 것을 드렸습니까? 저희가 또 언제 주님이 나그네 되신 것을 보고 도와 드렸으며, 언제 주님이 헐벗으신 것을 보고 입을 것을 드렸습니까? 저희가 또 언제 주님이 병드셨거나 감옥에 갇히신 것을 보고 주님을 찾아뵈었습니까?' 할 것이다."

구원받은 자들이 의아해하며 주님께 되묻는 질문이다. 그들은 생전에 육신의 주님을 한 번도 만난 적도 없는 경우가 대부분일 것이다. 그런데 자신들이 주님을 환대했다니, 도대체 무슨 말씀을 하고 계시는 것인가?

"그러면, 심판주이신 만왕의 왕은 그들에게 대답하기를 '내가 진정으로 너희에게 말한다. 너희가 여기 있는 내 형제들 가운데 가장 보잘것없는 사람 하나에게 해준 것이 곧 내게 해준 것이니라.' 할 것이다."

놀랍게도 심판주이신 영광의 주님은 세상에서 가장 보잘것없는 사람을 기꺼이 자신과 동일하게 여기셨다. 과연 그러하다. 이 땅에 성육신하신 예수님, 곧 사람의 모습으로 오신 예수님은 자신의 전 생애에 걸쳐 인간의 연약한 한계 아래 머무시면서 가난하고 소외된 자들의 아픔과 고통을 친히 겪으셨다. 진실로 이 땅의 예수님은 소외받고 고난당하는 자의 표상이요, 가난하고 고통받는 자들의 친구이셨다. 그래서 예수님은 세상에서 가장 보잘것없는 사람이 바로 땅 위에 있을 때 자신의 모습이라고 당당하게 선언하실 수 있었다. 우리가 고난받는 자의 이웃이 되어야 하는 필연적 이유가 여기에 있다. 최후 심판의 장면은 계속 이어진다.

"그런 후에, 나는 왼편에 있는 자들을 향해 말하기를 '이 저주받은 자들아! 내게서 썩 물러가, 마귀와 그 졸개들을 위해 준비해둔 영원한 불 속으로 들어가라! 너희는 내가 배고플 때 먹을 것을 주지 않았고, 내가 목마를 때 마실 것을 주지 않았다. 내가 나그네 되었을 때 따뜻하게 맞아들이지 않았고, 내가 헐벗었을 때 입을 것을 주지 않았다. 또 내가 병들었을 때나 감옥에 갇혔을 때도 나를 찾아와 주지 않았다.' 할 것이다."

오른편에 자리 잡은 양들 곧 구원받은 의인들이 주님께 칭찬 듣고 복 받은 똑같은 기준에 근거하여, 왼편에 자리 잡은 염소들 곧 악인들은 저주를 받았다. 의인들과는 달리, 하나님께 대한 사랑이 없는 악인들은 이웃에 대한 사랑도 없어 결국 마귀와 그 졸개들을 위해 준비해둔 영원한 불 속, 곧 지옥의 심판을 받고야 말았다.

"그러면, 그들도 내게 묻기를 '주님, 주님이 언제 배고프고 목마르셨으며, 주님이 언제 나그네 되고 헐벗으셨으며, 언제 병들고 감옥에 갇히셨습니까? 또 언제 그런 일이 있었기에, 그런 주님을 보고도 저희가 돌보아 드리지 않았다고 말씀하시는 것입니까?' 할 것이다."

실제로 염소로 분류된 악인들의 눈에는 주님이 언제 어디에서도 보이지 않았을 것이다. 오로지 자신의 이익만 추구하는 가운데 교만하여 눈이 높은 그들에게 낮은 자리에 엎드려져 있는 보잘것없는 자들(가난한 자들, 소외된 자들, 고통받는 자들, 고난 중에 있는 자들)이 눈에 들어올 리 없기 때문이다. 그들은 찬 바람 부는 길거리에서가 아니라 화려한 궁궐에서 주님을 찾았을 것이다. 그러니 주님을 보았을 리 없다.

"그러면, 심판주이신 만왕의 왕이 대답하기를 '여기 있는 내 형제들 가운데 가장 보잘것없는 사람 하나에게 해주지 않은 것이 곧 내게 해주지 않은 것과 같다.' 할 것이다."

염소로 분류된 악인들이 지옥의 심판을 받게 된 것은 이처럼 보잘것없는 이웃을 외면했던 점, 그리고 그런 일이 자신의 허물인 줄조차 모르는 영적 무지에서 비롯된 필연적인 결과였다. 여기서 주목할 점은, 스스로 지은 악행만이 죄가 아니라 가난한 이웃에 대해 사랑과 자비를 베풀지 않고 외면하는 것도 죄가 된다는 사실이다. 이제 예수님은 최후 심판의 장면과 관련해서 말씀을 맺으신다.

"그리하여 보아라, 왼편에 있는 악한 자들은 영원토록 벌 받을 곳으로 쫓겨날 것이고, 오른편에 있는 의로운 자들은 영원토록 생명을 누릴 곳으로 들어갈 것이니라."

영원토록 벌 받을 곳은 '지옥'이고, 영원토록 생명을 누릴 곳은 '천국'이다. 이처럼 예수님의 재림 때 세상 모든 사람은 심판주가 되시는 예수님 앞에 서서 최후 심판을 받은 후에 자신이 영원히 거할 곳으로 들어가게 된다. 그곳은 천국 아니면 지옥이다. 그 외에 다른 제3의 장소는 없다. 그러기에 죽은 이후에는 구원의 기회가 따로 없는 것이다.

26

최후의 만찬과 겟세마네 기도

겟세마네 동산에 올라가 기도할 때
오늘 밤 너희가 나를 버리리라
베드로가 아니오, 아니오 해도
닭 울기 전 세 번 나를 모른다 하리

예수님을 죽일 음모를 꾸밈(26:1-5; 막 14:1-2; 눅 22:1-2; 요 11:45-53)

"자, 이제 되었다!"

지금까지 예수님은 제자들에게 긴 말씀을 하셨다. 예루살렘 성전이 파괴될 것이라는 말씀부터 세상 종말에 있을 여러 징조들과 재난들, 그리고 각양 비유들(충성된 종과 불충한 종, 열 처녀, 달란트, 양과 염소)을 통해 주님의 재림과 최후 심판에 관해 천국 복음의 진리를 가르쳐주셨다.

이제 예수님은 이 모든 가르침을 마치시고 제자들에게 말씀하신다. 때는 예수님의 공생애 마지막 해(주후 30년), 마지막 달(3~4월), 마지막 주간, 곧 수난 주간의 수요일이었다. 그러니까 예수께서 십자가를 지시기 이틀 전이다.

"제자들아, 너희도 알다시피 이제 이틀만 있으면 유월절이 된다. 그날, 인자는 배반당하고 넘겨져 십자가에 달리게 될 것이다."

십자가 수난에 대한 예수님의 마지막 네 번째 예고다. 특별히 이 마지막 예고에서 예수님은 자신이 십자가를 질 것이로되, 누군가에게 배반당하여 십자가를 지게 될 것이라고 말씀하셨다. 나중에 밝혀지지만, 그 누군가는 놀랍게도 12제자 가운데 하나였다. 바로 가룟 유다가 그자였다.

한편, 유월절은 오순절(칠칠절, 맥추절) 및 초막절(장막절, 수장절)과 더불어 이스라엘의 3대 절기 가운데 하나로, 이스라엘 백성들이 이집트에서 해방된 사실을 기념하여 지키는 유대인 최대의 절기다. 유대 종교력으로 정월(1월)인 아빕 월(오늘날 태양력으로 3월 중순부터 4월 중순경) 14일 저녁에 지켰는데, 그다음 날부터 곧장 무교절로 이어져 일주일 동안 지켰다.

"아무래도 예수 그자를 더는 이대로 방치해서는 안 되겠어요. 그자에게 무슨 죄를 덮어씌워서라도 이번에 꼭 잡아 죽여야 합니다."

"맞아요! 그자를 이대로 두었다간 우리가 어떤 낭패를 겪을지 모르니, 되도록 빠른 시일내에 그자를 없애도록 합시다."

"문제는, 그자를 메시아로 알고 따르는 무리들이 너무 많다는 것이오. 그자를 잘못 건드렸다가 행여 폭동이라도 일어나면… 그거야말로 참으로 큰일이잖소."

그 무렵, 대제사장들을 비롯한 유대의 종교 지도자들은 그 해의 대제사장인 가야바의 관저에 자주 모였다. 거기서 그들은 서로 머리를 맞대고 예수를 소리 소문 없이 붙잡아 죽일 흉계를 속닥속닥 꾸미고 있었다. 마침내 그들은 예수를 반드시 잡아 죽이되, 백성들의 폭동을 염려하여 유월절 기간을 피하여 그 이전에 처리하기로 의견을 모았다. 유월절 기간에는 도처에서 몰려든 순례자들로 인해 예루살렘에는 수많은 사람들이 북적거리기에 자칫 예수 때문에 민란이 일어날 가능성이 컸기 때문이다.

예수님의 머리에 향유를 부은 여인 (26:6-13; 막 14:3-9; 요 12:1-8)

"자, 우리 베다니로 가자."

예수님은 제자들을 데리고 베다니에 살고 있는 나병 환자 시몬의 집으로 가셨다. 시몬은 전에 나병에 걸렸다가 예수님께 병 고침의 은혜를 받은 사람이었다. 그래서 그는 감사의 마음으로 예수님 일행을 초청한 것이다. 베다니는 올리브산(감람산)의 남동쪽에 자리 잡은 작은 마을로, 예루살렘 동쪽 6km 지점에 위치했다. 당시 그 마을에는 예수님과 친분이 두터운 세 남매(마르다, 마리아, 나사로)가 살고 있었다.

베다니에서 있었던 이 일은 예수께서 예루살렘에 입성하시기 하루 전, 그러니까 유월절 엿새 전에 예수님이 베다니 마을에 쉬시면서 안식일을 보내고 계실 때 있었던 일이다. 그때의 사건이 시간 순서에 구애받지 않고 유월절 이틀 전인 지금에야 기록되고 있다. 그 까닭은, 예수님의 죽음이 임박한 시점에서 그분이 당하는 십자가 수난과 죽음이 지니고 있는 구속사적인 의미를 밝히기 위해서다.

베다니 시몬의 집에서 예수님의 머리 위에 향유를 부은 여인

시몬의 집에 도착한 예수님 일행은 시몬의 환대 속에 푸짐한 음식으로 맛있게 식사하고 있었다. 그렇게 한창 식사하는 도중, 한 여인이 값진 향유 한 병을 가지고 조용히 예수께 다가오더니 머리 위에 그 향유를 쏟아부었다. 방안은 향유에서 풍겨 나오는 향기로운 냄새로 진동했다. 이때 제자들이 이런 여인의 행동을 보고는 벌컥 성을 낸다.

"저, 저런! 당신은 왜 그 비싼 향유를 이렇게 허투루 낭비하는 거요? 차라리 그걸 팔아 가난한 사람들을 돕는다면 얼마나 좋은 일이었겠소!"

제자들은 혀를 끌끌 차며 무척 안타까워했다. 여인의 행동을 아주 철없고 무모한 짓으로 여겼다. 그도 그럴 것이 그 여인이 예수님의 머리에 부은 향유는 매우 값진 것이었으므로, 경제적 관점에서 보면 그녀의 행동이 대단히 낭비적이라고 보았기 때문이다.

그렇다. 돈으로만 따진다면, 사실 그 향유를 팔면 가난한 사들에세 도움을 줄 수 있었다. 하지만 제자들 중 가장 분개한 인물은 '가룟 유다'였는데, 그가 화낸 진짜 이유는 가난한 자들에 대한 관심 때문이 아니라 개인적인 탐욕 때문이었다. 한편, 향유 한 옥합의 가치는 대략 300데나리온이었는데, 당시 1데나리온은 노동자 하루치 품삯이었다. 그러했기에 제자들은 각자 정도의 차이는 있지만 다들 그 여인의 행위에 대해 화를 냈던 것이다. 하지만 예수님은 다르셨다. 제자들의 그런 모습을 보시고, 점잖게 타이르듯 말씀하신다.

"다들 그만하여라. 왜 그 여인을 괴롭히느냐? 그 여인은 진실로 내게 좋은 일을 해주었느니라."

"네엣? 그게 무슨 말씀이신지…? 아주 귀한 향유를 낭비했는데…."

"그게 아니다! 가난한 사람들은 너희 주변에 항상 있겠지만, 나는 언제까지나 너희와 함께 있을 수 없다. 지금 그 여인이 내 몸에 향유를 부은 것은 머잖아 있을 내 장례를 미리 준비한 것이다. 그러므로 온 세상 어디에서든, 이 복음이 전파되는 곳마다 이 여인이 내게 행한 좋은 일도 함께 전해져 사람들이 그녀를 길이 기억하게 될 것이다."

제자들과는 달리, 예수님은 여인의 행동을 헛된 낭비로 본 것이 아니라 귀한 헌신으로 보았다. 예수님은 자신이 조만간 십자가에 매달려 죽을 줄 알고 있었다. 이런 상황에서, 여인의 이 헌신적인 행동은 자신의 장례를 미리 준비하는 아주 가치 있는 상징적 행위였다. 당시 죽은 자의 몸에 향유를 바르는 관습이 있었기 때문이다. 스승은 그걸 보았지만, 제자들은 그걸 보지 못했다. 여기에 신앙인의 삶의 중요한 원칙이 있다. 주님을 영예롭게 하기 위해 자신의 최선과 최고의 것을 바치는 것은 결코 헛된 낭비가 아니라 귀한 헌신이라는 점이다.

가룟 유다가 예수님을 넘겨주기로 합의함(26:14-16; 막 14:10-11; 눅 22:3-6)

그 무렵, 열두 제자 가운데 하나인 가룟 유다가 마음에 어떤 결심을 단단히 굳히고 대제사장들에게로 찾아갔다. 그리곤 진지하고도 심각하게 묻는다.

"저는 예수님의 제자들 가운데 하나인 '가룟 유다'란 사람입니다. 제가 여러분에게 예수님을 넘겨준다면, 내게 얼마를 주시렵니까?"

"그 말이 정말이오? 잘 생각하셨소. 당신이 그렇게만 해준다면야 은화 30냥을 이 자리에서 당장 주겠소."

"좋습니다! 그렇게 합시다."

대제사장들은 입이 귀에 걸리도록 함박웃음을 지으며 은화 30개를 세어 가룟 유다에게 얼른 건네주었다. 은화 30개는 당시 장정 노예 한 사람의 몸값에 해당하는 액수다. 예수님은 그렇게 한낱 종의 몸값으로 제자에 의해 팔리셨다. 대제사장들에게서 은화 30개를 받은 가룟 유다, 이때부터 그는 대제사장들의 첩자가 되어 예수님을 넘겨줄 기회를 엿보기 시작했다. 예수님 주변에는 항상 많고 적은 무리들로 넘쳐났기에, 사람들이 없는 한적한 때를 호시탐탐 노린 것이다.

여기서 궁금한 게 있다. 도대체 무엇이 가룟 유다로 하여금 3년 동안 열심히 따라다닌 스승 예수를 배반하게 만들었을까? 예수를 배반하는 대가로 그가 은(銀) 30개를 받은 것으로 볼 때, 돈에 대한 탐욕이 배반의 한 요인이 되었을 수 있다. 하지만 나중에 정말로 예수님이 십자가에 매달려 죽자, 받은 돈을 내던지고 자살한 것으로 볼 때 그것이 가장 큰 이유는 아니다. 그래서 이렇게 추측해 볼 수 있다.

① 향유를 부은 여인의 사건에서 자신의 장례식에 대하여 진지하게 말씀하시는 예수님의 말을 듣고, 마침내 가룟 유다가 실망하고 스승에 대한 메시아 환상을 접었기 때문일 수 있다.

② 아무리 기다려도 예수님이 많은 사람들이 기대하고 있는 메시아 왕국 세우기를 계속 주저하고 있다고 판단한 가룟 유다가, 스스로 어떤 계기를 만들어 스승을 분발시키려 했기 때문일 수 있다.

이유야 무엇이든, 가룟 유다의 배반에는 사탄의 마수가 뻗쳐 있었음이 틀림없다. 사탄이 가룟 유다의 사악한 욕망, 개인적인 야망, 재물에 대한 탐심 등을 이용하여 음흉한 계교로 그를 배후에서 조종했던 것이다.

유월절의 최후 만찬(26:17-30; 막 14:12-26; 눅 22:7-23; 요 13:21-30)

무교절 첫째 날, 그러니까 유월절 어린양을 잡는 아빕(니산) 월 14일 해질 무렵, 베다니 마을에서 제자들이 예수께 나아와 묻는다.

"스승님께서 드실 유월절 음식을 저희가 어디에 차리면 좋겠습니까?"

"벌써 그리되었구나. 그렇다면 너희는 예루살렘 성읍 안으로 들어가 아무나 찾아가서 이렇게 말하여라."

"네? 아무에게나 찾아가라고요? 그러면… 그 사람에게 무슨 말을 해야 합니까?"

"우리 스승님께서 이르시기를 '내 때가 이르렀으니, 내가 제자들과 함께 댁에서 유월절을 지키겠노라.' 하셨다고, 그 사람에게 말하여라."

유월절 최후의 만찬 (필립 드 상파뉴 작)

제자들은 다소 의아해했지만, 지금껏 스승님의 놀라운 권능을 많이 체험했기에 지시대로 따랐다. 그래서 제자들은 모세 율법에 규정된 대로 어린양을 취하여 유월절 희생 음식을 만들고, 예루살렘 성읍 안에서 사람을 만나 유월절 만찬 장소를 물색하고, 스승님과 자신들을 위해 적절한 식탁을 마련했다. 예수께서 일러주신 대로 유월절 만찬을 준비했던 것이다.

이때까지만 해도 제자들은 그 유월절 만찬이 예수님과 더불어 음식을 먹는 지상에서의 마지막 식사일 줄은 전혀 몰랐다. 앞서 예수님은 수차례에 걸쳐 자신의 십자가 수난에 관해 이야기했지만, 제자들은 아직껏 그 실제성과 심각성을 모르고 있었다. 유월절 첫날 저녁, 그러니까 예수님의 공생애 마지막 해(주후 30년) 아빕 월(유대 종교력으로는 1월, 오늘날 태양력으론 3월 중순~4월 중순경)의 14일 저녁, 예수님은 유월절 만찬을 먹기 위해 12제자와 함께 식탁에 앉으셨다.

유월절을 맞아 모처럼 고기가 있는 식탁에서 제자들이 즐겁게 웃으며 한창 식사하고 있을 때였다. 예수님이 자세를 고쳐 앉으며 진지하게 말씀하신다.

"제자들아, 내가 진정으로 너희에게 말한다."

사뭇 진지한 어조에, 제자들이 음식을 먹다 말고 모두 예수님을 바라본다. 그런 제자들을 향해 예수님이 무겁게 입을 여신다.

"때가 이르면, 너희 가운데 한 사람이 나를 배신할 것이다."

웃음기 넘치는 즐거운 만찬 분위기는 순식간에 사라지고, 제자들은 저마다 몹시 걱정스러운 얼굴로 예수님께 묻는다.

"주님, 제가 그 사람입니까? 설마… 저는 아니지요?"

"주님을 배반하다니요? 전 절대로 그럴 일 없습니다. 믿어주십시오!"

제자들은 자신이 그 당사자가 아님을 확언하면서, 예수님께 확인받기를 원했다. 그러자 예수께서 쓴 미소를 지으며 담담하게 대답하신다.

"지금 나와 함께 그릇에 손을 담그고 있는 그자가 나를 넘겨줄 것이다. 나는 오래전부터 예언된 대로 죽어야 하겠지만, 나를 배신한 그 사람은 화를 입을 것이다. 아, 그자는 차라리 태어나지 않았더라면…, 그랬더라면 더 좋았을 것을…."

자기 욕망과 탐욕에 눈멀어 사악한 배신의 길을 걷고 있는 가룟 유다, 예수님은 그런 제자의 영혼을 진실로 불쌍히 여기는 마음으로 말씀하셨다. 지금이라도 가룟 유다가 자신의 잘못된 선택을 깨닫고 돌이키기를 바라는 안타까운 심정이 짙게 묻어 있었다. 그러나 가룟 유다는 끝까지 돌이키지 않았다. 예수님의 말을 듣고, 스승을 배반할 자인 가룟 유다가 뻔뻔스럽게 되묻는다.

"랍비여, 설마… 그 배신자가 저는 아니지요?"

가룟 유다는 예수님을 '랍비'라고 부른다. '선생'이란 뜻이다. 그러니까 그는 예수님을 선생 정도로만 이해했을 뿐, 자신의 구주로 받아들이지 않았다. 가룟 유다의 물음에 예수께서 대답하신다.

"가룟 유다야, 네가 네 입으로 스스로 말하였다."

이때 다른 제자들은 예수님과 가룟 유다의 대화가 정확히 무얼 의미하는지 몰랐다. 한참 음식을 잘 먹다가 갑자기 일이 어떻게 돌아가는지 몰라 그저 어리둥절한 표정들을 지을 뿐이다.

"자, 자, 이제 다들 음식을 다시 먹도록 하자."

예수님이 묘한 분위기를 진정시키면서 다시 음식을 들기 시작하셨다. 그러자 제자들도 다시 웃음기를 띠며 먹던 음식을 마저 먹기 시작했다. 그렇게 식사하던 중, 예수께서 빵 하나를 들어 하나님께 감사기도를 드리신 후에 제자들에게 그 유월절 빵(무교병)을 조금씩 떼어 일일이 나눠주시며 말씀하신다.

"자, 이걸 받아먹어라. 이 빵은 내 몸이니라."

제자들은 예수님의 말씀이 무슨 뜻인지 분명히 알지 못했다. 하지만 엄숙한 분위기에 눌려 더는 묻지 않고 각자 떼어주신 빵을 받아먹었다. 그러자 이번에는 예수께서 잔을 들어 하나님께 감사기도를 드리신 후에 제자들에게 그 잔을 건네주시며 말씀하신다.

"너희는 모두 이 잔을 받아 마셔라. 이것은 새 언약을 표시하는 나의 피다. 곧 많은 사람의 죄를 용서하기 위하여 흘리는 나의 피니라."

제자들은 의아해했지만, 예수님이 말씀하신 대로 건네받은 잔을 돌려가면서 조금씩 포도주를 마셨다. 그러자 예수께서 이어 말씀하신다.

"너희는 내 말을 잘 기억하여라. 이제부터 나는 내 아버지의 나라에서 너희와 함께 새 포도주를 마실 그날까지 결코 포도주를 마시지 않을 것이다."

이 말은, 예수께서 이 세상에서의 생활을 최종 마무리 짓는 마지막 식탁을 가졌음을 의미한다. 곧 최후 만찬을 드셨음을 뜻한다. 그렇다면 최후 만찬에서 예수님이 제자들에게 말씀하신 몸과 피는 무얼 뜻하는 걸까?

오랜 세월 동안, 유월절 빵 곧 무교병은 이스라엘 백성들에게 이집트

종살이에서의 다급한 탈출을 연상시켰다. 하지만 이제 예수님은 자신을 따르는 자들에게 그 빵이 죄인들을 위해 십자가에서 희생한 자신의 몸이라는 사실을 가르치셨다. 이런 의미에서, 포도주 잔은 죄인의 구원을 위해 예수님 자신이 십자가에서 흘린 언약의 피란 사실을 가르쳤다.

'언약의 피'는 새 언약을 위해 예수님이 흘리신 피를 말한다. '새 언약'은 '옛 언약'과 상대되는 말로, 옛 언약은 시내산에서 체결된 '모세 언약'을 가리킨다. 이스라엘은 옛 언약을 지키는 데 실패했다. 하지만 오늘날 믿는 자들은 새 언약 아래에 살고 있다. 새 언약은 예수님의 십자가 죽음으로 인해 체결된 '십자가 언약'을 가리킨다. 그래서 새 언약은 옛 언약과는 다르다. 새 언약 아래에서 하나님은 우리 죄를 용서해 주셨고, 하나님의 말씀을 돌판이 아닌 우리의 마음속에 새겨 놓으셨다. 옛 언약은 우리에게 의로움을 보여주었지만, 새 언약은 우리 안에 의로움을 만들어주었다. 따라서 오늘날 믿는 자들은 예수님의 십자가 대속(代贖)으로 인해 의로운 백성 곧 '성도'가 되었다.

"자, 이젠 모두 일어서라. 올리브산으로 올라가자."

유월절 만찬 후에 예수님과 제자들은 찬송을 부르며 올리브산으로 올라갔다. 그 산은 예루살렘 동편에 위치한 해발 814m가량의 산으로, 예루살렘 시내 전체를 조망할 수 있었다. 최후 만찬을 가진 예루살렘 성읍에서 이 산까지의 거리는 불과 2-3km 정도, 그러니까 얼마든지 걸어서 갈 수 있는 가까운 거리였다.

베드로의 부인을 예고하심 (26:31-35; 막 14:27-31; 눅 22:31-34; 요 13:36-38)

"주님! 방금 저녁을 많이 먹어서 그런지, 산으로 올라가는 게 무척 힘든데요."

올리브산으로 올라가면서 제자들은 가쁜 숨을 몰아쉬었다. 스승과 함께 하는 생활은 걷는 일이 다반사였다. 그래서 걷는 일에는 이력이

났지만, 식사 후에 곧장 산행을 해서 그런지 낮은 산이었지만 숨이 찼다. 또 만찬 도중에 보여준 스승님의 아리송한 언행으로 머리가 복잡했기에 속도감이 붙지 않았다. 그런데 이때 예수님은 또 다른 폭탄선언을 하신다.

"오늘 밤 너희가 모두 나를 버릴 것이다. 성경에 그렇게 예언되어 있느니라."

그 당시, 제자들은 그 말씀이 성경 어디에 있는 줄을 몰랐다. 스승님이 떠나시고 난 후에야 스가랴 선지자의 예언이라는 것을 알았다. 그때 스승님의 마음을 조금이라도 더 알아 드렸어야 했는데…. 이후 제자들은 그 생각만 하면 가슴이 아프다. 스승께서 인용하신 말씀은 이것이다.

> "내가 칼을 들어 목자를 치리니, 그의 양 떼가 뿔뿔이 흩어지리라"(슥 13:7).

그러니까 예수님 때로부터 무려 500년 이전, 이스라엘 백성들의 바빌로니아 포로시대 이후에 활동한 스가랴 선지자의 예언이다(주전 520년경).

"이 예언대로 나는 붙잡혀 십자가에 못박혀 죽을 것이다. 그러나 내가 다시 살아난 뒤에는 너희보다 먼저 갈릴리로 갈 것이다."

그러자 예수님 뒤를 바싹 뒤따르던 베드로가 앞으로 쑥 나서서 자신 있게 말한다. 그 음성에는 결연함이 배여 있다.

"주님, 감히 누가 칼을 들어 주님을 칠 것인지는 모르겠지만, 모든 사람이 주님을 버린다 해도 저는 결단코 주님을 버리지 않겠습니다!"

베드로가 결연한 자세로 굳게 다짐하며 말했다. 그러나… 그런 베드로를 향해 예수님은 모든 걸 다 알고 계신다는 듯, 담담하게 말씀하신다.

"베드로야, 오늘 밤 닭이 울기 전에 네가 세 번이나 나를 모른다고 부인할 것이다."

예수님의 이 예언은 조금 후에 그대로 성취되었다. 예수님이 체포된 이후 베드로는, 예수님이 심문받던 대제사장 가야바의 집 바깥뜰에서 자신도 한패로 몰려 체포될까 봐 두려워서 세 번이나 예수님을 모른다고 부인했다. 나중에는 저주까지 하면서 부인했다. 한편, 팔레스타인에서 닭은 대개 한밤중(자정)을 지나 새벽녘의 동트기 전인 오전 2~3시경에 울었다. 하지만 이때 예수님의 말씀을 들은 베드로는 펄쩍 뛴다. 자신을 그리도 못 믿으시겠느냐는 듯 매우 답답해하며 거듭 장담한다.

"주님, 그럴 리가 없습니다! 절대 아닙니다! 저는 주님과 함께 붙잡혀 죽는 한이 있더라도, 결코 주님을 모른다고 부인하지 않을 것입니다. 절 믿어주십시오!"

베드로가 이렇게 장담하자, 다른 제자들도 서로 앞다투어 모두가 다짐하고 장담했다.

"주님, 저도 마찬가지입니다! 무슨 일이 있더라도 끝까지 주님을 뒤따를 것입니다!"

"저도 주님을 버리는 일은 결코 없을 것입니다!"

마치 충성 경쟁을 하는 것처럼 보였다. 스승은 그런 제자들을 그윽이 바라보았다. 그 눈동자에 뭔가 모를 외로움이 언뜻 비쳤다.

겟세마네 동산의 기도(26:36-46; 막 14:32-42; 눅 22:39-46)

"이제 다 왔구나. 자, 여기다."

마침내 예수님은 제자들을 데리고 예루살렘 성읍 동쪽의 기드론 골짜기를 건너, 올리브산 서쪽 기슭에 있는 겟세마네 동산에 도착하셨다. 거기서 예수님은 제자들에게 이르신다. 배신자 가룟 유다는 슬그머니 사라지고, 열한 제자들만 있었다.

"나는 저만큼 따로 가서 기도하고 돌아올 테니, 너희는 여기서 나를 기다리고 있어라."

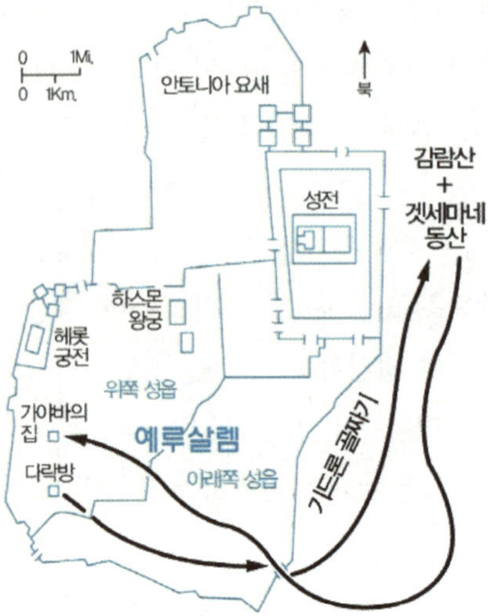

유월절 최후의 만찬과 겟세마네 동산

그런 뒤, 예수님은 제자들 중 베드로와 야고보와 요한을 따로 데리고 저만큼 나아가셨다. 이들 세 명은 제자 그룹에서 가장 일찍 부르심을 받았고, 여러 모양에서 지휘 그룹이다. 여덟 제자들을 한 곳에 따로 둔 채, 세 제자만 데리고 얼마큼 더 걸어가신 예수님은 근심과 번민에 싸인 얼굴로 말씀하신다.

"아, 내 마음이 참으로 괴로워 죽을 지경이로구나. 그러니 너희 셋은 여기 남아 내가 기도할 동안 줄곧 깨어 있어라."

"네, 주님! 아무 걱정 마시고 얼마든지 기도하십시오. 우리가 줄곧 깨어 주님과 함께하겠습니다."

"그래, 고맙구나. 그럼, 나는 따로 기도하러 저쪽으로 가마."

그런 뒤, 예수님은 홀로 좀 더 나아가 마땅한 데 자리를 잡고는, 얼굴을 땅에 대고 온 마음과 정성을 다해 하늘 아버지께 기도하신다.

"오, 아버지여! 아버지여! 만일 하실 수만 있으시다면, 제 앞에 놓인 이 십자가의 잔을 제게서 거두어 주옵소서. 그러나 아버지여, 제 뜻대로 마시고 오직 아버지의 뜻대로 하옵소서. 오, 아버지, 나의 아버지여!"

이때 예수님은 자신의 사명 감당하기를 꺼린 것이 아니다. 예수님은 근본 하나님이지만, 또한 온전한 사람이기도 했다. 그래서 이 순간은 연약한 사람으로서의 면모가 드러난 것이다. 예수님은 인류의 구원자로서 죄인을 구원하시려는 목적으로 이 땅에 기꺼이 내려오셨고, 한순간도 그 사명을 잊거나 소홀히 한 적이 없었다. 다만 이제 눈앞에 닥쳐온 십자가 수난 앞에서, 예수님은 특별한 도움을 위해 아버지 하나님께 자신의 처지를 호소한 것이다.

겟세마네 동산의 피땀 어린 기도

예수님은 땀 흘리며 열심히 기도하셨다. 이마의 땀방울이 마치 핏방울처럼 보일 정도였다. 그야말로 혼신의 힘을 다하는 전력투구! 얼마나 기도하셨을까? 한참 후, 기도 자리에서 일어난 예수님은 세 제자가 있는 곳으로 돌아오셨다.

아, 그런데…. 줄곧 깨어 자신과 함께 기도하겠다던 제자들은 쿨쿨 자고 있었다. 뭐가 그리도 피곤했는지, 드르렁드르렁 코까지 골면서 깊은 잠에 빠져 있었다. 앞서 세 제자는 변화산에서 변모된 스승의 영광스런 광채를 목격했었다. 이젠 이곳 올리브산에서 그 스승님의 고민과 슬픔을 목격하게 될 터였다. 그래서 그들은 예수님의 영광의 증인이요, 고난의 증인이 되어야 했다. 그러나 그들은 그걸 망각했다. 알았다면, 그 고귀한 역사의 현장에서 어찌 잠잘 수 있었으랴. 잠에 푹 빠져든 제자들의 모습에 섭섭함을 느끼신 예수님, 제자들을 흔들어 깨우신 후 가볍게 책망하시듯 베드로에게 말씀하신다.

"너희가 어찌 단 한 시간도 나와 함께 깨어 있을 수 없단 말이냐. 깨어 있어라. 깨어서, 시험에 빠지지 않도록 정신 차려 기도하여라. 너희가 마음으론 원하면서도, 인간인지라 참으로 육신이 약하구나."

극한 수치와 고통을 동반하는 십자가 죽음, 그 죽음을 앞에 놓고 있는 외로움 속에서 예수님은 함께 기도할 친구가 필요했다. 또 예수님이 예고하셨듯이, 이제 곧 제자들에게 닥쳐올 유혹과 시험을 생각한다면, 제자들은 깨어 기도함으로써 두렵고 거친 도전에 맞서 싸울 마음의 준비를 단단히 갖추어야 했다.

"주님! 정말로 미안합니다. 우리가 잠시 깜빡 졸았습니다. 이제부턴 정신 바짝 차리고 깨어 기도하겠습니다."

베드로와 두 제자(야고보, 요한)는 머쓱한 표정을 지으며 잠에서 아직 덜 깬 목소리로 다시금 장담한다. 그런 장담에, 예수님은 알듯 모를 듯한 표정을 지으며 세 제자를 떠나 아까 장소로 나가서 다시금 간절히 기도하신다.

"오, 나의 아버지여! 내 앞에 지금 십자가 잔이 놓여 있습니다. 이 십자가의 잔을 내가 마시지 않은 채로 지나칠 수 없는 것이라면, 오직 아버지의 뜻대로 하옵소서."

예수께서 마시기를 피하고자 했던 잔은 십자가의 고통이 아니다. 십자가 위에서 겪을 하나님 외면이다. 성자 예수님은 창세 전부터 하나님의 인정을 받으며 친밀한 교제를 누렸다. 그런데 이제 죄인 된 인류를 위해 십자가 위에서 온갖 죄의 오물을 뒤집어쓰려 한다. 모욕, 고통, 외로움…. 그런 것들은 세상에 들어올 때 이미 각오한 바다.

다만 십자가에 달렸을 때, 비록 인간의 죄를 온통 뒤집어썼지만 "너는 사랑하는 나의 아들이다."하고 늘 그러셨듯이 사랑의 눈으로 바라보아 주시길 원했다. 고통의 면제를 요청하는 것이 아니라, 하나님의 사랑의 눈길 속에 있는 것, 오직 그것만을 원했다.

하지만 성부 하나님에게서는 아무런 대답이 없다. 밤새도록 기도하고 또 기도해도 여전히 침묵하신다. 사방은 고요하다. 풀벌레 소리조차 이젠 들리지 않는다. 겟세마네 동산의 모든 것들이 애절한 핏빛을 띤 예수님의 기도에 귀 기울이고 있었다. 밤은 그렇게 깊어가고 있었다.

정녕 십자가를 지지 않는 길은 없는 것일까? 예수님이 십자가를 지는 것 외에, 하나님은 혹 우리의 구원을 위해 다른 길을 마련해놓지 않으셨을까?

성경은 초지일관 가르친다. 죄인의 죄 사함을 위해서는 희생의 피가 반드시 요구된다고! 그래서 구약시대에는 희생 짐승의 피로 죄 사함을 받았다. 하지만 그것은 일회적이고 예표적인 것이었다. 단 한 번에, 죄인 모두를 위한 영원하고 온전한 희생 제물은 하나님의 아들이신 메시아(그리스도) 예수 외에는 없었다. 그래서 모든 죄인의 구원을 위해서는 반드시 예수님이 십자가를 져야만 했다.

'음…. 자고 있구나.'

기도하시다가 예수께서 다시 제자들에게 돌아오셨을 때, 그들은 아까처럼 자고 있었다. 피곤이 몰려왔는지, 제자들은 잠을 떨쳐버릴 수 없었다. 스승이 다가왔는지도 모른 채 곤히 잠자고 있는 제자들을 보시고서, 예수님은 그들을 그대로 둔 채 세 번째로 다시 자신의 기도 장소로 나아가 또다시 땀 흘려 기도하셨다.

얼마나 시간이 흘렀을까. 예수님은 기도를 멈추었다. 하늘 아버지의 뜻은 이미 정해졌다. 독생자를 세상에 보내실 때 하늘 아버지는 각오하셨다. 그것은 아들을 십자가 수난의 현장에서 외면하는 일이다. 사랑하는 아들로 보는 것이 아니라, 인류의 모든 죄를 뒤집어쓴 죄투성이로 보는 것이다. 태초 이전, 곧 영원 전부터 한결같이 아들을 사랑하는 아버지와 그 아버지를 사랑하는 아들의 관계, 그 지고지순한 관계가 죄의 심판자와 죄인 신분으로 바뀐다니, 그것은 모두에게 상처였고 희생이었다. 성부와 성자는 인류 구원을 위해 그런 상처와 희생을 감수하고 있다. 그것은 인간에 대한 지극한 사랑 때문이다.

예수님은 아버지의 마음을 알았다. 알면서도 그렇게 기도할 수밖에 없었다. 그만큼 십자가 위에서의 아버지의 외면은 견디기 힘든 처절한 외로움이었다. 마침내 모든 기도를 마치신 예수님은 지친 몸을 이끌고 제자들에게로 와서 그들을 깨운다.

"너희가 아직도 자고 있느냐? 그렇게도 피곤하더란 말이냐? 자, 하지만 때가 왔다! 이제 인자는 악한 자들의 손에 넘겨지게 될 것이다. 모두 일어나 가자. 보라! 나를 넘겨줄 자가 이미 가까이에 와 있느니라."

스승을 팔아넘긴 배반자 가룟 유다가 군사들을 인도하여 예수님 일행이 있는 겟세마네 동산에 이르렀다는 말이다. 3년 동안 예수님의 제자였던 가룟 유다는 올리브산에서 예수님 일행이 자주 찾던 장소를 익히 알고 있었다. 세 번에 걸친 간절한 기도 후에 예수님은 십자가 잔을 받아들일 마음의 준비를 마치셨다. 그래서 의연하고 단호하게 십자가의 길로 나아가셨다. 겟세마네 동산에 아연 긴장감이 흘렀다.

예수께서 붙잡히심 (26:47-56; 막 14:43-50; 눅 22:47-53; 요 18:3-12)

가까운 곳에서 많은 사람들의 거친 발자국 소리와 웅성거림이 들렸다. 예수님의 말씀이 채 끝나기도 전에, 12제자 가운데 하나인 가룟 유다가 대제사장들과 유대 지도자들이 보낸 많은 군사들을 이끌고 예수님 일행이 있는 데로 나아왔다. 군사들은 모두 칼과 몽둥이를 들고 있었다.

"잘 지켜보시오. 내가 그 뺨에 입 맞추는 사람이 바로 예수요. 그러니 그 사람을 체포하면 됩니다."

예수님 일행이 있는 데로 나아오기 전에, 가룟 유다는 군사들에게 이렇게 미리 말해 두었었다. 가룟 유다는 예수님 일행을 만나자 곧바로 예수께로 다가가서 그 뺨에 입을 맞추었다.

"선생님, 안녕하십니까?"

가룟 유다는 예수님을 다정하게 껴안고 뺨에 입을 맞추었다. 가증스러운 인사였다. 그것은 인사가 아니라, 바로 이 사람을 잡으라는 신호였다.

그때 예수께서 담담한 어조로 가룟 유다에게 말씀하신다.

“친구여, 네가 무얼 하려고 왔느냐? 어서 네가 할 일을 하여라.”

친구여…. 가룟 유다는 그 말을 듣는 순간 가슴이 움찔했다. 그는 스승을 파는 배신자였다. 스승도 이미 그 사실을 알고 있었다. 그럼에도 지금 이 순간에 자신을 친구라고 부른다. 순간 뭔가 잘못되고 있음을 느꼈다. 그러나 대세는 결정되었다. 대제사장의 진두지휘로 모든 일은 계획대로 진행되고 있었다. 가룟 유다도 더는 대세를 거스를 수 없었다. 그렇게 생각하는 사이에 군사들이 우르르 달려들어 예수를 붙잡았다.

그때 누군가 성큼 나서더니 그 앞을 막았다. 사방은 어두웠지만 가룟 유다는 동작만으로도 그가 누군지 알았다. 베드로였다. 그는 늘 그런 사람이었다. 베드로는 얼른 칼집에서 칼을 빼어 대제사장의 종의 귀를 세게 내리쳤다. 스승으로부터 여러 번에 걸쳐서 변절하리라는 경고를 들은 그로서는 자신의 충성심을 드러내 보일 때라 생각했다.

그 종의 이름은 말고. 비명 소리와 함께 말고의 귀가 싹둑 잘려져 땅바닥에 떨어졌고, 귀가 잘린 자리에서는 피가 줄줄 흘러내렸다. 그러자 말고는 두 손으로 귀를 부여잡고 비명을 지르며 고통스러워했다. 이에 예수님은 떨어진 귀를 집어 말고의 귀에 도로 붙여주시며 베드로에게 꾸짖으신다.

“베드로야, 네 칼을 칼집에 도로 꽂으라! 칼을 쓰는 사람은 칼로 망하는 법이다. 너는 내가 내 아버지께 요청하기만 하면, 아버지께서는 당장이라도 열두 군단도 넘는 천사들을 내게로 보낸다는 사실을 알지 못하느냐. 그러나 내가 그렇게 한다면, 이런 일이 일어나리라고 예언한 성경 말씀이 어떻게 이루어지겠느냐!”

‘열두 군단도 넘는 천사들’이란 예수님의 표현에 주목하라. 이는 하늘나라에는 천사들로 구성된 군대 조직이 있음을 보여준다. 성경은 그런 군대의 천사장들 중 하나가 ‘미가엘’이라고 말한다.

한편, 예수님 당시에 로마의 한 개 군단(軍團) 규모는 군사들이 6,100명, 말이 726필 정도였다. 따라서 예수님이 성부 하나님께 요청하여 12군단도 넘는 천사들을 출동시킨다면, 불과 몇백에 불과한 체포자들을 무찌르는 건 일도 아니었다. 하지만 그리한다면, 예수님의 구속(救贖) 사역은 실패하게 된다. 요점은 이것이다. 예수님은 힘이 없어 체포되신 것이 아니라, 인류 구원을 위한 십자가 사명을 완수하기 위해 스스로 붙잡히신 것이다. 베드로를 가볍게 꾸짖으신 후, 예수님은 자신을 붙잡은 군사들을 향해 말씀하신다.

"이보시오, 내가 위험한 강도라도 된단 말이오? 어찌하여 칼과 몽둥이를 들고 내게로 왔소. 내가 날마다 성전에서 당신들을 가르칠 때는 나를 그냥 내버려 두지 않았소? 하지만 일이 이렇게 된 것은, 성경에 기록된 선지자들의 말씀을 이루려는 것이오."

이사야, 스가랴를 비롯한 구약시대의 많은 선지자들은 장차 이 땅에 오실 메시아는 불법을 자행하는 악한 무리에게 붙잡혀 심한 고초를 겪게 될 것이라고 예언하였다.

> "칼아, 일어나 내 목자를 쳐라! 칼이 그 목자를 쳐서 죽이면, 그의 양 떼는 뿔뿔이 흩어지리라!"(슥 13:7).

과연 악한 불법의 무리들은 칼과 몽둥이를 휘둘러 목자 되신 예수님을 붙잡았고, 그렇게 체포되는 사이에 예수님을 따르던 제자들은 각기 다른 방향으로 모두가 뿔뿔이 달아나 버렸다. 혼자 남은 예수님은 고독과 외로움 속에서 체포자들의 손에 끌려가고 있었다.

예수께서 공회 앞에 서심(26:57-68; 막 14:53-65; 눅 22:63-71; 요 18:19-24)

군사들은 예수를 끌고 대제사장 가야바의 집으로 갔다. 가야바, 그는 당시 대제사장이요 산헤드린(공회) 의장으로서 실질적인 유대의 통치자였다. 가야바 대제사장의 배후에는 안나스 대제사장이 있다(그래서 체포되신 예수님은 가장 먼저 안나스에게로 보내졌다가 가야바에게로 온 것이다). 안나스는 전직 대제사장이자 명예 대제사장으로 가야바의 장인이다. 주후 6년, 수리아 총독 구레뇨(퀴리니우스)에 의해 대제사장으로 임명되었다가, 주후 16년에 유대 총독에 의해 보직 해임되었다.

원래 유대 대제사장은 아론의 자손들에게로 계승되면서 종신직이었지만, 로마의 지배하에서는 일반 관직처럼 정치적인 배려에 의해 임명도 되고 해임도 되며, 심지어는 매관매직하기도 하였다. 당시 안나스는 전직으로 있으면서도 여전히 막후 실력자로 가야바를 조종하고 있었다. 때에 가야바는 예수를 재판하기 위해 미리 공회를 소집해놓은 상태였다. 그래서 가야바의 집에는 서기관들(율법 교사들), 사두개인들, 유대 지도자들이 모여 있었다. 평소에는 서로 미워하는 앙숙들이었지만, 이런 일에는 찰떡궁합이 되었다.

재판은 산헤드린의 공식적 회집 장소에서가 아닌, 가야바의 거처에서 이루어졌다. 야간에는 산헤드린의 공식적 회집이 금지되었으며 어떤 심문이나 재판도 불가능했었다. 그러니 이건 불법 모임이었다.

당시 공회(公會)는 유대인들의 최고 의결 기구였다. '모임'을 뜻하는 헬라어 '쉬네드리온'의 히브리어 '산헤드린(Sanhedrin)'을 가리키는 말로, 모두 71명의 공회원으로 구성되었다. 공회 구성원들은 주로 바리새인들과 사두개인들이었다. 주전 3세기 말엽에 구성되어 예루살렘 함락 때(주후 70년)까지 지속되었다.

'아, 주님이 붙잡히시다니…. 하지만 우리 주님은 아무런 죄가 없으신데, 설마… 죽이기야 할까?'

겟세마네 동산에서는 무서워서 일단 도망쳤지만, 죽을지라도 끝까지 함께하겠다고 장담했던 터라 양심이 크게 찔린 베드로, 그는 멀찍이서 예수님을 주춤주춤 뒤따라갔다. 그렇게 따라가다 보니, 대제사장 가야바의 집 안뜰에까지 들어가게 됐다. 베드로는 최대한 자신을 드러내지 않은 채, 가야바 집안의 여러 하인들 사이에 끼여 앉아, 사태의 진행을 유심히 지켜보고 있었다. 가슴이 조마조마했고 손발이 후들거렸다.

대제사장들과 모든 공회 의원들은 예수를 사형에 처하려고 혈안이 되어 증거를 찾고 있었다. 제대로 된 증거가 없자, 거짓 증거라도 적극적으로 전부 수용했다. 그래서 많은 사람들이 중구난방으로 이런저런 거짓 증언을 해댔지만, 예수님을 사형에 처할 만한 이렇다 할 증거를 도무지 찾을 수 없었다.

"누가 또 예수에 대해 고발할 사람이 없소? 무엇이든 좋소. 듣고 본 대로 뭐든지 증언할 사람 누구 없소?"

대제사장들과 공회 의원들은 초초한 듯 무리를 다그쳤다. 그때였다. 두 사람이 앞으로 나서서 공회 회원들 앞에서 거들먹거리며 말한다.

"아, 맞습니다! 이 사람 예수가 하나님의 성전을 헐었다가 사흘 만에 다시 세울 수 있다고 말했습니다. 우리가 똑똑히 들었습니다."

"그게 정말이오? 예수가 그렇게 말하는 것을 분명히 들었소?"

대제사장은 '옳다구나!' 싶었는지, 그 두 사람에게 다시 확인하고는 자리에서 벌떡 일어나 예수를 향해 묻는다.

"그대가 정말 그런 말을 하였소?"

대제사장의 물음에 예수님은 묵묵부답, 아무런 답변을 하지 않으셨다. 그러자 대제사장이 다그친다.

"그대는 대답하시오! 이 사람들이 그대에 대해 불리한 증언을 하는데도, 왜 아무런 답변을 하지 않는 것이오? 그대가 그런 말을 한 게 사실이오?"

그래도 예수님은 여전히 침묵하셨다. 왜 그러셨을까? 재판은 처음부터 아주 편파적이고 적대적이었다. 공정한 심문을 전혀 기대할 수 없었다. 이런 상황에서, 예수님은 거짓 고소에 대해 일일이 답변할 가치를 느끼지 못했다. 하지만 대제사장이 맹세로써 답변할 것을 촉구했을 때, 예수님은 사실대로 답변하셨다. 이제 공회 의장인 대제사장이 다시 예수께 묻는다.

"살아계신 하나님의 이름으로 그대에게 엄중히 묻노라. 그대가 정녕 하나님의 아들 '그리스도'인가?"

그제야 예수님은 대제사장을 바라보며 분명히 대답하신다.

"당신이 스스로 말하였소. 내가 분명히 말해 두겠소. 장차 당신들은 인자가 전능하신 하나님의 오른편에 앉아 있는 것과 하늘 구름을 타고 이 땅에 임하는 것을 보게 될 것이오."

"뭐, 뭐라고? 아니, 이 자가 감히!"

예수님의 답변을 듣고, 대제사장 가야바는 크게 성을 낸 채 자기 옷을 찢으며 공회에 모인 모든 사람에게 큰 소리로 말한다.

"보시오, 이 자가 하나님을 모독하였소! 이제 무슨 증거가 더 필요하겠소. 여러분 모두 이 자가 방금 말하는 것을 분명히 듣지 않았소? 자, 여러분의 생각은 어떠하오? 하나님을 모독한 이 자를 어찌하면 좋겠소?"

그러자 그 자리에 모인 사람들이 이구동성으로 일제히 아우성친다. 재판은 각본대로 굴러가고 있었다.

"사형이오! 그자를 사형에 처해야 합니다!"

모세 율법은, 신성 모독죄는 사형에 해당한다고 규정하고 있다. 방금 예수님은, 맹세로 자신은 하나님의 아들이며, 장차 하나님의 우편 보좌에 앉을 자라고 말했다. 그러자 공회는 예수님을 신성 모독자로 유죄 판결한 후 사형을 언도했다. 그렇지만 사실 예수님은 자신의 정체성을 분명히 밝혔을 뿐이다. 정작 신성 모독죄를 범한 자들은 예수님을 '메시아(그리스도)'로 알아보지 못한 공회원들과 무리들이었다.

"에잇! 이 신성모독자야! 네가 뭐? 하나님의 아들? 장차 하나님의 오른편에 앉아? 이게 어디서 그런 말을 함부로!"

사람들은 저마다 길길이 뛰면서 예수님의 얼굴에 침을 뱉고, 주먹으로 때리고, 손바닥으로 뺨을 때렸다.

베드로의 부인(26:69-75; 막 14:66-72; 눅 22:56-62; 요 18:15-18, 25-27)

예수님이 대제사장 가야바 앞에서 심문을 받고 있는 동안, 베드로는 대제사장의 집 안뜰의 바깥쪽쯤에 여러 하인들 틈에 섞여 숨죽이며 앉아 있었다. 그때였다. 아까부터 베드로를 힐끔힐끔 쳐다보던 대제사장 집안의 어린 여종 하나가 마침내 베드로에게 가까이 다가와 묻는다.

"당신도 저 갈릴리 사람 예수와 함께 다니지 않았던가요? 아무래도 얼굴이 익은데요."

여종의 말에 베드로는 간이 뚝 떨어질 정도로 놀랐다. 갑자기 얼굴이 벌게졌다. 하지만 이내 표정을 가다듬은 채 큰소리로 부인한다.

"아니, 얘야! 도대체 네가 무슨 소리를 하는지 난 도통 모르겠구나!"

그렇게 말하고는 자리에서 일어나 슬며시 다른 데로 옮겨갔다. 이번에는 대제사장 집안의 대문 있는 데로 가서 뻘쭘하게 서 있었다. 잠시 후, 다른 여종이 베드로를 알아보았다. 베드로는 무려 3년 동안이나 예수님을 그림자처럼 따라다녔고, 특히 수석 제자인 만큼 예수님 곁에 바짝 붙어있었기에 사람들의 눈을 피할 수 없었다.

'맞아! 틀림없어. 분명 예수와 함께 다녔던 그 사람이야.'

그 여종은 마음에 확신이 든 듯 베드로에게 성큼 다가가, 그 옆에 있는 다른 사람들에게 큰 소리로 말한다.

"이 사람은 분명 나사렛 예수와 같이 다니던 사람이에요. 틀림없어요!"

그러자 베드로가 펄쩍 뛰며 다시금 부인한다. 이번에는 맹세까지 하면서 다짐한다.

"아니, 지금 무슨 소릴 하는 게요? 분명히 맹세하건대, 난 그 사람을 전혀 알지 못해요! 잘 알지도 못하면서 사람 잡는 소리 하질 말아요!"

베드로는 얼른 자리를 피해 다른 데로 갔다. 하지만 베드로는 대제사장 집을 떠나지 않고 계속 머물렀다. 예수님이 어찌 되는지 끝까지 지켜볼 요량이었다. 그런데 잠시 후, 거기 서 있던 또 다른 사람이 베드로를 알아보고 다가와 말한다.

"당신도 저 사람과 한패인 게 분명하오. 말투만 들어보아도 알 수 있소."

이스라엘의 변방 지역인 갈릴리 바다 주변에 사는 갈릴리 사람들의 억양은 바닷사람들답게 말투가 세련되지 못하고 거칠었다. 사람들은 방금 전에 베드로가 예수를 강력하게 부인하는 말투를 듣고는, 그가 갈릴리 출신임을 금방 알아차렸던 것이다. 베드로는 아차! 싶었다. 그래서인지 이번에는 더욱 강력한 어조로 저주하고 맹세하면서 예수님을 부인한다.

"천만의 말씀이오! 난 그 사람을 전혀 알지 못하오! 말도 안 되는 그런 소릴랑은 당장 집어치우시오!"

3년 동안이나 밤낮으로 가까이 따라다녔으면서도 스승 예수님을 전혀 알지 못한다는, 베드로의 세 번째 부인이었다. 바로 그때였다!

꼬끼오, 꼬꼬! 어디선가 닭이 힘차게 울었다. 그리고 그 닭 울음소리가 베드로의

베드로의 부인 (칼 하인리히 블로흐 작)

폐부 속으로 깊숙이 파고들었다. 어제 저녁, 유월절 만찬 직후 겟세마네 동산으로 갈 때, 예수께서 자신에게 하신 말씀이 뇌리 속에 생생하게 떠올랐기 때문이다. 바로 이 말씀이다.

"베드로야! 오늘 밤, 닭이 울기 전에 네가 세 번이나 나를 모른다고 부인할 것이다."

그때, 베드로는 얼마나 큰소리쳤던가! 그런 일은 절대로, 절대로 없을 것이라고! 모두가 배반할지라도, 자신만은 결단코 주님을 배반하지 않겠다고! 그런데…, 그런데 지금 이게 뭐란 말인가? 베드로는 예수님을 모른다고, 그런 사람을 전혀 알지 못한다고 부인했다. 한 번도 아니고, 세 번씩이나!

베드로는 가슴이 터질 듯 아팠다. 처절하게 무너진 자기 모습이 너무나 싫었고 미웠다. 더는 견딜 수 없었다. 머리를 감싸 쥔 채, 가슴을 부여잡은 채, 미친 듯이 대제사장 집 밖으로 뛰쳐나갔다. 그리곤 어디 땅바닥에 그대로 엎어져 울었다. 엉엉 소리 내며 통곡했다. 펑펑 울었다. 눈물, 콧물이 뒤범벅되도록 가슴을 쥐어뜯으며 울고 또 울었다.

"아, 주님! 주님 말씀대로 이 몸이 주님을 세 번이나 모른다고 부인했습니다. 3년 동안, 무려 3년 동안 밤낮으로 주님 곁에서, 주님을 졸졸 따라다닌 제가, 그런 제가 어찌 주님을 모를 수 있겠습니까! 그저 이 한목숨 살겠다고…. 주님, 아, 주님! 이제 저는 어찌면 좋단 말입니까!"

유월절 새벽녘, 베드로의 울음은 길고도 깊고도 슬펐다. 속 깊은 데서 솟구치는 뼈저린 후회와 참회의 통곡이었다. 얼마 만에 울어보는 울음인가. 바다에서 살아야 하는 뱃사람들에게 울음은 금물(禁物)이다. 뱃사람이 운다는 것은 사나운 파도와 싸워 패했을 때뿐이다. 그것은 곧 바다에서의 죽음을 의미했다. 그런 베드로가 지금 울고 있다. 그냥 눈에서 나오는 울음이 아니라, 가슴에서 솟구치는 피 울음이다. 닭 울음소리의 여운이 아직도 남아 있다.

27

예수님의 수난과 죽음

가시관을 씌운 예수를 십자가에 못 박자
낮 12시부터 3시까지 캄캄해지네
하나님, 왜 나를 버리십니까
크게 외치다 숨을 거두신 예수님

빌라도에게 넘겨지심 (27:1-2; 막 15:1; 눅 23:1-2; 요 18:28-32)

"좋소! 그러면 예수를 로마 총독에게 보내도록 합시다."

유월절 새벽녘(주후 30년), 공회 심문을 마친 대제사장들과 유대 지도자들은 예수에게 신성모독죄를 적용하여 죽이기로 결의하였다. 하지만 당시 로마 제국의 식민지 국가였던 유대는 자체적으로 죄인에 대해 사형을 집행시킬 권한이 없었다. 때에 로마 정부는 식민지 국가의 종교나 관습에 대해서는 크게 간섭하지 않았지만, 정치적 문제나 사형 집행에 관한 결정만큼은 해당 국가를 통치하는 로마 총독의 재가를 받도록 했기 때문이다.

"저자를 묶어 로마 총독에게로 끌고 가라!"

대제사장들과 유대 지도자들은 예수를 결박하여 이송토록 지시했다. 당시 사형수를 이송할 때 군사들은 로마법에 따라 양손을 등 뒤로 돌려 포승으로 단단히 묶었다. 예수님은 그렇게 꽁꽁 결박당한 채 군사들에 의해 끌려가 로마 총독 빌라도에게 넘겨졌다.

가룟 유다가 목매어 자살함 (27:3-10; 행 1:18-19)

"아, 스승님이 사형 판결을 받으시다니…. 아니다. 이건 아니지 않은가! 내가 원했던 게 이건 아닌데…. 아무래도 뭔가 잘못되었다. 하지만 이제 와서 어쩌면 좋단 말이냐."

때에 스승을 배신한 가룟 유다는 뭔가 혁명적인 사건이 일어나길 바랐다. 예수님의 능력이면 충분히 그럴 가능성이 있었다. 그런데… 공회에 서신 스승이 아무런 저항도 없이 순순히 심문받은 뒤 사형판결을 받는 것을 보고는 크게 절망했다. 그런 절망감은 자신의 행동이 아주 어리석음을 깨닫게 해주었고, 이어 뼈저린 뉘우침으로 다가왔다.

사실, 가룟 유다도 이 지경까지 사태가 악화되는 것을 원치 않았다. 자신의 스승이신 예수께는 아무런 죄가 없음을 누구보다 자신이 잘 알고 있었다. 그는 자신의 행동이 어떤 계기가 되어, 예수께서 정치적 메시아로 우뚝 서서 로마 정부에 대항하여 유대를 독립시켜 주기를 원했다. 하지만 자신이 생각했던 모든 일이 엉망진창, 완전히 꼬여버렸음을 직감했다. 그래서 그는 스승을 넘겨준 대가로 받은 은화 30개를 그대로 가져가, 대제사장들과 유대 지도자들에게 돌려주며 말한다.

"내가 죄를 지었소! 사실은 내가 아무 죄 없는 분의 피를 팔았소! 그러니, 이번 일은 없던 것으로 합시다!"

그러자 대제사장들과 유대 지도자들이 어이없다는 듯 냉소한다.

"뭐라? 이제 와서 뭐라는 게냐? 죄가 있든 없든, 그게 우리와 무슨 상관이냐. 어차피 네가 저지른 일, 우린 모른다. 네가 알아서 하라!"

가룟 유다는 단말마 같은 고통스러운 비명을 내지르며 은화 30개를 성소에 내던졌다. 그런 뒤 양손으로 머리를 감싸 쥐고는 미친 듯이 어디론가 뛰쳐나갔다. 그렇게 정신없이 내달려 그가 이른 곳은 예루살렘

서남쪽 힌놈의 골짜기 안에 있는 어느 밭, 그 밭에 있는 한 나무에서 그는 뼈저린 후회와 함께 스스로 목을 매달아 죽었다. 비극적인 최후였다. 예수님의 제자로 부름

예수님을 배반한 가룟 유다의 자살

받은 자가 그 영광의 길을 스스로 마다하고, 자기 욕망과 이기심에 따라 세상의 길을 걸은 필연적인 결과였다.

한편, 대제사장들은 가룟 유다의 행동이 도무지 이해되지 않는다는 듯, 혀를 끌끌 차며 그가 내던진 은화들을 주워들고 서로에게 말한다.

"이것들은 핏값이므로, 성전 금고에 넣을 수 없소이다. 이런 돈을 받는 것은 우리 율법에 어긋나는 일이오."

핏값은 피 흘리는 살인을 금지한 율법을 어긴 돈이었다. 그래서 부정한 것으로 취급되어 성전 금고에 들여선 안 되었다. 그런데 아이러니한 것은, 사실 가룟 유다가 돌려준 그 핏값은 예수를 죽이기 위해 대제사장들이 성전 금고에서 가룟 유다에게 지불한 돈이라는 점이다. 그러므로 이는 대제사장들의 위선적인 모습을 잘 보여준다. 그들은 돈의 처리 문제를 놓고 의논한다.

"그러니… 이 돈을 어찌하면 좋겠소?"

"그 돈으로 기드론 골짜기에 있는 밭을 사서 이방인들의 묘지로 사용하는 게 어떻겠소?"

"이방인들의 묘지라? 그것, 참 좋은 생각이오. 그럼, 그렇게 합시다!"

대제사장들은 의논 끝에 가룟 유다가 내던진 그 돈으로 예루살렘

서남쪽의 기드론 골짜기에 있는 한 옹기장이의 밭을 사서 '이방인들의 묘지'로 삼았다. 그래서 그 밭은 오늘날까지 '피밭'이라 불리게 된다.

피밭은 히브리어로 '아겔다마'라 하는데 '피의 땅'이란 뜻이다. 그곳은 가룟 유다가 피를 흘린 곳이라 하여 이런 명칭이 붙여졌다. 대제사장들은 그 밭을 매입하여 '아겔다마'란 이름을 붙인 후, 가룟 유다의 시체를 거기에 묻었다. 그리고 '이방인들의 묘지'는 헬라인이나 로마인 같은 이방인 개종자들을 위한 공동묘지를 가리킨다. 이리하여 오래전에 선포된 선지자 예레미야의 예언이 이루어진 셈인데, 그는 이렇게 예언했다.

> "그자들이 그를 판 대가로 이스라엘 사람들이 정한바 사람의 몸값인 은화 30개를 받아, 그것으로써 옹기장이의 밭을 샀으니, 이는 주께서 내게 명하신 그대로구나"(슥 11:12-13).

여기에서 스가랴 선지자가 선포한 예언을 예레미야 선지자가 선포한 예언이라고 하는 데에는 나름의 이유가 있다. 혹자들은 본서 저자인 마태의 착오이거나, 아니면 필사자의 실수로 보기도 한다. 하지만 보다 좋은 해석은 이것이다.

마태는, 일찍이 예레미야 선지자가 하나님의 지시에 따라 기드론 골짜기에 있는 옹기장이 집을 방문하고, 또 자기 고향 땅의 밭을 구입함으로써 행위 예언을 선포한 사실을 기억했다. 그래서 마태는 그러한 예레미야의 행위를 스가랴의 예언과 결부시킨 후에, 둘 중에 사람들에게 보다 널리 알려진 예레미야 선지자에게 그 예언을 돌렸던 것이다.

빌라도의 심문 (27:11-14; 막 15:2-5; 눅 23:3-5; 요 18:33-38)

유대 공회는 거짓 증인들을 내세워 예수에게 신성모독죄를 뒤집어씌운 후 사형에 해당한다고 판결을 내렸다. 그러나 그것은 어디까지나 유대인의 율법에 근거한 종교적 재판이었다. 따라서 당시 로마의 식민지 국가였던 유대는 죄인에 대해 사형을 집행할 권한이 없었다.

이에 유대 공회는 로마 당국자를 설득시킬 만한 정치적 명분을 만들어야 했다. 가장 좋은 명분은 예수를 로마 정부에 거역하는 정치적 선동자로 만드는 것이었다. 그래서 유대 공회는 머리를 싸매고 의논한 끝에, 예수를 로마 제국에 반기를 든 반역의 우두머리요, 로마 정부에 세금을 바치지 말도록 선동한 자이며, 스스로를 왕으로 칭하는 위험한 인물이라는 정치적 명분을 만들어 로마 총독에게 고소했다.

유대 공회로부터 예수를 넘겨받은 당시의 로마 총독인 본디오 빌라도(주후 26-36년), 그리고 빌라도 앞에 서신 예수님, 빌라도가 짐짓 근엄한 얼굴로 예수를 심문한다.

"그대가 유대인의 왕인가?"

사실, 로마 총독 빌라도는 유대인의 종교 문제에는 관심이 없었다. 하지만 로마 정부의 권력에 도전하는 사회적, 정치적 반역 요소에는

로마 총독 빌라도가 예수님을 심문하다

민감했다. 따라서 자신을 정치적 지도자나 왕이라고 주장하는 자는 로마 정부에 위협이 되는 인물로 간주되어 누구든지 제거 대상이 되었다. 이런 점을 노리고, 유대의 종교 지도자들은 예수를 빌라도에게 넘길 때 스스로를 '왕'이라 칭함으로써 로마 정부에 반역하는 인물로 고소했던 것이다. 빌라도의 질문에 예수께서 담담한 어조로 대답하신다.

"지금 당신이 그렇게 말하고 있소."

그러자 심문 과정을 지켜보고 있던 유대의 지도자들이 여기저기에서 중구난방으로 소리를 내지르며 예수를 총독에게 고발한다.

"저자는 로마 정부에 세금을 내선 안 된다고 선동한 자요!"

"저자는 온갖 눈속임으로 백성들을 미혹하여 민심을 크게 어지럽힌 자요!"

"저자는 로마 정부를 뒤엎으려고 패거리를 지어 무장 봉기를 꾀하고 있소!"

예수님은 대제사장들과 유대 지도자들이 자신을 고발하는 말에 아무런 대꾸도 하지 않으셨다. 예수님의 침묵, 그것은 일찍이 고난받는 종의 침묵을 선포한 이사야 선지자의 예언 성취다. 또 그 침묵은 예수님에 대한 유대 지도자들의 고발이 전부 거짓이므로, 어떤 장황한 자기변호나 웅변보다도 더욱 강력한 부정이기도 했다. 하지만 로마 총독 빌라도는 여러 고발에도 불구하고 여전히 침묵하고 있는 예수의 태도가 의아한 듯 묻는다.

"그대는 저 사람들이 고발하는 소리가 들리지 않는가?"

예수께서는 여전히 침묵하셨다. 단 한 마디도 대답하지 않으셨다. 그러자 총독 빌라도는 고개를 갸웃하며 아주 이상하게 여겼다.

'거참, 이상하군. 내가 보기엔 폭력적인 반역자나 선동자처럼 보이지는 않는데…. 참으로 알 수 없는 자로군….'

사형 판결을 받으심(27:15-26; 막 15:6-15; 눅 23:13-25; 요 18:39-19:16)

유대인 사회에는 오랜 관습이 하나 있었다. 이집트로부터의 해방을 기념하는 유대인의 최대 명절인 유월절이 되면, 죽음에 처한 사형수 한 명에게 해방의 특전을 베풀어주고, 그 대신에 양을 희생시키는 풍속이다. 이 같은 유대인들의 오랜 풍속을 로마 정부가 식민지 유화정책의 일환으로 계속 인정해주었다. 이는 로마 황제의 훈령에 따른 것이지 총독에게는 죄수를 사면할 권한은 없었다.

그리하여 그해(주후 30년) 유월절에도, 로마 총독은 군중들의 요청에 따라 유대인 사형수 한 명을 풀어주려 했다. 당시 로마 감옥에는 '바라바'라는 소문난 죄수가 수감되어 있었다. 로마 정부에 대해 강력한 무장투쟁을 주장하는 열심당(Zsalot)의 지도자인 그자는 로마 당국이 중죄로 여기는 폭동죄를 비롯하여 살인, 강탈 등의 큰 죄를 지어 사형 판결을 언도받은 1급 죄수였다. 유대인 최대 명절인 유월절 아침(대략 오전 7시), 로마 총독 빌라도는 관저 앞에 모여든 수많은 유대인 군중을 향해 묻는다.

"여러분, 오늘 내가 누구를 석방하기를 바라오? 바라바요, 아니면 '그리스도'라 하는 예수요?"

이때 빌라도는 유대인 군중들이 당연히 '그리스도'라 하는 예수를 선택할 줄 알았다. 물고 물리는 살벌한 정치판에서 평생을 살아온 빌라도, 그는 이번 예수 재판의 핵심을 꿰뚫어보고 있었다. 예수를 따르는 사람들이 많아지자, 유대 지도자들이 그것을 시기하여 예수에게 종교적, 정치적 누명을 뒤집어씌워 자기에게 넘겨준 사실을 잘 알고 있었다. 빌라도는 예수에 대한 몇 번의 질문만으로도 그런 사실을 충분히 파악했다. 그래서 빌라도 자신은 유대인들의 갈등과 분쟁에 얽혀들기 싫었다.

더군다나 그날 빌라도가 재판석에 앉아 있을 때, 아내가 급히 자신에게 사람을 보내어 이런 말까지 전해오지 않았는가!

"여보, 당신은 그 죄 없는 사람에게 아무런 상관도 하지 마세요. 그 사람 때문에, 간밤에 내 꿈자리가 아주 사나웠어요."

이런 참에, 빌라도는 유대인의 명절 풍습을 이용하여 자기 책임을 회피하고자 했던 것이다. 군중들이 '그리스도'라 하는 예수를 선택한다면, 빌라도는 자기 손에 오물 한 점 묻히지 않고, 모든 문제를 일거에 해결할 수 있다고 판단했다. 그런데….

빌라도의 제안을 듣고 군중들 사이에 의견이 분분할 때, 대제사장들과 유대 지도자들이 부지런히 손을 썼다. 이 사람 저 사람에게 뇌물을 마구 쓰고, 유대 독립을 위해 무장 투쟁을 벌이고 있던 열심당 무리들을 동원하여 군중들을 선동했다.

"이보게, 바라바를 풀어달라고 외치게! 그 사람은 우리 민족의 해방을 위해 투쟁하다가 갇힌 자가 아닌가?"

"아무리 그래도 그렇지. 살인하고 강탈하고 도적질한 행위는 용납할 수 없지! 하지만 예수란 사람은 아무리 생각해도 죄가 없는 것 같아. 그 사람이 풀려나는 게 마땅한 것 같아."

"무슨 소리! 우리 민족이 로마의 압제에서 벗어나려면 손에 피를 묻혀야지 어찌 곱게 되겠나. 하지만 저 예수란 자를 보게. 우리 민족을 해방해 줄 듯 설치더니, 지금 꼬락서니를 보게. 그게 가능할 것 같은가? 저자는 이미 틀렸어! 그러니 바라바야, 바라바를 풀어달라고 외치게!"

이렇게 유대인 지도자들과 열심당 무리들이 부지런히 군중들 사이를 돌아다니며 바라바를 풀어달라고 하고, 예수는 죽이라고 요청하게 했다. 그런 선동에다 뇌물까지 받자, 군중들은 바라바 쪽으로 급격하게 쏠렸다. 그런 줄도 모르고 로마 총독 빌라도는 예수를 선택할 것이라고 자신하며 느긋하게 다시 묻는다.

"자, 빨리 결정하시오! 두 사람 중에 누구요? 여러분은 누굴 풀어주길 바라오? '그리스도'라 하는 예수요?"

그러자 군중들이 일제히 크게 소리 지르며 대답한다.

"아니요! 바라바를 풀어주시오!"

"바, 바라바라고? 정말로 바라바를 선택한 것이오? 예수가 아니고, 바라바를 풀어주란 말이오?"

"그렇소! 바라바요! 바라바를 풀어주시오! 바라바요! 바라바!"

사람들은 다함께 바라바를 연호하며 부르짖었다. 예상치 못한 전개에 크게 당황한 빌라도, 그가 군중을 향해 다시 묻는다.

"그러면 '그리스도'라 하는 예수는 나더러 어떻게 하라는 거요?"

그러자 군중들이 유대 지도자들에게 선동당한 대로 입을 모아 크게 소리친다. 본래 이런 일은 몇 명이 크게 선창하면, 대다수의 무리들은 무얼 잘 모르면서도 그냥 무작정 따라 외치게 마련이다.

"예수를 십자가에 못박으시오! 그자를 십자가형에 처하시오!"

일이 엉뚱하게 돌아가고 있었다. 작은 눈덩이가 점점 커져 이젠 걷잡을 수 없는 사태까지 이르렀다. 일이 틀어지자 빌라도가 짜증을 내며 묻는다.

"도대체 그자의 죄목이 뭐란 말이오? 왜 예수를 굳이 십자가에 못박아야 한단 말이오? 그냥 정신 차리도록 채찍질 좀 해서…."

그러나 한번 발동된 군중 심리는 그칠 줄 모르고 점점 더 심해졌다. 사람들은 더욱 큰 소리로 미친 듯이 외쳐댄다.

"아니오! 예수를 십자가에 못박으시오!"

"다시 잘 생각해 보시오! 굳이 십자가에 못박을 필요는…."

"아니오! 예수를 십자가에! 예수를 십자가에!"

빌라도의 말은 군중들의 외침 속에 그대로 묻혀버렸다. 빌라도는 더는 재판을 계속해야 아무 소용도 없고, 지금 분위기로 봐서는 자칫 폭동으로까지 번질 우려도 다분히 있었다. 그러나 아무리 생각해도… 자기 양심은 '예수는 무죄!'라고 외치고 있었다. 밖에 있는 군중들의 외침을 따를 것인가, 아니면 내면에 있는 양심의 외침을 따를 것인가? 빌라도는 잠시 턱에 손을 괴고 고민했다. 그러더니 마침내 결심한 듯 곁에 서 있던 군사에게 지시한다.

"너는 얼른 가서 대야에다 물을 떠 오너라!"

그 군사가 서둘러 대야에 물을 떠 오자, 빌라도가 유대인 군중들 앞에서 천천히 자기 손을 씻으며 말한다.

"나는 이 사람 예수의 피에 대해선 아무 책임이 없으니, 그자의 십자가 처형에 대해서 여러분이 전부 책임을 지시오!"

모세 율법에 의하면, 어떤 사람이 살해되었을 때 부근의 성읍 장로들은 손 씻는 의식을 통해 그 범죄에 대해 자신들의 무관함을 나타내야 했다. 이 같은 유대 풍속을 좇아, 빌라도 역시 손 씻는 의식을 통해 예수의 십자가 처형에 관해 자신은 상관없음을 나타내 보인 것이다. 그러자 군중들은 일제히 소리를 지른다.

"좋소! 그 사람의 피에 대한 책임은 우리와 우리 자손이 전부 감당할 것이오!"

예수의 십자가 처형에 대한 모든 책임을 기꺼이 지겠다는 유대인들의 자신만만한 태도다. 그래서일까? 이후 예루살렘의 멸망(주후 70년)과 함께, 유대인들은 무려 2천여 년 동안 나라 없는 망국의 민족이 되어 온갖 핍박과 학살을 겪으며 지구상을 떠돌아야 하는 비참한 결과를 초래하고 말았다. 특히 기독교 국가인 유럽 사회에서 유대인들이 더 많은 핍박을 받은 것은 이런 묵은 사정들이 있기 때문이다.

자기 양심을 거슬러 예수에게 십자가형을 언도한 로마 총독 빌라도, 그는 오늘날까지, 모든 기독교회와 성도들의 사도신경을 통해 그의 죄책이 엄중히 문책당하고 있다. "이는 … 본디오 빌라도에게 고난을 받으사, 십자가에 못박혀 죽으시고…."

"할 수 없다! 너희는 바라바를 풀어주고, 예수는 십자가에 못박으라!"

마침내 빌라도는 바라바의 석방과 예수의 십자가형을 언도했다. 그러자 군사들은 즉시 바라바를 풀어주고 예수를 채찍으로 때리기 시작했다. 당시 로마 형법에 따르면, 십자가형을 언도받은 죄수는 처형을 당하기 전에 먼저 채찍질부터 당했기 때문이다.

로마 군사들에 의해 집행된 채찍질, 그것은 끝이 여러 갈래로 갈려 있고, 그 끝에 날카로운 뼈나 금속 조각이 달려 있는 가죽 채찍을 이용했는데, 무자비하고 가차 없는 형벌이었다. 채찍질을 당하면, 선명한 자국과 함께 등껍질이 벗겨지면서 피가 났으며, 때로는 뼈나 신체 기관까지 드러나기도 했다. 그래서 채찍질로 인해 목숨을 잃은 경우도 종종 있었다. 유월절 아침에 사형(십자가형)을 언도받은 예수님은 십자가를 지시기 전에 그런 채찍질부터 당하셨다.

군사들이 예수님을 조롱함 (27:27-31; 막 15:16-20; 요 19:1-3)

예수를 채찍질한 뒤, 로마 총독의 군사들은 예수를 총독 관저로 끌고 들어갔다. 그러고는 관저 뜰에 부대원들을 모두 불러모았다. 관저 뜰에 모인 군사들은 예수의 옷을 벗기고, 대신 주홍색 옷을 입혔다. 그런 다음, 가시로 왕관 하나를 엮어 만들더니 그것을 예수의 머리에 씌우고, 또 갈대 하나를 홀(笏)인 양 예수의 오른쪽 손에 들렸나. 군사들은 예수를 그런 우스꽝스런 모양으로 만들어놓고는, 저마다 재미있다는 듯 킥킥 웃으며 예수 앞에 무릎을 꿇고 외친다.

"유대인의 왕, 만세!"

"유대인의 왕이여, 만세수를 하소서!"

로마 제국에서 채찍질과 십자가형은 로마 정부에 대항한 중죄인이거나 큰 죄를 지은 노예에게 해당하는 극형이었다. 처형을 집행하는 로마 군사들은 처형 전에 보통 죄수를 조롱하고 모욕했다. 그런데 지금, 군사들은 스스로를 '유대인의 왕'이라고 주장하는 이 특이한 사람,

단순히 갈릴리 시골 출신의 얼치기처럼 보이기도 하고, 어찌 보면 진짜 왕처럼 권위가 있어 보이기도 하는 예수를 모욕하고 조롱하는 데 큰 재미를 느꼈다. 그래서 병사들은 호기심 반, 조롱 반으로 더욱 예수를 적극적으로 괴롭혔다. 그리하여 이때 예수는 일반 죄수들보다 더욱 큰 모욕과 수난을 받으셨다.

"에잇! 우리가 절했으면 뭐라고 반응을 보여야 할 거 아냐!"

"꿀 먹은 벙어리야, 뭐야? 뭐라고 말 좀 해봐, 이것아!"

군사들은 킥킥거리며 희롱하는 것도 질렸는지, 이번에는 화를 내며 예수에게 침을 뱉고 손에 들린 갈대를 빼앗아 예수의 머리를 툭툭 때렸다. 이처럼 모진 모욕과 수난을 당하면서도 예수께서는 묵묵히 감내할 뿐 여전히 침묵하셨다. 이때로부터 무려 700년 이전에 활동한 이사야 선지자(주전 739-680년경), 그는 이런 광경을 미리 내다본 듯 아주 선명하게 예언하였다.

"그가 사람들에게 멸시를 당하고, 버림을 받고, 슬픔과 고통을 많이 겪는구나. 그러나 사실, 그가 찔린 것은 우리의 허물 때문이었고, 그가 상처를 입은 것은 우리의 죄악 때문이었다. 그처럼 우리 대신 그가 벌을 받음으로 인해 우리가 평화를 누리고, 우리 대신 그가 매를 맞음으로 인해 우리가 고침을 받은 것이다. 그는 우리 모두의 죄악을 홀로 짊어진 채 모진 학대와 고문을 당하지만 끝내 입을 열지 않는구나. 마치 도살장으로 끌려가는 어린 양처럼 잠잠하고, 털 깎는 자 앞에 선 어미 양처럼 입을 열지 않는구나"(사 53:4-7).

"자, 이제 때가 됐다. 이자를 끌고 가서 십자가에 못박자!"

로마 군사들은 지겹도록 예수를 실컷 조롱하고 모욕한 뒤, 예수에게서 주홍색 옷을 벗기고 예수가 입었던 본래 옷을 도로 입혔다. 그런 다음,

예수를 십자가에 못박으려고 총독 관저 밖으로 끌고 나갔다. 당시 처형장은 예루살렘 성문 바깥의 한 언덕에 있었다. 때는 주후 30년 봄날, 유월절 아침의 오전 8시 전후였다.

십자가에 못박히심(27:32-44; 막 15:21-32; 눅 23:26-43; 요 19:17-27)

유대 공회의 고소에서부터 로마 총독의 사형 언도에 이르기까지, 예수님의 재판은 유월절 이른 새벽부터 급속도로 진행되었다. 그리하여 급기야 오전 9시가 되기 전에 예수의 십자가형을 집행하기 위해 로마 군사들이 예수를 이끌고 총독 관저를 나서 처형장이 있는 예루살렘 성문 밖의 언덕으로 나아가게 되었다.

이때 예수님은 관례에 따라 자신이 질 십자가를 직접 지고 형장까지 가야 했다. 말을 탄 백부장이 형장까지의 이동을 앞장서서 지휘했고, 네 명의 군사들이 예수 주변에서 신변 호위를 했다. 그 뒤로 백부장 휘하의 군사들이 열을 맞춰 따랐다.

이때 예수님의 몸 상태는 그야말로 기진하기 일보 직전이었다. 지난 밤, 유월절 최후 만찬 직후에 예수님은 겟세마네 동산에서 밤새워 피땀 어린 철야기도를 하셨고, 이른 새벽에 체포되어 이리저리 끌려다니며 여섯 차례에 걸쳐 심문을 받으셨다(전직 대제사장 안나스 앞, 현직 대제사장 가야바 앞, 유대 공회 앞, 로마 총독 빌라도 앞, 분봉왕 헤롯 앞, 다시 빌라도 앞).

결국 로마 총독 빌라도에게 사형 언도를 받은 후, 예수님은 로마 군사들에 의해 가혹한 채찍질을 당했다. 그런 다음 홍포를 입고 가시관을 쓴 채 온갖 모욕과 조롱을 당했다. 그런 망가진 몸으로 무거운 십자가를 어깨에 지고 나아가려니 제대로 걸음걸이를 할 수 없었다. 몇 발자국 가다가 푹 쓰러지고, 군사들의 채근과 채찍질에 겨우 일어나 몇 발자국 가다가 또 푹 고꾸라지기를 거듭하셨다.

"여보게, 아무래도 이자는 안 되겠네. 도저히 십자가를 지고 처형장까지 갈 수 없겠어."

"내가 보기에도 그렇구먼. 그렇다면 다른 사람이 대신 지고 가도록 해야겠지. 주변에서 힘깨나 쓰게 생긴 적당한 놈 하나를 골라보게!"

때마침 예수님이 십자가를 지고 처형장으로 가는 길목에 건장하게 보이는 한 유대인이 서 있었다. 그의 이름은 시몬, 멀리 구레네(아프리카 북쪽 해안에 위치한 나라로, 오늘날의 리비아) 지역에서 유월절을 지키기 위해 예루살렘에 올라와 있던 디아스포라(바빌로니아 유수 이후에 본국을 떠나 세계 도처에 흩어져 살던 유대인)였다.

"너! 이리 좀 나와 봐! 이리로 와서, 이자 대신에 처형장까지 십자가를 좀 져야겠다."

십자가를 대신 지는 구레네 시몬

당시 로마 군법에 의하면, 로마 군사들은 필요에 따라 식민지 백성을 징발하여 부역을 시킬 수 있는 권한이 있었다. 그런 권한으로, 로마 군사들은 구레네 사람 시몬을 징발하여 그에게 강제로 예수의 십자가를 지게 한 것이다. 시몬은 졸지에 예수님의 십자가를 지고 처형장까지 갈 수밖에 없었다. 그리하여 구레네 사람 시몬은 피 흘리며 죽어가는 예수님의 최후를 가장 가까이에서 누구보다도 생생하게 목격할 수 있었다.

그래서일까? 알렉산더와 루포의 아버지인 시몬은 이 사건 이후로 자신은 물론이고, 자신의 온 가족이 그리스도인이 되어 구원을 받고, 나아가 사도들에게 그 신실함을 인정받는 믿음의 명가(名家)를 이루게 된다. 이런 사실은, 후일 사도 바울이 로마 교회에 써 보낸 편지를 통해서도 잘 알 수 있다. 이 편지에 나오는 루포의 어머니는 곧 시몬의 아내다.

> "주 안에서 택하심을 받은 루포와 그의 어머니에게 내 안부를 전해주십시오. 루포의 어머니는 곧 나의 어머니이기도 합니다"(롬 16:13)

구레네 사람 시몬이 예수님의 십자가를 지고 마침내 '해골산'으로 알려진 골고다 언덕에 이르렀다. 골고다(Golgotha)는 '해골'이란 뜻을 지닌 아람어로, 라틴어로는 '갈보리'라 불린다. 그곳 언덕의 지형이 사람의 해골을 닮았다고 해서 붙여진 명칭이다.

"어이! 이것 좀 마셔! 고통이 줄어들 거야!"

로마 군사들은 쓸개 탄 포도주를 예수에게 주면서 마시라고 했다. 고대 세계에서 '쓸개 탄 포도주'는 일종의 마취제였다. 사형 집행관인 로마 군사들이 이것을 예수에게 준 이유는, 독한 술로 거의 마취되다시피 한 죄수를 손쉽게 다루기 위해서였다. 아울러 십자가형을 당하는 사형수의 극한 고통을 조금이라도 덜어주기 위함이었다. 그러나 예수님은 그것을 조금 맛보시고는 마시기를 거절하셨다.

"뭐, 마시기 싫다면 할 수 없지! 그대로 형을 집행하는 수밖에…."

쾅쾅! 로마 군사들은 예수를 십자가 위에 눕힌 다음에 먼저 오른손과 왼손에 각각 못을 박고, 이어 양쪽 발을 포개어 못을 박았다. 그런 후에 그 십자가를 똑바로 세워 놓았다. 메시아 예수는 마침내 선지자들의

두 강도와 함께 십자가에 달리신 예수님

예언대로 십자가에 못 박힌 채 매달리게 되었다. 이때가 유월절 날의 오전 9시였다(유대인들의 시각으로는 제3시).

십자가형! 그것은 로마 정부가 반역, 해적질, 살인, 강도 등 흉악한 죄를 지은 자를 처벌하기 위해 사용하던 방법이었다. 이는 아주 잔인한 처형이어서, 로마 시민권을 가진 자들은 이 처형에서 면제되었다. 십자가는 사람의 키보다 약간 더 긴 길이의 장대로 만들어져 땅에 박혔다. 십자가형에 처해지기 전, 죄수들은 가죽 채찍으로 맞았다. 이렇게 해서 쇠약해진 죄수들은 자신이 매달릴 십자가를 지고 처형장까지 가서 그 십자가에 묶이거나 못박혔다. 그러면 죄수들은 십자가에 매달린 채 숨조차 쉴 수 없을 만큼 근육들이 약해져서 매우 천천히 죽어갔다. 극한에 이르는 육체적 고통은 물론이고, 그 수치심 때문에라도 십자가형은 인류 역사상 가장 끔찍한 처형 수단 중 하나였다. 이 모든 고통과 치욕을 예수님은 죄인들의 구원을 위해 기꺼이 받아들이셨다.

"자, 자, 이제 주사위를 던져 예수의 옷을 나눠 갖도록 하세!"

당시 사형 집행자들이 십자가에 달린 죄수의 옷을 차지하는 게 일반적 관례였다. 이때 4명의 로마 군사들은 예수의 겉옷과 속옷, 그리고 허리띠와 신발을 나눠 갖기 위해 제비를 뽑았다. 물품이 귀하던 시절인 만큼,

무엇이든 시장에 내다 팔면 나름 돈이 되기 때문이다. 로마 군사들은 십자가에 매달린 예수님의 고통 따윈 아랑곳없이 좀 더 좋은 물품을 차지하려 낄낄대며 주사위를 던졌고, 그 결과대로 각자 예수의 옷을 나눠 가졌다.

그런 뒤, 군사들은 십자가 주변에 주저앉아 십자가에 매달린 예수를 줄곧 지키고 있었다. 예수님의 머리 위 십자가 팻말에는 '유대인의 왕, 예수'라는 죄목이 적혀 있었다. 그때 강도 두 사람도 십자가형을 언도 받고 예수님의 좌우 양편에 달려 있었다. 그래서 그날, 골고다 언덕 위에는 세 개의 십자가가 우뚝 세워져 있었다. 그중 가운데 십자가가 인류의 죄를 짊어지신 메시아 예수의 십자가였다. 양손과 양발에 못박혀 십자가에 축 늘어져 매달린 채 고통스러워하고 있는 예수님, 그런데 십자가 아래에 있던 사람들이 그렇게 십자가에 매달린 예수님을 바라보며 고개를 절레절레 흔들며 조롱하고 모욕한다.

"참, 꼴좋다! 그래, 성전을 허물고 사흘 만에 다시 짓겠다던 자야, 네가 정말로 하나님의 아들이거든, 어디 그 십자가에서 한번 내려와 보시지!"

평소 눈엣가시 같았던 예수를 마침내 십자가에 못박고는 흐뭇해하던 대제사장들과 율법 교사들(서기관들)과 유대의 지도자들도 무리와 함께 예수를 조롱하고 비웃는다.

"저자가 남들은 잘도 구원한다고 하더니, 정작 자기 자신은 구원하지 못하는가 보네. 유대인의 왕이라고? 그럼, 그 십자가에서 한번 내려와 보시지, 그래! 그렇게 한다면, 우리가 널 믿어주지! 하하."

"어디 두고 보세! 저자가 하나님을 의지한다고 했으니, 하나님이 기뻐하시면 이제 저자를 십자가에서 구원해주실 테지. 저자가 말하길 '나는 하나님의 아들이다.'하고 큰소리치지 않았는가 말일세."

이때 예수님과 함께 십자가에 못박힌 좌우의 두 강도도 십자가 위에서 다른 사람들과 마찬가지로 예수를 조롱하고 모욕한다.

"어이! 자넨 자네 입으로 '그리스도'라 하지 않았는가! 그렇다면, 바보같이 그대로 십자가에 매달려 있지 말고, 너와 우리를 구원해 보지 그래! 어디 힘을 좀 써 보라니깐!"

"당신이 하나님의 아들이 맞긴 맞는 것이오? 그렇다면 왜 이렇게 십자가에 매달려 힘없이 죽어가는 것이오? 참으로 이해할 수 없소."

누가복음을 보면, 예수님과 함께 십자가에 매달린 두 강도 중 한 강도는 회개하고 구원받았다. 그렇다면 마태복음을 쓴 저자(마태)는 두 강도가 예수께 욕하고 의심하던 초기의 모습을 기록한 것이고, 누가복음을 쓴 저자(누가)는 시간이 좀 지나 둘 중 하나가 십자가 위의 예수님을 줄곧 지켜보다가 감동을 받고 심경의 변화를 일으켜 예수님을 믿기로 결심한 장면까지 기록한 것이라고 보아야 할 것이다.

숨을 거두심(27:45-56; 막 15:33-41; 눅 23:44-49; 요 19:28-30)

십자가 위에서 고통과 수치와 조롱이 시간이 흘렀다. 그날, 그러니까 예수께서 십자가에 못박히신 유월절, 그날 정오(낮 12시, 유대인들의 시각으로는 제6시)가 되었다. 갑자기 유대 땅 전역에 짙은 어둠이 깔리더니, 오후 3시(유대인들의 시각으로는 제9시)까지 그 어둠이 계속되었다.

한낮임에도 온 땅을 뒤덮은 이 어둠은 메시아 예수를 십자가에 못박은 무리들을 향한 하나님의 진노의 표현임과 동시에, 지금 십자가 위에서 겪고 있는 예수님의 극한 고통을 상징한다. 이 짙은 어둠이 걷히기 직전, 그러니까 오후 3시쯤에 십자가 위에서 예수님이 고개를 들어 하늘을 바라보며 큰 소리로 부르짖으신다.

"엘리, 엘리, 라마 사박다니!"

('나의 하나님, 나의 하나님, 어찌하여 나를 버리셨나이까!'란 뜻).

사복음서(마태복음, 마가복음, 누가복음, 요한복음)를 종합하면, 십자가에 달리신 예수님은 최후 운명하시기까지 십자가 위에서 모두 일곱 마디의 말씀을 하셨다. 이른바 '가상칠언(架上七言)'이다. 이 말씀은 그중 네 번째 말씀이다. 이때 예수님은 인류의 모든 죄를 한 몸에 전부 짊어진 거대한 죄악 덩어리 신세였기에, 하나님께 철저하게 버림받은 상태에 놓여 있었다. 그처럼 성부 하나님께 버림받아 완전히 단절된 처절한 영혼의 절망감 속에서 극한 육체적 고통을 참지 못한 채 단말마적 비명을 부르짖은 것이다. 참고로, 시간 순서대로 가상칠언을 소개하면 이러하다.

1. "아버지, 이 사람들을 용서해 주옵소서. 그들은 지금 자기들이 무슨 일을 하고 있는지조차 알지 못합니다"(눅 23:34).

(용서의 말씀: 자신을 십자가에 못박은 십자가 아래의 무리를 향해 하신 말씀)

2. "내가 진정으로 당신에게 말하겠소. 당신은 오늘 나와 함께 낙원에 있을 것이오"(눅 23:43).

(구원의 말씀: 마지막 순간에 예수님을 영접한 십자가 위의 한 강도를 향해 하신 말씀)

3. "어머니, 보십시오. 이 몸이 어머니의 아들입니다"(요 19:26).

(효도의 말씀: 십자가 아래에 있는 모친 마리아를 향해 하신 말씀), 바로 이어 **"보라, 이분이 네 어머니이시다"(요 19:27).**

(모친 곁에 서 있던 사랑하는 제자 요한에게 모친의 봉양을 부탁하신 말씀)

4. "엘리, 엘리, 라마 사박다니!"(눅 27:46; 막 15:34).

(고뇌의 말씀: '나의 하나님, 나의 하나님, 어찌하여 나를 버리셨나이까!'란 뜻으로, 극한 고통 가운데 하늘에 계신 성부 하나님께 부르짖으신 말씀)

5. "내가 목마르다"(요 19:28).

(고통의 말씀: 십자가 사역의 완수가 막바지에 이른 줄 아시고, 성경을 응하게 하시려고 하신 말씀)

6. "이제 다 이루었다!"(요 19:30).

(성취의 말씀: 마침내 십자가 사역의 완수를 선언하시면서 운명하시기 바로 직전에 하신 말씀)

7. "아버지여, 제 영혼을 아버지의 손에 맡깁니다"(눅 23:46).

(의탁의 말씀: 십자가 위에서 마지막 숨을 거두시면서 크게 외치신 최후의 말씀)

"저자가 뭐라고 부르짖는 거야? 엘리…? 엘리야?"

십자가 아래에 서 있던 사람들은 예수님이 부르짖으신 말씀을 잘못 알아듣고는, 예수가 '엘리야'를 부르고 있다고 생각했다. 엘리야는 길르앗 지역의 디셉 출신으로, 북왕국 이스라엘의 아합과 아하시야 치세 때에 활동한 이스라엘의 유명한 선지자다(주전 875-850년경). 그는 또 엘리사 선지자의 스승으로, 죽음을 맛보지 않고 살아서 불병거를 타고 회리바람 가운데 하늘로 올라간 위대한 인물이다.

십자가에 매달린 예수께서 극한 고통 가운데 뭐라고 부르짖자, 그 모습이 무척 가련해 보였는지 무리 가운데 한 사람이 곧장 달려가 해면을 가져다가 신 포도주를 듬뿍 적셔 와서는, 그것을 갈대(우슬초) 끝에 꿴 뒤에 위로 쭉 내밀어 목을 축이라고 예수님의 입에 갖다 대었다.

그러자 그 광경을 지켜보던 사람들이 그 사람을 향해 나무라듯 큰 소리로 외친다.

"어이, 왜 쓸데없는 짓을 다하고 그러시오! 그냥 내버려 두시오! 그자가 부르짖은 대로 엘리야가 와서 구해주나, 어디 한번 두고 봅시다!"

그러는 가운데 예수님은 다시금 하늘을 향해 큰 소리로 외치시고는 마침내 고개를 푹 떨구셨다. 숨을 거두신 것이다(주후 30년, 유월절 오후 3시 직후).

바로 그때였다! 성전의 지성소 휘장이 위로부터 아래로 두 폭으로 찢어지고, 땅이 크게 흔들리며, 바위가 요란한 소리를 내며 우두둑 갈라지고 터졌다. 기이한 현상이 일어난 것이다. 하나님의 아들이신 예수님의 죽음에 마치 천지 만물이 두려움과 충격으로 크게 몸서리를 치는 장면과 같았다.

특히 예수님의 운명과 동시에 지성소 휘장이 둘로 찢어진 사실에 주목하라! 청색, 자색, 홍색 실로 정교하게 만들어진 지성소의 휘장, 그것은 하나님 임재의 상징적 처소인 지성소로부터 성소를 분리하는 커튼이었다. 따라서 이 휘장은 사실 하나님에게서 인간을 분리시키는 거대한 장벽이었다. 그래서 구약시대에는 1년에 단 한 번, 속죄일(7월 10일)에 대제사장이 희생 짐승의 피를 가지고서만 이 휘장을 젖히고 하나님께로 나아갈 수 있었다.

그런데 예수님의 운명과 동시에 하나님께서 이 지성소 휘장을 위로부터 아래까지 둘로 찢으신 것은, 예수님의 십자가 죽음으로 말미암아 하나님과 사람 사이를 가로막던 장벽이 제거되고, 이제는 모든 사람들이 예수님의 십자가 보혈의 공로를 힘입어 하나님 앞으로 직접 나아갈 수 있게 되었다는 사실을 극적으로 보여주는 초자연적인 사건이었다. 훗날 히브리서 저자는 이 같은 사실을 기록했다.

"그러므로 형제들이여, 이제 우리는 예수 그리스도께서 흘리신 그 피로 인해 담대한 마음으로 하나님이 계신 지성소에 들어갈 수 있게 되었습니다. 그 길은, 예수께서 우리를 위해 지성소 휘장을 뚫고 열어놓으신 것으로 진정 새롭고도 살아있는 길입니다. 그런데 그 휘장은 바로 예수 그리스도의 육체입니다"(히 10:19-20).

이뿐 아니었다! 예수님의 죽음과 동시에 무덤이 열리면서 이미 죽었던 성도들 가운데 얼마가 다시 살아났다. 그렇게 살아난 성도들은 예수께서 부활하신 후에 각자 자기 무덤에서 나와 예루살렘 도성 안으로 들어가 많은 사람들에게 나타났다.

팔레스타인에서는 천연동굴이나 큰 바위를 파서 만든 동굴 안에 시체를 안치한 뒤, 큰 돌로 입구를 막는 방법으로 시체를 보관했다. 따라서 이때 무덤이 열렸다는 말은, 예수님의 죽음으로 큰 지진이 일어날 때 무덤을 막았던 돌문이 열렸다는 뜻이다. 하나님이 예수님의 십자가 죽음에 맞춰 죽은 성도들 가운데 얼마를 다시 살리신 목적은, 예수님의 십자가 죽음이 갖는 효과를 극적으로 보여주기 위함이었다. 즉, 예수님의 십자가 공로로 모든 믿는 자들이 장차 사망을 이기고 마침내 새 생명으로 살아날 것임을 암시하는 예표적(豫表的) 사건이었다.

"참으로 예수는 하나님의 아들이셨다!"

"진실로 저분은 메시아다!"

십자가 밑에서 예수를 줄곧 지키고 있었던 백부장과 로마 군사들, 그들은 어둠, 지진, 바위의 터짐, 무덤의 열림 같은 모든 일들을 지켜보고는 몹시 두려워하며 자신들도 모르는 사이에 이처럼 말했다.

또 십자가 아래에는 갈릴리 지역에서부터 예수님을 충실하게 섬기면서 따라온 많은 여인들이 있었다. 그들도 멀찍이 서서 모든 광경을 줄곧 지켜보고 있었다. 그런 여인들 가운데는 막달라 마리아, 작은 야고보와 요셉(요세)의 어머니이자 글로바의 아내인 마리아, 세베대의 아들들(야고보, 요한)의 어머니도 섞여 있었다. 이들 중 막달라 마리아는 갈릴리 바다 서쪽 지방인 막달라 출신으로, 한때 일곱 귀신에게 사로잡혀 시달리던 중 예수님께 고침 받고는 이후로 예수님을 열심히 따라다닌 여인이다. 특별히 이 여인은 나중에 예수님의 부활을 최초로 목격하는 큰 영광을 누리게 된다.

무덤에 묻히심(27:57-61; 막 15:42-47; 눅 23:50-56; 요 19:38-42)

유월절 오후 3시, 예수님은 십자가 위에서 운명하셨다. 이후 시간이 흘러 날이 저물려고 하자, 아리마대 사람 '요셉'이 로마 총독 빌라도를 급히 찾아갔다. 그는 예수님을 따르던 제자로서, 공회(산헤드린) 회원이며 부자였다. 해가 지면 안식일이 시작되기 때문에 그는 안식일 전에 예수님을 장사지내려 서둘렀다. 한편, 아리마대는 예루살렘 북서쪽에 있던 한 성읍으로, 사무엘 선지자의 고향인 '라마다임소빔'과 같은 곳으로 여겨진다. 오늘날의 지명은 '렌티스(Rentis)'다.

"총독 각하, 제게 예수님의 시신을 내어주십시오. 해가 저물면 안식일이 시작되므로, 그 전에 예수님의 시신을 장사지내려고 합니다."

예수의 무죄를 빤히 알면서도 유대인 군중들의 폭동이 두려워 마지못해 예수에게 사형언도를 내린 빌라도, 안 그래도 양심의 가책으로 마음이 찜찜하던 차에 예수님의 시신을 장사하겠다는 요셉의 요청을 거절할 리 만무하다.

"좋소! 장례라도 잘 치르도록 하시오."

그러면서 부하들에게 지시하여 예수의 시신을 요셉에게 넘겨주도록 했다. 로마 군사들에게서 예수님의 시신을 넘겨받은 요셉, 그는 예수님의 시신을 가져다가 깨끗한 삼베로 꽁꽁 싸맨 후에 바위를 파서 만든 자기의 새 무덤에 고이 모셨다. 그리고는 큰 돌을 굴려다가 무덤 입구를

장사 지내려고 예수님의 시신을 십자가에서 내리다

막아놓았다. 이처럼 팔레스타인의 무덤은 큰 바위에 굴을 판 다음에 그 안에 시체를 안치시키고는 입구를 큰 돌로 막는 형식이었다. 부자들이나 사회 유지들은 대개 생전에 자신의 무덤을 미리 파놓았다.

'음…. 저곳이 예수님의 무덤이로구나.'

어둠이 깔리기 시작하던 저녁 무렵, 아리마대 사람 요셉이 예수님을 장사지내는 모습을 처음부터 끝까지 줄곧 지켜보고 있던 사람들이 있었다. 막달라 마리아와 다른 마리아(작은 야고보와 요세의 어머니)가 무덤 맞은편에 앉아 가슴이 찢어지는 슬픔과 절망을 억누르며 조용히 지켜보고 있었다.

예수님이 장사되는 광경을 두 여인이 줄곧 지켜보고 있었다는 사실은 의미 깊다. 모세 율법에 의하면, 어떤 일의 사실성을 입증하기 위해서는 '두 사람' 이상의 증인이 반드시 필요했다. 그래야 법적 효력을 지녔다. 이때 두 여인은 '예수님의 장사됨'에 대한 증인들이었다. 그리하여 오늘날 사도신경의 고백대로, 십자가에 못박혀 죽으신 예수님은 분명 그 시신이 무덤에 장사되었던 것이다.

경비병들이 예수님의 무덤을 지킴 (27:62-66)

이튿날, 그러니까 준비일(안식일을 준비하는 날)의 다음날인 안식일에 대제사장들과 바리새파 사람들이 로마 총독 빌라도에게 몰려가서 말한다.

“총독 각하, 각하께 긴히 요청할 일이 있습니다.”

“그게 무엇이오?”

“어제 십자가에 못박은 예수에 관한 것입니다. 세상을 미혹하던 그자가 살아있을 때 ‘내가 사흘 만에 다시 살아날 것이다’라고, 말한 것이 기억납니다. 그러니 수하의 군사들에게 명령하시어, 사흘 동안은 예수의 무덤을 단단히 지키라고 해주시기 바랍니다.”

“대체 그게 무슨 해괴한 소리요? 죽은 사람이 다시 살아날 것이라니! 그래, 그대들은 그 말을 믿는다는 것이오?”

“그게 아닙니다. 어찌 죽은 자가 다시 살아날 수 있겠습니까! 다만 우리가 염려하는 바는, 그자의 제자들이 스승의 시체를 몰래 훔쳐다가 어딘가 감추어놓고는, 백성들에게 소문내며 떠들어대기를 ‘예수가 다시 살아났다!’ 할는지도 모르기 때문입니다. 그렇게 되면, 백성들은 처음보다 더욱 그자에게 미혹될 것이 틀림없습니다.”

“무슨 말인지 알았소. 하지만 그대들 수하에도 경비병들이 있지 않소? 그러니 그들을 데리고 가서, 예수의 무덤을 단단히 지키도록 하시오.”

그러자 대제사장들과 바리새파 사람들은 즉시 자기들 수하의 경비병들을 데리고 예수의 무덤으로 갔다. 그런 뒤 큰 돌로 무덤을 단단히 막고는 그 돌에 봉인했다. 이 같은 조치를 취한 후에 그들은 경비병들을 여럿 세워 무덤을 철저히 지키게 했다.

예수님의 시신이 안치된 바위 무덤, 그 무덤의 입구를 막고 있는 큰 돌은 밧줄로 가로질러 묶여졌다. 그런 후에 찰흙 같은 일종의 접착제를 돌문과 무덤 입구 사이에 발라서 돌문이 조금도 움직이지 못하도록 했다. 따라서 누구도 쉽사리 돌문을 움직일 수 없었다. 게다가 예수님 무덤의 경우에는 여러 명의 경비병들까지 무덤 입구에서 단단히 지키고 있었다. 물샐틈없는 경비였다.

28

예수님의 부활과 지상 명령

갈릴리에서 예수를 만난 제자들은
승천 전 예수의 말씀을 듣네
모든 민족 제자로 삼아
성령의 이름으로 세례를 베풀어라

사흘 만에 부활하심(28:1-10; 막 16:1-8; 눅 24:1-12; 요 20:1-10)

안식일 다음날 동틀 무렵, 세상은 여느 날과 달라진 게 없었다. 아직 태양이 솟지 않아 사방이 어스름했다. 짐승들도 기지개를 켜기에는 조금 일렀다. 풀벌레 소리가 나다가 그쳤다. 하늘과 땅이 뭔가를 기다리고 있는 듯 고요히 침묵하고 있었다. 사방이 아직 어둑어둑할 그 무렵, 두 여인이 총총걸음으로 예수님의 무덤을 찾아갔다. 안식일 되기 직전에 아리마대 사람 요셉에 의해 예수님의 시신이 장사되는 광경을 처음부터 끝까지 줄곧 지켜보았던 막달라 마리아와 다른 마리아(글로바의 아내이며, 작은 야고보와 요세의 어머니)였다.

안식일 다음 날은 예수님이 무덤에 장사된 지 사흘째 되는 날로서, 현재의 일요일이다. 그래서 이후로 기독교회는 안식일(토요일)을 성일(聖日)로 지키던 유대인의 전통에서 벗어나, 예수님의 부활을 기념하는 의미로 일요일을 주일(主日)로 지키게 된다.

'예수님의 무덤은 잘 있겠지…. 부디 아무 일 없어야 할 텐데….'

두 여인이 조마조마한 심정으로 예수님의 무덤을 향하여 부지런히 가고 있던 중, 예수님의 무덤에서는 아주 놀라운 일이 일어났다. 갑자기 지축이 흔들리는 것 같은 큰 지진이 일어나더니, 동시에 주의 천사가 하늘에서 내려와 무덤 입구를 막고 있던 큰 돌을 옆으로 굴려낸 뒤, 그 돌 위에 앉았다. 그 천사의 얼굴은 찬란히 빛났고 옷은 눈부시게 희었다.

"이, 이게 어찌 된 일이냐? 그리고… 저 사람은 대체 누구냐?"

무덤 입구를 지키고 있던 경비병들, 그들은 큰 지진에 정신이 나갔고 눈부신 천사에 놀라 어찌해야 할 바를 알지 못하고 당황해했다. 그들은 잔뜩 겁에 질려 땅바닥에 납작 엎어진 채 죽은 사람처럼 꼼짝도 하지 않았다. 바로 그 시점에 두 여인이 예수님의 무덤에 막 도착했다.

"무슨 일이지? 무덤에 무슨 일이 생긴 걸까?"

땅이 크게 흔들리는 지진을 느낀 터에 무덤 입구는 활짝 열려 있고 경비병들은 땅에 납작 엎어져 벌벌 떨고 있는 광경을 목격한 두 여인, 그들은 예수님의 무덤에 무슨 변고가 생긴 줄 직감하고는 불안에 떨었다. 그러자 주의 천사가 두 여인을 향해 말한다.

예수님의 부활 (노엘 쿠아펠 작)

"여인들이여, 두려워

하지 말라! 십자가에 달리셨던 예수를 너희가 찾고 있는 줄 내가 다 안다. 그러나 그분은 여기 계시지 않는다. 전에 너희에게 말씀하신 대로, 그분은 다시 살아나셨다! 지금 그분이 누워계셨던 자리를 확인해 보아라."

"당신은 누… 누구십니까? 우리 주님께서 살아나셨다고요? 그게 정말입니까?"

"그렇다. 그러니 너희는 속히 그분의 제자들에게로 가서 전하기를 '예수께서 죽은 자들 가운데서 다시 살아나 당신들보다 먼저 갈릴리로 가실 테니, 거기에서 그분을 뵙도록 하시오.' 하여라. 나는 이 말을 너희에게 전하러 왔다."

부활하신 예수님은 갈릴리에서 제자들을 만나기를 원하셨다. 갈릴리! 그곳은 많은 제자들이 예수님께 부름받은 소명의 현장이었고, 공생애 기간 동안에 예수님의 주요 사역 장소였다. 이런 뜻깊은 현장에서 예수님은 제자들에게 복음의 열정을 일깨우는 지상(至上) 대명령을 내리시길 원하셨다.

"아아, 주님…. 주님께서 다시 사셨다. 다시 살아나셨어!"

천사에게서 예수님의 부활 소식을 전해 들은 두 여인은 서둘러 무덤을 떠났다. 두렵기도 했지만, 너무나 큰 기쁨이 벅차올랐다. 여인들은 제자들에게 그 소식을 전하려고 힘껏 달려갔다. 때에 예수님의 제자들은 큰 절망감과 패배감에 사로잡힌 채 유월절 최후 만찬을 가졌던 그 다락방에 옹기종기 모여 있었다.

여인들이 달리다가 걷다가 하며 부지런히 제자들에게 가고 있을 때, 갑자기 여인들 앞에 예수님이 나타나셨다. 그리고는 여인들에게 부드럽게 말씀하신다.

"샬롬, 평안하느냐?"

그 말씀에, 여인들은 놀라고 두렵고 기뻤다.

"아아, 주님!"

여인들은 그 자리에 엎드려 예수님의 발을 붙잡고 경배를 드렸다. 그때 예수께서 인자한 미소를 띠며 말씀하신다.

"두려워하지 말라. 너희는 이제 가서, 내 형제들에게 즉시 갈릴리로 가라고 전하여라. 그러면, 거기에서 그들이 나를 만나게 될 것이다."

예수님은 앞서 천사가 한 말을 다시금 확인시켜 주셨다. 그런데 여기서 예수님은 특별히 제자들을 '형제들'로 칭하셨다. 하나님 안에서 영적인 형제가 되었음을 뜻한다. 살아생전에 예수님은 누구든지 하늘에 계신 아버지 하나님의 뜻대로 살아가는 사람이 자신의 형제이며 자매라고 말씀하셨다. 이제는 그 의미가 더욱 분명해진 것이다.

예수님의 무덤을 지킨 경비병들이 매수당함 (28:11-15)

"대제사장님들! 크, 큰일 났습니다!"

여인들이 떠난 뒤, 예수의 무덤을 지켰던 경비병들 중 몇 사람이 예루살렘 성안으로 급히 달려가 대제사장들에게 그동안에 일어난 일을 낱낱이 보고했다.

"뭐, 뭐라? 그게 정말이냐? 한 치도 틀림없는 사실이렷다?"

"네, 네, 틀림없습니다. 누구 앞이라고 감히 거짓을 고하겠습니까!"

경비병들의 보고를 받은 대제사장들, 그들은 크게 당혹해하며 그 일의 처리를 놓고 유대 지도자들과 머리를 맞대고 끙끙대며 논의했다. 오랜 논의 끝에 그들은 음흉한 계략을 꾸몄다. 예수의 부활을 철저히 은폐하고 왜곡하기로 한 것이다. 그들은 예수의 무덤을 지켰던 경비병들에게 상당한 뇌물을 주면서 엄히 당부하면서 경고한다.

"잘 들어라! 예수는 결코 부활한 게 아니다. 한밤중에 너희가 잠든 틈을 이용해서 예수의 제자들이 와서는 자기들 스승의 시체를 훔쳐 간 것이다. 너희는 그렇게만 말하라. 만일 다른 헛소리를 지껄였다간

절대로 무사하지 못할 것이다! 알겠느냐?"

"네, 네. 잘 알겠습니다. 그런데… 만일 총독께서 사실을 알게 되면 어찌합니까?"

"그건 걱정하지 마라! 만일 총독이 이 소문을 듣게 되더라도, 너희에겐 아무 피해가 없도록 우리가 책임지겠다. 그러니 절대로 딴소리 말고, 우리 지시대로 따라야 한다."

예수의 무덤을 지킨 경비병들은 대제사장들에게서 돈을 받고 그들이 시키는 대로 했다. 그런 연유로 당시 사람들은 경비병들의 말대로 예수의 제자들이 자기들 스승의 시체를 훔쳐 간 것으로 믿었다.

제자들의 사명(28:16-20; 막 16:14-18; 눅 24:36-49; 요 20:19-23)

"그게 정말이오? 자네들이 분명 부활하신 예수님을 보았소? 혹시 새벽녘에 주변이 어둑어둑해서 헛것을 본 것은 아니오?"

"아니에요. 그렇지 않아요. 우리는 부활하신 예수님을 보았어요. 분명 예수님의 무덤은 활짝 열려 있었고, 거기서 천사도 보았고, 이리로 오다가 예수님도 보았어요! 그리고 천사도 그랬고, 예수님도 그랬어요. 모두 갈릴리로 가라고 했어요. 거기서 예수님은 여러분을 만나겠다고 하셨어요!"

여인들이 큰 기쁨에 차서 확신 있게 말하자, 예수님의 열한 제자들은 여인들의 말을 믿고 갈릴리로 갔다. 그리고 예수께서 일러주신 산에 이르렀다. 이 산은 예수님과 제자들이 평소에 익히 알고 있던 그 산으로, 예수님이 많은 가르침을 베푸셨던 갈릴리 지방의 가버나움 뒤편에 있는 야트막한 산으로 여겨진다. 배반자 가룟 유다를 제외한 열한 제자들이 갈릴리로 가서 약속하신 그 산에 이르러 모여 있었을 때, 과연 예수님이 그곳에 나타나셨다.

"샬롬, 모두 평안하느냐?"

"오오, 주님!"

열한 제자들은 부활하신 예수님을 뵙고 큰 기쁨과 감격에 벅차 모두가 땅에 엎드려 예수께 경배드렸다. 하지만 제자들 중에는 자기 눈으로 예수님을 직접 보고서도, 지금 보고 있는 그분이 '정말 예수일까?'하고, 의심하는 이들도 있었다.

가라, 내가 명한 것을 지키게 하라!

그도 그럴 것이, 죽은 자의 부활은 너무나도 믿기 어려운 초자연적인 현상이었기 때문이다. 또 어떤 제자들은 이때 처음으로 예수님을 목격했기 때문이다. 그래서 부활하신 예수님은 즉시 승천하지 않으시고, 40일 동안 지상에 계속 머무르시면서 많은 증거들로써 자신이 부활했다는 사실을 제자들에게 여러모로 확신시켜 주셨다.

"자, 모두 일어나라. 이제 내가 너희에게 큰 사명을 주겠노라."

예수께서는 제자들을 일으켜 세운 뒤 그들에게로 가까이 오셔서 힘차게 말씀하신다. 이른바 제자들에게 부여하신 위대한 사명, 곧 지극히 크고 중요한 '지상(至上) 대명령'(The Great Commission)이다.

"나는 하늘과 땅의 모든 권세를 아버지 하나님으로부터 부여받았다. 그러므로 너희는 가서, 세상 모든 민족의 모든 사람을 제자로 삼아, 아버지와 아들과 성령의 이름으로 세례를 베풀고, 내가 너희에게 명한 모든 것을 그들에게 가르쳐 지키게 하라."

■ 지상 대명령을 하달하신 분

제자들에게 지상 대명령을 내리시기 전에, 예수님은 그 명령을 내리고 있는 자신이 누구인지를 먼저 선언하셨다. 그분은 '아버지 하나님으로부터 하늘과 땅의 모든 권세를 부여받은 자'다. 본래 예수님은 성부 하나님과 더불어 만물을 다스리는 권세를 지니신 분이지만, 십자가 죽음을 이기고 부활하신 후에는 더는 육적인 속박에 구애됨 없이 그런 권세를 자유자재로 행사할 수 있게 되었다.

그래서 이제 예수님은 사탄(마귀)의 권세를 모조리 멸하고 나라와 영광을 하나님 아버지께 온전히 돌려드릴 때까지 이 권세로써 세상 만물을 친히 다스릴 것이다. 뿐만 아니라, 예수님은 이 권세로써 제자들에게 사명을 맡기시되, 맡은 자들이 그 사명을 온전히 감당할 수 있도록 필요한 권세와 능력을 부여해주시겠다는 강한 암시가 깃들어 있다.

■ 지상 대명령의 내용

네 가지로 구성되었다. 첫째, 가라! 둘째, 제자 삼으라! 셋째, 세례를 베풀라! 넷째, 가르쳐 지키게 하라!

① 가라! : 사도행전의 저자인 누가(Luke)는 제자들이 십자가 복음을 들고 가야 할 곳을 좀 더 구체적으로 묘사했다. 즉 "예루살렘과 온 유대와 사마리아와 땅끝까지"라고 했다. 말하자면, 자신이 있는 곳에서부터 시작해서 점점 더 멀리 뻗어 나가 마침내는 땅끝까지 가야 한다고 했다. 요약하자면, 어디 한 군데도 빠뜨리지 말고 세상 모든 곳으로 가야 한다는 것이다. 그래서 살아생전에 예수님은 이 복음이 땅끝까지 전해져야 마침내 자신의 재림이 있을 것이라고 말씀하셨다.

② 제자 삼으라! : 이 말은, 사람들에게 단순히 복음을 전하는 것으로 그치지 말고, 그 복음의 내용을 잘 가르치고, 그 복음의 말씀대로 살아가도록 훈련시키고, 마침내 복음의 정수요 핵심이신 참되고 영원한 스승

예수님을 본받아 그분 뜻대로 살아갈 수 있도록 성숙한 신앙인으로 양육시키라는 말이다. 그리고 제자 삼을 대상을 일러주셨는데, 그 대상은 '세상 모든 민족의 모든 사람'이다. 한 마디로, 한 사람도 예외 없이 지구상의 모든 사람들이다.

③ 세례를 주라! : '세례를 베풀다'(헬라어, 밥티조)란 말은 '(물에) 담그다'란 뜻이다. 또한 '(물로) 씻는다(적시다)'란 뜻도 있다. 따라서 어떤 이들의 주장처럼, 세례를 베푸는 방법이 반드시 물에 온몸을 잠그는 침례 형식을 취해야 하는 것은 아니다. 온몸을 물속에 잠그든, 혹은 몸의 일부에 물을 조금 적시든, 예수님이 명하신 세례의 핵심은 그 방법이 아니라, 그 의의(意義)에 있다. 곧, 세례는 회개와 죄 사함의 징표로서 그리스도의 제자 된 자들에게 아버지(성부 하나님)와 아들(성자 그리스도)과 성령의 이름으로 행해져야 하며, 또한 주께서 오시는 날까지 대대로 시행되어야 한다는 점이다.

④ 가르쳐 지키게 하라! : '제자 삼으라!'는 말을 다시금 강조한 것이다. 성숙하고 참된 제자는 그저 세월이 오래 흐른다고 저절로 되는 게 아니다. 부지런히 가르치고, 가르친 대로 지키며 살아가도록 잘 인도할 때 비로소 주님의 성숙한 제자로 자라날 수 있다. 이때 꼭 주의해야 할 것이 있다. 가르쳐 지키게 할 내용은, 오직 주님께서 전하고 가르쳐주신 말씀이라는 사실이다. 달리 말하면, 자신의 인간적인 주장이나 사상, 혹은 학문적인 견해 등을 가르쳐선 안 되고, 오직 죄인으로 하여금 생명과 구원에 이르게 하는 살아있는 하나님의 말씀, 곧 '십자가 복음'을 가르쳐야 하는 것이다.

이제 예수님은 주어진 사명을 잘 감당할 수 있도록 제자들에게 동행을 약속하셨다.

"보라, 내가 세상 마지막 날까지 항상 너희와 함께 있겠노라."

■ 지상 대명령과 예수님의 약속

이처럼 예수님은 제자들에게 지상 대명령을 하달하시면서 한 가지 분명한 약속을 해주셨다. '세상 마지막 날까지 항상 함께 해주실 것'이라는 약속이다. 이제 곧 승천하실 예수님이 어떻게 제자들과 항상 함께 해주실 수 있단 말인가?

물론, 십자가상에서 죽으시기 이전처럼 예수님이 육체적으로 제자들 곁에 계신다는 의미는 아니다. 하지만 영적 의미에서 예수님은 제자들을 비롯하여 모든 믿는 자들의 곁에 항상 함께하신다. 특별히 예수님이 승천하신 뒤 오순절에 있었던 성령 강림 사건 이후에는 '보혜사(保惠師) 성령을 통하여' 보다 직접적으로 우리들 곁에 항상 계신다.

오늘날 믿는 자들이 예수님으로 인해 힘을 얻는 것은 그분이 여전히 우리 곁에 함께 계신다는 증거다. 그래서 어딜 가든, 어떤 문제에 직면하든, 믿는 자들은 예수님이 항상 함께하신다는 사실을 체험적으로 알 수 있다. 그래서 믿는 자들은 예수 그리스도가 함께하는 힘으로 이겨왔고, 앞으로도 이길 수 있다. 그렇다. 예수님은 지금 이 순간에도 우리와 함께 계시다!

그리고 예수님이 우리와 항상 함께하시는 기한은 '세상 마지막 날'까지다. 그날은 예수 그리스도의 재림의 날, 곧 예수님이 심판주로서 이 땅에 다시 오는 날이다. 그때에는 새 하늘과 새 땅이 새롭게 열리는 영원한 천국시대가 시작될 것이고, 그러면 믿는 자들은 물리적인 형태로 영광의 예수님을 직접 뵙게 될 것이다. 할렐루야, 아멘!

갈릴리 바다에 저녁 바람이 선선하게 불어온다. 갈릴리 바다는 새벽도 아름답지만, 저녁 바다는 노을에 젖어 더욱 아름답다. 새벽이 희망이라면, 저녁엔 평화를 준다. 선선한 바람에 물결이 살랑살랑 흔들린다.

예수님의 제자 마태는 스승님에 대한 기록을 남기기로 했다. 스승님이 어떤 분이시며 어떤 일을 하셨는지, 스승님이야말로 유대인들이 그토록 대망하던 '다윗의 자손'이요, 유대인의 왕으로 오실 것이라는 바로 그분 메시아가 되신다는 사실을, 자신이 보고 듣고 체험한 대로 기록하기로 했다. 그분의 출생과 가르침과 활동을 통해 유대인 동족들에게, 나아가 온 인류의 모든 사람들에게 여실히 증명해 보이려고 펜을 들었다.

마태의 결심이 열매로 나타난 것이 '마태복음'이다. 신약성경 27권 중에서 가장 앞머리에 위치하고 있다. 세관에 앉아 돈을 걷고 세던 그 손이 변하여 메시아에 관한 기록을 쓰다니, 이토록 위대한 성경을 쓰다니! 그래서 마태는 성경을 기록하는 동안 내내 즐거웠고, 줄곧 행복했다. 부디 이 책의 내용을 읽는 사람들도 모두가 구원을 얻고 하늘의 복을 누리기를! 이제 갈릴리 바다는 어둠에 묻혔다. 이 밤이 지나면, 다시 태양은 떠오르고 밝은 새날이 열릴 것이다. 그러면 제자들은 예수님이 하달하신 지상 대명령을 저마다 가슴에 품고 뚜벅뚜벅 세상 속으로 걸어 들어갈 것이다. 파도 소리가 들린다.

● 감수자의 말

역사적 예수의 현존을 재현한
예수의 말씨에 대한 현실화

민영진

감리교신학대학교 교수 역임

대한성서공회 번역실장, 총무 역임

세계성서공회연합회 번역컨설턴트 역임

원문과는 무관하게 번역어가 우리말처럼 존대법을 지닌 특수한 말일 때는 번역자가 등장인물들의 말씨를 어떻게 창작하느냐에 따라(그렇다. 말씨는 번역이 아니고, 번역자의 창작이다!), 그리고 대화에서 화자(話者)와 청자(聽者) 사이에 존대(尊待)의 화계(話階)를 어떻게 결정하느냐에 따라, 등장인물 사이에 관계가 설정되고 그들의 인품이 결정된다. 가부장적 이념이 반영된 번역과 평등주의 이상이 영향을 끼친 번역은 존대의 화계 결정에서 서로 갈라설 수밖에 없다.

이미 <스토리텔링 성경 2권, 출애굽기>(성서원, 2019년 4월)와 <스토리텔링 성경 5권, 신명기>(성서원, 2019년 5월)에서 모세가 백성에게 하는 말씨나 선포하는 설교가, <개역>을 위시한 기존의 전통적인 번역에서 보듯, 마치 윗사람이 아랫사람에게 하는 것처럼, 권위적 반말이 아닌 정중한 경어(敬語)로 바뀌었을 때부터, 우리가 감지하긴 했지만, 이번에 출간된 <스토리텔링 성경, 마태복음>에서 예수의 말씨를 현실화시킨 것은 역사적 예수의 현존을 효과적으로 재현한 것으로 평가받을 수 있다.

히브리어나 그리스어에는 정중한 표현은 있지만, 우리말에서 나타나는 복잡한 존대법은 없다. 우리말로는 존대법을 적용하지 않고서는 단 한 문장도 번역할 수 없다. 거듭 강조하지만, 존대의 높낮이 결정은 번역자의 창조적인 작업에 속한다. 신학에까지 긍정적인 혹은 부정적인 영향을 미칠 수도 있다. 특히 30대 초반의 젊은 예수, 팔레스타인에서 살던 역사적 인물 예수의 말씨를 그 대상에 따라, 낮추기도 하고 높이기도 하는 것은 본문 이해에 도움이 되는 것은 물론이려니와, 역사적 예수를 좀 더 가까이에서 관찰하는 계기도 되는 만큼 중요한 작업이기도 하다. 서른여덟 해 동안이나 앓고 있는 노인에게 "네가 낫고자 하느냐"(개역 요 5:6)하는 예수의 말씨는 비현실적이기에 앞서 무례하다. 청중을 향해서 "너희는" 세상의 소금이라느니, "너희는" 세상의 빛이라느니(개역, 마 5:13, 14) 하는 말은 아무리 그 내용이 좋다고 해도 청중에 대한 존중심이 결여되었다는 비판을 피할 수는 없다.

우리말 번역 역사에서 청중을 향한 예수의 말에 존대법을 적용한 최초의 시도는 1971년에 나온 <공동번역 신약> 초판이었다. 그러나 그 당시만 해도 한국천주교와 개신교 양쪽으로부터 예수의 존댓말 사용에 문제가 제기되었다. 역사적 예수보다는, 만세 전부터 계신 삼위일체 하나님이신 예수가 인간에게 존댓말을 쓸 수 없다는 것이 주된 이유였다. <공동번역 신약 개정판>(1977)은 예수가 사용한 존댓말을 모두 다 반말로 바꾸어 버렸던 적이 있다. 그 후 대한성서공회의 <새번역>(2004)과 한국천주교주교회의의 <성경>(2005)이 복음서에서 제한적으로 예수가 손윗사람인 세례 요한이나 어머니 마리아에게 존댓말로 말한 것을 보이지만, 우리말 성경번역 역사에서 예수의 화법을 실질적으로 현실화시키는 시도를 한 것은, <공동번역 신약>(1971 초판) 이후 <쉬운말성경>(성서원, 2012)이 그다음이다. 예수의 말을 그의 "신적인 권위 및 인격적인 품성을 고려하여 각각의 상황과 대상에 맞추어, 때로는 '하라'의 낮춤체를, 때로는 '하시오'의 약간 높임체를, 때로는 '하십시오'의 아주 높임체를 적절하게 사용한" 것이 바로 성서원의 <쉬운말성경>이다. 예수의 말을 존댓말로 번역한 것은 우리말 번역 역사에서 한 획을 긋는 큰일로 평가받을 만하다.